세계의 식문화와 식공간

세계의 식문화와 식공간

황규선 · 한명애 · 강희정 · 한인경
김상순 · 박현주 · 최향숙 · 원명숙 지음

Food Culture & Coordinate

(주)교 문 사

PREFACE

글로벌화된 세계 속에서 조리와 식탁의 문화는 서로 섞이고 영향을 주며 발전되어 왔다. 인류가 각 민족의 특성을 갖추면서 지역마다의 서로 다른 식재료와 조리방법을 동경하고 타 민족의 식사문화를 모방하며 지금에 이르러 현재에는 다국적 또는 무국적이라고 할 수 있을 만큼 음식에도 새로운 패션을 제안하고 유행시키는 시대가 되었다.

우리는 여행을 통해 또 각종 대중매체를 통해 세계의 식탁과 직간접적인 체험을 하고 쉽게 접하며 삶의 또 다른 즐거움을 느낀다.

1차적으로는 이제껏 알지 못했던 새로운 맛에 열중하고 그 맛의 기원을 알아내며 더 나아가 지역 또는 그 나라에 대해 호기심을 갖게 된다.

각국의 음식이란 단지 먹을거리만이 아니라 다른 시각에서 보았을 때 세계사 속에서 드라마틱한 스토리를 만들어 왔음을 알 수 있는데, 인류가 처음 발견한 식재료에 대한 환희, 불을 사용하기 시작하면서의 조리방법, 조리방법에 따른 조리 도구와 식기의 발전, 식재료의 소유에 따른 계급사회의 형성, 새로운 식재료의 열망에 따른 유통과정, 계급사회에서의 차별화된 조리법과 식사방법, 차별화를 위한 식공간 연출과 장식, 특정 사회의 서비스와 식사매너, 상황에 따른 식사 의례 등, 이 모든 과정에서의 스토리가 식문화를 발전시킨 원동력이 되었고, 세계의 역사를 바꾸었으며 산업화를 만들었다. 이러한 인류의 작업은 앞으로도 끊임없이 계속될 것이다.

아직도 굶주림에서 벗어나지 못한 지역이 있지만 인류는 수십 년 후에는 농업, 과학, 유통의 발전으로 지구상의 기아를 면하게 되고 또한 의식주의 생활 중에서 쾌적한 공간에서의 식사의 즐거움을 가장 가치 있게 생각하게 되는 때를 맞이할 것이라고 한다. 각종 미디어에서의 홍보와 광고가 식사문화와 연계되어 연출되는 경우를 많이 볼 수 있는데, 이는 이미 시작되었음을 의미하는 것은 아닐까.

이 책은 이러한 현 시점을 고려하여 세계의 식문화에 대한 지식뿐만 아니라 식사 현장에 따른 각국의 축제, 축제에 따른 메뉴 등을 살펴보고 현대인의 특성인 참여하고자 하는 의욕에 맞추어 많이 부족하지만 식문화에 대한 지식 외 각국의 테이블 세팅을 주요 음식과 함께 테마별로 연출해 식공간 연출에 대한 기술도 잠시 다루었다.

식사문화에 대한 여러 분야가 세분화되고 연구되는 지금 미력하나마 세계 각국의 식문화를 접함에 있어 친근감과 이해를 돕기 위하여 나라마다의 국기, 국화, 테이블클로스, 식기, 식사도구, 음식 등으로 식탁의 미를 디자인하였다. 그러나 바쁘게 전시를 하고 자료를 모아 정리하여 부족한 점이 많음을 인정하며 독자들의 애정 어린 충고를 기대한다.

사단법인 한국식환경디자인포럼의 회원들과 다음의 더 훌륭한 책을 약속드리며 늘 새로운 분야의 도전을 위한 출판을 실현하게 해주시는 교문사의 류제동 사장님, 양계성 상무님께 진심으로 감사의 마음을 전한다.

전시를 위하여 늦게까지 케이크와 과자를 만들어 준 Le Coeur Pur 성민선 씨의 노고에도 고마움을 전하고 싶다.

2009년 8월

저자 일동

CONTENTS

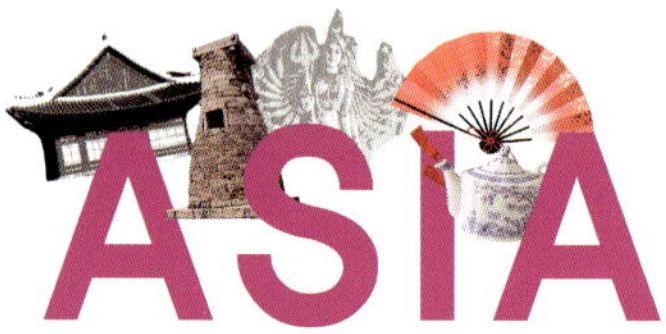

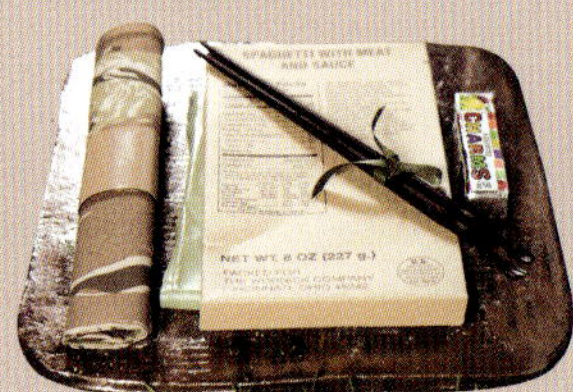

EUROPE

AMERICA
AFRICA OCEANIA

PART TWO

테이블 콘셉트 이미지

FOOD CULTURE

1부에서는 인류가 형성된 후 긴 역사와 풍부한 문화적 유산을 간직한 대표적인 국가들을 소개하고, 각 나라의 역사적 배경과 지리적 특성 및 문화 그리고 대표적 음식과 상차림, 특이한 식행동 등 그 나라마다의 다양한 음식문화를 선보이고 있다. 또한 다채로운 축제를 통하여 그 민족의 뿌리 깊은 삶을 엿볼 수 있다.

PART ONE

이론으로 보는 세계의 식문화

Chapter

1

아시아

KOREA 대한민국

공식 명칭 | 대한민국 **인구** | 4,854만 4,401명 **면적** | 9만 9,646km^2

수도 | 서울 **언어** | 한국어 **정체** | 공화제 **화폐단위** | 원(Won)

국화 | 무궁화

역사적 배경

약 70만 년 전 구석기문화가 태동하여 짐승과 물고기를 잡아먹고 식물의 열매나 뿌리를 채집하여 먹었으며 사람들은 동굴이나 강가의 막집에 거주하며 생활하였다. 기원전 6000년경부터 신석기문화가 시작되어 농경생활을 시작하였으며 돌창, 돌화살 등으로 사냥을 하고 땅을 파고 그 위에 지붕을 씌운 움집에 거주하면서 부족을 형성하고 정착생활을 시작하였다. 우리 민족 최초의 국가인 고조선은 청동기문화를 기반으로 단군이 만주 요령지방과 한반도 서북지방의 부족들을 통합하여 기원전 2333년 건국하였다는 기록이 삼국유사에 기록되어 있다. 기원전 300년 고조선은 중국의 연과 교류하여 화북지방의 철기를 받아들였으며 그 후 진 · 한 교체기에 중국 유민이 들어옴에 따라 철기문화가 계속 전래되었다. 철기문화의 보급으로 다른 부족과의 연합 또는 전쟁이 빈번해지고 세력을 확대하여 국가로 발전함에 따라 부여, 고구려, 옥저, 동예, 삼한 등의 세력이 출현하였다. 기원전 108년 고조선이 멸망하고 기원전 59년에 해모수가 북부여 건국, 기원전 57년 신라 혁거세 거서간 즉위, 기원전 37년 주몽이 고구려 건국, 기원전 18년 온조가 하남 위례성에 백제를 건국하였으며 삼국시대에는 한강 유역을 차지하기 위해 서로 견제하였는데, 676년 백제와 고구려를 멸망시키고 신라가 삼국을 통일하면서 통일신라를 세우게 된다. 918년 왕건이 고려를 세우고 935년에 신라와 후백제를 멸망시킨 후 후삼국을 통일하였다. 이후 1392년 태조 이성계가 조선을 건국하였고, 1592년 임진왜란과 1636년 병자호란을 겪었으며, 1884년 갑신정변을 계기로 개화당은 국왕의 지위를 중국의 황제와 대등한 지위로 올리려 하였으나 갑신정변의 실패로 중단되었다. 1894년 갑오개혁 때 중국의 연호를 폐지하고 개국 기년을 사용함으로써 1896년 1월부터 연호를 건양으로 하였으나 아관파천으로 중단되었다. 1897년 고종이 황제 즉위식을 올림으로써 대한제국이 성립되었으나 1905년 일본이 을사조약을 체결하고 외교권을 강탈하면서 1910년 한 · 일병합조약이 강제로 체결되어 대한제국은 역사 속으로 사라지고 다시 조선으로 바뀌었다.

1945년 광복된 이후 나라 이름이 없다가 1948년에 대한민국 정부가 수립되었다.

지리적 특성 및 문화

유라시아 대륙의 동단에 돌출한 반도로 북위 33~44°에 걸쳐 남북으로 뻗어 있으며 총 면적은 22만 2,408km²(남한 9만 9,646km²)이다. 오늘날 우리나라의 인구는 4,854만 4,401명이며 북한의 인구는 2,311만 3,019명으로 총 7,165만 7,420명(2008년)이다.

수도 서울은 한국에서 가장 큰 한강이 흐르고 있으며 교통 · 문화 · 경제의 중심지이다.

언어는 한국어(한글)를 사용하며 기후는 대륙성 온순기후로 사계절의 변화가 뚜렷하다.

한국의 전통의복인 한복(韓服)은 당(唐), 원(元), 명대(明代)의 관복제도를 받아들여 고유의 복식과 조화시키면서 발전한 것으로 한민족 고유의 옷이다. 삼국시대에는 저고리의 길이가 길고 바지의 통이 넓어 남녀 공용으로 사용하였으며, 통일신라에는 당의, 원삼, 활옷 등을 입기 시작하였고 고려시대에는 왕 · 귀족 · 평민복으로 나뉘어졌다. 조선시대 중반에는 띠 대신 고름을 매고 두루마기의 종류가 다양해졌으며 후기에는 저고리의 길이가 짧아져 마고자와 서양문물의 영향으로 조끼를 입기 시작하였다. 오늘날 한복은 명절이나 특별한 날에 입는다.

한옥(韓屋)은 한국의 전통 건축양식을 사용한 집으로, 난방을 위한 온돌과 냉방을 위한 대청마루가 있으며 뒤로는 산을 등지고 앞으로는 물을 마주하는 원칙을 지키는 것이 보통이다. 한옥의 형태는 지방에 따라 구조가 다르다. 북부지방에서는 외부의 냉기를 막고 내부의 열을 유지하기 위해 방을 두 줄로 배열하는 형태의 겹집구조와 낮은 지붕의 한옥이 발달했으며, 남부지방에서는 바람이 잘 통하도록 방을 한 줄로 배열하는 홑집구조와 마루구조가 발달하였다. 지붕으로는 기와지붕과 초가지붕이 보편적인데, 초가지붕은 겨울에 열을 빼앗기지 않고 여름에는 태양열을 차단해 주며 구하기 쉽고 비도 잘 스며들지 않아 지붕의 재료로 가장 널리 사용되었다.

음식문화

한국은 삼면이 바다이고 사계절이 뚜렷하며 강 주위 평야의 발달과 벼농사의 좋은 조건으로 음식의 다양성 면에서 다른 나라에 뒤지지 않는 식문화를 가지고 있다.

일반적 특징

- 주식과 부식이 명확히 구분된다. 주식인 밥과 부식인 반찬을 구분하였으며 반찬의

수도 정하여 상차림을 하였다.

- 곡류 중심의 음식문화로 곡류가 주식이며 밥, 죽, 국수, 떡, 식혜(음료), 간장, 엿 등의 곡류음식이 가공 · 발달하였다.
- 숟가락과 젓가락을 사용하는 문화로 숟가락의 이용은 습성음식 발달을 의미한다.
- 발효식품(간장, 된장, 고추장, 김치, 젓갈, 장아찌 등)이 발달하였다.
- 양념과 고명을 오색오미(五色五味)에 맞추어서 사용하였다. 오색(五色)인 청(靑), 적(赤), 황(黃), 백(白), 흑(黑)과 오미(五味)인 짠맛(鹹), 단맛(甘), 신맛(酸), 매운맛(辛), 쓴맛(苦)을 음식이나 고명으로 맞추어 만듦으로써 음양오행설에 따랐다.
- 저장음식이 발달하였다. 장아찌류, 젓갈류, 김치, 부각, 자반, 육포, 어포 등이 계절의 영향을 받았다.
- 유교사상의 영향으로 의례(통과의례)음식이 발달하였다.
- 좌식 테이블 문화와 공간전개형 음식 서빙(한 번에 모든 음식을 내옴)이 발달하였다.

식문화의 역사

구석기시대

타제석기나 동물의 뼈, 나뭇가지 등을 이용하여 짐승을 사냥하거나 야생과일이나 식물을 채취하였을 것으로 보이며, 불을 사용하여 사냥한 짐승을 익혀 먹었음을 알 수 있다.

신석기시대

대표 유적이 조개무지인 것은 조개류가 주요 식량원으로 어로 중심의 생활이었음을 알 수 있다. 신석기시대 중기에 중국으로부터 농업을 아는 이주민이 들어옴으로써 농업이 중심이 되고 벼농사 기술이 발달하였다.

청동기시대

문무토기와 절구를 사용하였으며, 증숙용 조리용기로 시루가 고안되어 찐 밥, 찐 떡, 이패류찜 등의 요리가 많이 이용되었을 것으로 보인다. 《삼국지》 위지동이전에 '고구려 사람은 장양을 잘 한다'는 기록이 있는데, 장양은 발효식품을 만드는 솜씨를 말하며 이 시기에 장, 술, 김치, 장아찌 등의 발효식품 제조법이 일반화되었음을 알 수 있다. 염업을 통해 소금도 생산하였으며 부여의 벼슬 이름에 우가, 저가, 마가, 구가 등이 있는 것으로 보아 소, 돼지, 말과 같은 가축이 사육되었음을 알 수 있다.

삼국시대

왕권 중심의 국가체제로 인해 식생활에서도 식기류와 상차림의 계층화(귀족식, 서민식)가 이루어졌다. 무쇠솥(솥에서 끓여서 뜸들이는 방식)을 이용해 밥을 짓게 되면서 밥이 주식으로 자리 잡게 되었고 장과 채소절임, 젓갈 등이 상용반찬으로 이용되면서 주식과 부식이 분리되는 식생활이 정착되었다. 《삼국사기》의 신문왕 683년 조에 왕이 부인을 맞아 납채를 하는 품목에 쌀, 장, 포, 술, 기름, 꿀, 메주, 해가 포함되었는데, 이는 농산물을 이용한 음식문화가 정착되었음을 알 수 있다.

통일신라시대

삼국이 통일되면서 각 지역과 풍토에서 형성된 식문화가 교류되어 공통적인 것과 향토적 특수성이 공존하는 형태로 발전하게 되었다.

고려시대에는 국교를 불교로 삼게 되면서 사찰음식이 발달되고 다과상, 잔치상, 제례상의 형식이 체계화되었다. 차문화와 더불어 한과류가 발달하였으며 쌀의 증산으로 떡이 다양하게 개발되고 증류주의 도입과 양주업도 성행하였다.

조선시대

유교와 가부장제의 영향으로 일반식과 의례상차림의 규범, 세시음식, 식사예절 등과 같은 식생활문화가 다듬어지고 정해진 형식을 갖추게 되었다. 청이나 일본을 통해 고추, 호박, 고구마, 감자를 비롯한 여러 농작물이 전래되었고 차 대신 화채, 수정과, 식혜, 오미자차 등의 음료가 성행하였다.

근대와 현대에는 서양에서 요리, 식기, 식생활 풍습이 전래되면서 식생활이 다양해져 가고 있다.

식사예절

식사 예법이 나와 있는 우리나라 문헌에는 소혜황후가 지은 《내훈(內訓)》, 이덕무의 《사소절(士小節)》(1700년대), 빙허각 이씨의 《규합총서》(1815년경), 《우리의 전통예절》(문화재보호재단, 1988년) 등이 있다.

유교관으로 인해 밥상의 중요성을 강조하는 대목이 많은데 《규합총서》중〈사대부(士大夫)의 식시오관(食時五觀)〉(빙허각 이씨, 1815년)을 살펴보면, 첫째, 힘들음(功夫(공부))의 다소를 헤아리고, 저것이 어디서 왔는가 생각해 보라. 갈고 심고 거두고 찧고 까불고 지져 공이 많이 든 음식이다. 하물며 산짐승을 잡아 살을 베어 내어 맛있게 하려니, 한 사람이 먹는 것은 열 사람이 애쓴 결과이다. 집에서 먹어도 부조(父祖)의 심력(心力)

으로 경영한 바요, 비록 재물이 아니나 여경(餘慶)을 이어 벼슬하여 백성의 고혈을 먹는 것이니 말할 필요도 없다. 둘째, 대덕(大德)을 헤아려 섬기기를 다하라. 처음에는 어버이를 섬기고 다음으로 임금을 섬기고, 나중에 입신(立身)하는 것, 이 세 가지가 온전한 즉 섬기는 것이 응당하고, 만일 이 세 가지를 이루지 못했다면 마땅히 부끄러울 줄 알아 맛을 너무 치레 말아야 할 것이다. 셋째, 마음에 과(過)하고 탐(貪)내는 것을 막아 법을 삼아라. 마음을 다스리고 성(性)을 길러야 하니, 먼저 세 가지와 또 한 가지를 막을 것이다. 좋은 음식은 탐내고, 맛없는 음식을 보면 찡그리고, 종일 먹어도 그 음식이 생겨난 바를 알지 못하면 어리석으니, 덕 있는 선비는 배불리 먹을 타령을 말아 허물 없게 하라. 넷째, 좋은 약으로 알아 형상의 괴로운 것을 고치게 하라. 다섯 가지 곡식과 다섯 가지 나물이 사람을 기르니 어육(魚肉)으로는 늙은 어버이를 받들라. 얼굴이 비쩍 마른 사람은 기갈(饑渴) 병이 든 것이다. 오장의 갖가지 병은 각벽(各癖)이 된 까닭이니, 음식으로 의약을 삼아 나날이 좀 부치는 듯 먹어야 하니, 이러므로 족한 줄을 아는 자는 저(著)를 들면 늘 약을 먹는 것을 생각하라. 다섯째, 도업(道業)을 이루어 놓고서야 음식을 받아먹을 것이다. 군자는 음식을 먹는 사이에도 어진 마음을 잃는 일이 없으니 군자는 아무 공덕도 없이 나라의 녹을 먹지 않는다 한 것은 이를 가리키는 것이라고 하였다.

현대에도 이어져 내려오는 공통적인 사항을 살펴보자면 어른이 먼저 수저를 들고 난 뒤 식사를 시작하고 밥그릇, 국그릇을 손으로 들고 먹지 않으며 음식을 손으로 집어 먹거나 수저로 음식을 뒤적거리지 않는다. 여러 번 베어 먹지 않고 한입에 먹는다. 한손에 수저를 함께 쥐어서도 안 되며 먹는 도중에 수저에 음식이 묻어 있지 않도록 하고 먹지 않는 음식을 골라내거나 양념을 털어내고 먹지 않는다. 국이 뜨거워도 입으로 소리 내어 불지 않으며 음식을 씹을 때는 입을 다물고 씹고, 소리를 내지 않으며 상 위나 바닥에 음식을 흘리지 말고 먹는다 등이 있다.

대표적 음식

한국의 대표적인 음식으로는 김치, 비빔밥, 불고기, 구절판, 송편, 식혜, 된장, 막걸리 등이 있다.

김 치

배추, 무 등을 소금에 절여서 고춧가루, 파, 마늘, 생강, 젓갈 등의 양념에 버무려 담가 놓고 발효시켜 먹는 우리나라 고유의 음식이다. 김치의 유래는 '채소를 소금물에 담근다'는 의미의 '침채(沈菜)'가 '팀채' 혹은 '딤채'로 발음되다가 '짐치'로 또 오늘날 '김치'가 된 것으로 추정된다. 김치류는 중국에서 3000년 전부터 저(菹)라는 이름으로 불렸으

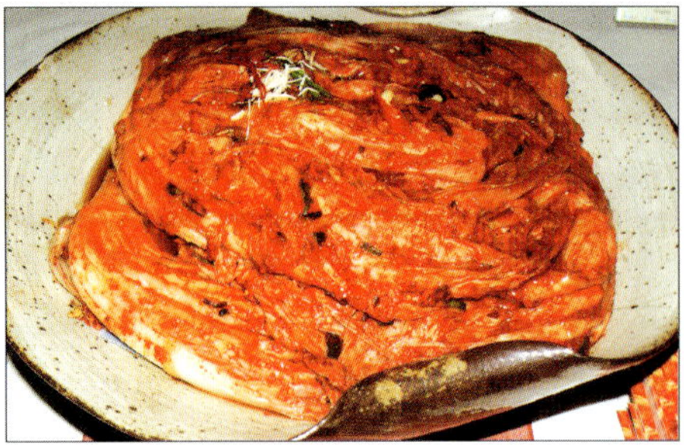

김 치

비빔밥

며 삼국시대에 우리나라에 전래되어 제조방법이 변천되어 왔다. 무를 주원료로 한 장아찌, 짠지, 동치미가 대부분이었을 것으로 보이며, 조선시대 중반 이후에 배추와 고추가 들어오면서 오늘날과 같은 김치가 만들어졌을 것으로 추정된다. 김치는 숙성함에 따라 유산균이 증가하며 장내의 산도를 낮춰 유해균의 생육을 억제하거나 사멸시키는 정장작용을 하고 고춧가루의 캡사이신 성분은 위액분비를 촉진하여 소화작용을 돕고 비타민 A와 C의 함유량도 많아 항산화작용을 함으로써 노화를 억제한다.

비빔밥

쇠고기와 버섯류, 고사리, 도라지, 콩나물, 시금치 등의 채소류를 익히고, 약고추장은 쇠고기를 갈아서 불고기 양념하여 먼저 볶다가 고추장과 물을 넣고 저으면서 한소끔 끓여 걸쭉해지면 꿀과 참기름을 넣고 타지 않게 잘 저으면서 볶아서 꺼내 식혀 놓는다. 그릇에 적당량의 밥을 담고 쇠고기와 익혀 놓은 채소류를 색깔의 조화를 맞춰 돌려 담고 달걀프라이를 얹은 후 약고추장을 넣어 비벼먹는 음식으로 단백질과 비타민 등의 모든 영양소가 고루 들어간 균형음식이라 할 수 있다.

불고기

쇠고기를 얇게 저며 핏기를 제거하고 간장, 파, 마늘, 설탕, 참기름, 다시마물, 깨소금, 후춧가루를 이용해 양념장을 만들어 그 양념장에 재웠다가 구워 먹는 음식으로 된장이나 고추장을 곁들여 상추와 들깻잎에 싸 먹으면 신선한 맛을 즐길 수 있다.

구절판

쇠고기, 달걀황백지단, 표고버섯, 석이버섯, 오이, 당근, 죽순 등 여덟 가지 재료를 같은 크기로 채 썰어 익히고 밀전병을 만든 후 아홉 칸으로 이루어진 그릇(목기, 칠기, 사기 등)의 가운데에 밀전병을 담고 나머지 재료를 색상별로 돌려 담은 후 겨자즙과 초간장을 곁들인다. 밀전병 위에 여러 재료를 올리고 겨자즙이나 초간장을 넣어 싸서 먹는다.

송 편

오미자식혜

송 편

쌀가루에 물을 넣어 반죽한 후 콩이나 깨, 팥, 녹두 등을 삶아서 으깨어 둔다. 반죽에 준비해 놓은 고물을 넣어서 빚은 후 쪄서 먹는 떡 종류의 하나로 명절음식이다.

식 혜

고슬고슬하게 밥을 지어 엿기름물을 붓고 따뜻한 곳에서 삭힌 다음 밥알은 건져 놓고 그 물에 설탕과 생강을 넣고 끓여서 식힌 후 밥알을 띄워 만든 한국 고유의 음료이다.

된 장

대두, 쌀, 보리, 밀 또는 탈지대두 등을 주원료로 하여 식염, 종국을 섞어 제국하고 발효·숙성시킨 것 또는 콩을 주원료로 하여 메주를 만들고 식염수에 담가 발효시킨 다음 여액을 분리하여 가공한 것을 말한다. 된장은 예로부터 5덕(五德), 즉 단심(丹心 ; 다른 맛과 섞여도 제 맛을 낸다), 항심(恒心 ; 오랫동안 상하지 않는다), 불심(佛心 ; 비리고 기름진 냄새를 제거한다), 선심(善心 ; 매운맛을 부드럽게 한다), 화심(和心 ; 어떤 음식과도 조화를 잘 이룬다)이라고 하여 선조들로부터 전해 내려오는 한국 고유의 전통 먹을거리이다.

막걸리

멥쌀, 찹쌀, 보리, 밀가루 등을 찐 다음 수분을 건조시켜 누룩과 물을 섞어 발효시킨 한국 고유의 술이다.

세시음식

우리나라는 사계절이 뚜렷하고 예로부터 농경생활 위주였기 때문에 세시풍속이 발달했. 세시풍속에는 계절식품을 이용한 음식을 즐겼는데, 명절에 만들어 먹는 음식을 절식(節食)이라 하며, 계절에 따라 제철식품으로 만들어 먹는 음식을 시식(時食)이라 한다.

월별 세시음식

월	절기	내용	대표음식
1	설날 (음력 1월 1일)	새해 첫날이며 풍습으로 차례, 세배, 설빔, 덕담, 윷놀이, 널뛰기 등이 있다.	떡국, 만두, 전유어, 느름적, 약식, 식혜, 수정과, 강정, 인절미, 절편 등
	정월대보름 (음력 1월 15일)	상원이라고 하며 풍습으로 지신밟기, 부럼 깨기, 달맞이, 액연 날리기 등이 있다.	오곡밥, 아홉 가지 묵은 나물, 복쌈, 귀밝이술, 부럼, 약식, 나박김치 등
2	중화절 (음력 2월 1일)	농사철의 시작을 기념하는 날로 노비의 수고를 위로하며 음식을 대접한다.	노비송편, 약주, 생실과(밤, 대추, 건시), 포(육포, 어포), 유밀과, 용떡 등
3	삼짇날 (음력 3월 3일)	봄의 시작을 알리는 날로 집 안 수리와 농경제를 행하여 풍년을 기원하였다.	두견화전, 화채, 화면, 탕평채, 조기면, 쑥떡, 쑥버무리, 쑥경단, 생실과(밤, 대추, 건시), 포(육포, 어포), 청명주 등
	한식 (동지 후 105일째 날)	찬 음식을 먹고 종묘나 능원에 제향을 지내고 성묘를 간다.	메밀국수, 쑥탕, 쑥떡, 포, 과일, 술, 식혜 등
4	석가탄신일 (음력 4월 8일)	가정이나 절에서 여러 가지 등을 만들어 관등놀이를 한다.	녹두찰떡, 쑥떡, 느티떡, 국화적, 양색주악, 생실과, 화채, 도미회, 도미찜 등
5	단오 (음력 5월 5일)	1년 중 가장 양기가 왕성한 날로 창포에 머리감기, 그네뛰기, 씨름대회, 단오제, 단오굿 등이 있다.	수리취절편, 증편, 생실과, 앵두편, 앵두화채, 도행병, 준치국, 준치만두, 제호탕, 어채 등
6	유두 (음력 6월 15일)	아침에 유두천신을 올리고 맑은 시내나 산간폭포에 가서 머리를 감고 몸을 씻으며 햇과일과 음식을 먹으며 하루를 보낸다.	편수, 증편, 깻국, 떡수단, 보리수단, 어신, 어채, 구절판, 밀쌈, 생실과, 복분자화채, 화전(맨드라미, 봉선화, 감꽃잎)
7	칠석 (음력 7월 7일)	견우와 직녀가 1년 만에 만나는 날로, 여자들은 길쌈을 더 잘 할 수 있도록 직녀에게 빌었다.	밀국수, 주악, 규아상, 밀전병, 밀설기, 깨찰편, 흰 떡국, 깻국탕, 영계탕, 어채, 생실과, 참외 등
	삼복	삼복(초복, 중복, 말복)의 더위에 지친 몸을 보하기 위해 보양식과 여름과일을 즐기고 탁족을 하였다.	육개장, 잉어구이, 복숭아화채, 증편, 구장, 복국, 삼계탕 등
8	한가위 (음력 8월 15일)	햇곡식을 추수하여 떡을 빚고 밤, 대추, 감 등의 햇과일을 준비하여 조상님께 차례를 지낸다.	토란탕, 송편, 가리찜, 햅쌀밥, 김구이, 송이산적, 잡채, 밤단자, 배화채, 배숙 등
9	중양절 (음력 9월 9일)	양이 겹친다는 뜻이며, 성주단지에 햇곡식을 준비하여 차례를 지낸다.	감국화전, 밤단자, 화채(배, 유자), 생실과, 국화주 등
10	시월상달	농사를 추수하고 햇곡식으로 젯상을 차려 가족의 평안을 기원한다.	감국전, 무시루떡, 유자화채, 생실과, 무오병 등
11	동지 (양력 12월 22일경)	붉은 팥은 축사(逐邪)의 힘이 있어 역귀와 잡귀를 물리친다고 한다.	팥죽, 동치미, 경단, 생실과, 식혜, 수정과, 전약 등
12	선달그믐 (음력 12월 31일)	1년의 마지막 날로 해를 넘기기 전에 하던 일을 모두 끝내는 풍습이 있다.	골동반, 골무병, 주악, 정과, 완자탕, 잡과, 식혜, 수정과, 떡국, 만두, 갖은 전골, 장김치 등

지역별 향토음식

향토음식은 자연환경과 사회적 · 역사적 환경의 영향을 받아 그 지역에서 생산되는 재료를 그 지역만의 조리법으로 만들어 현재에 정착된 지역 고유의 토착음식을 말한다.

지역별 특징 및 대표적 향토음식

지 역	특 징	대표적 향토음식
서 울	전국에서 재료가 모여 다양한 음식이 발달하였으며, 왕족과 양반계급이 많이 살던 곳으로 격식과 맵시를 중요시하는 궁중음식을 닮았다. 음식은 예쁘고 크기는 작으며, 양념은 곱게 다져 사용하고 간은 맵지도 짜지도 않은 중간 정도이다.	신선로, 구절판, 갈비찜, 육개장, 설렁탕, 너비아니구이, 탕평채, 화전, 약식, 식혜, 나박김치, 통배추김치 등
경기도	서해안의 해물, 동쪽의 산채와 밭농사(벼농사 포함)로 인해 식재료가 골고루 생산된다. 개성은 고려시대의 수도로 호화롭고 다양하다. 간은 중간 정도이며 양이 많고 소박하다.	조랭이떡국, 개성편수, 제물칼국수, 주악, 보쌈김치 등
강원도	영서지방은 감자, 옥수수, 도토리, 메밀 등을 이용한 것이 많으며, 영동지방은 해산물을 많이 이용한다. 산악지방은 소(素)음식이 육류보다 많으며, 해안지방은 멸치와 조개를 넣어 맛을 낸다. 대체로 소박하고 구수하다.	강냉이밥, 감자밥, 황태구이, 오징어순대, 오징어구이, 산나물, 메밀막국수, 메밀국수, 감자수제비, 감자송편 등
충청도	내륙지방은 산채와 곡물이 풍부하고 서해안은 해산물이 풍부하여 어리굴젓, 조개젓, 새우젓 등이 발달하였다. 음식의 양이 많으며 자연 그대로의 맛을 살려 소박하고 구수하며 담백하다.	청국장, 호박범벅, 쇠머리떡, 콩나물밥, 녹두편, 녹두묵, 찹쌀미수, 올갱이국, 용봉탕, 굴깍두기, 섞박지 등
전라도	호남평야의 발달로 농산물, 산채, 과일이 풍부하며, 서해와 남해를 접하므로 해산물음식과 젓갈이 많다. 선비들의 유배지로 풍류적 양반 고유의 음식을 이어받았으며, 간이 세고 자극적이다.	전주비빔밥, 콩나물국밥, 두루치기, 홍어찜, 호박고지시루떡, 추어탕, 낙지호롱(구이), 부각, 산자, 꼬막무침, 고들빼기김치, 갓김치 등
경상도	동해와 남해의 어장으로 해산물이 풍부하며, 기름진 농토에서 농산물도 고루 생산된다. 간이 세고 매우나 소담한 편이며, 국에 소금 간을 하고 물고기를 넣어 끓이기도 한다.	진주비빔밥, 무밥, 닭칼국수, 해늘파전, 대구탕, 재첩국, 미더덕찜, 안동식혜, 조개국수, 아구찜, 홍합회, 안동간고등어, 안동칼국수, 상어산적, 영덕대게, 콩잎김치, 깻잎김치 등

(계속)

지 역	특 징	대표적 향토음식
제주도	어류와 해초, 채소와 된장이 찬의 주재료이며, 잡곡과 고구마가 많다. 된장으로 맛을 내며 간은 짜면서 재료의 맛을 살린다.	전복죽, 미역죽, 옥돔죽, 옥돔구이, 갈치호박국, 고사리국, 물망회, 돼지고기육개장, 해물뚝배기, 오메기떡, 양애산적, 해물김치, 전복김치 등
황해도	곡창지대로 질 좋은 쌀과 잡곡이 많다. 음식이 큼직하고 푸짐하며 간은 짜지도 싱겁지도 않다. 김치에는 향신채소를 넣는데, 배추김치에는 고수를, 호박김치에는 분디를 반드시 사용한다. 김치는 국물을 넉넉히 만들며 맵지 않고 담백하다.	김치말이국수, 잡곡밥(세아리밥), 남매죽, 냉콩국, 호박김치찌개, 배추김치누름적, 순두부, 되비지탕, 호박김치, 동치미 등
평안도	서해안과 인접하여 해산물이 풍부하고 넓은 평야에서 곡식도 많이 생산된다. 음식이 큼직하고 푸짐하며, 간은 짜지도 맵지도 않다. 겨울에는 육류음식을 즐기며 콩과 녹두음식이 많다.	평양냉면, 녹두부침, 만둣국, 잡곡가루전병(노티), 어복쟁반, 순대, 과줄, 온면, 동치미, 냉면김장김치, 백김치 등
함경도	개마고원이 있어 밭농사를 많이 하여 콩, 옥수수, 조, 수수, 고구마, 감자가 많으며 동해안에서 명태, 연어, 청어, 정어리, 대구 등이 많이 잡힌다. 음식이 크고 기교부리지 않으며, 간은 짜지 않고 담백하지만 고추, 마늘 등을 많이 사용한다.	조밥, 기장밥, 강냉이밥, 가릿국, 가자미식해, 감자막가리만두, 동태순대, 회냉면, 비빔국수, 감자국수, 원산잡채, 인절미, 감단주, 대구깍두기, 콩나물김치 등

통과의례 상차림

통과의례는 사람이 태어나서 성장하고 인생을 마감할 때까지 이루어지는 의례로 출생의례, 삼칠일, 백일, 첫돌, 책례, 성년례, 혼인례, 수연례, 회혼례, 상장례, 제의례가 있다.

출생의례

가장 첫 번째로 맞이하는 통과의례로 산전의례와 해산의례, 산후의례가 있다. 산전의례는 출산을 기원하는 각종 의례이고 해산의례는 산모가 순산하기를 바라는 의례이며 산후의례는 아이가 첫돌이 될 때까지 행하는 모든 의례를 의미한다.

삼칠일

아이가 태어난 지 21일째 되는 것을 축하하는 날로, 삼신에게 흰밥과 미역국을 올리고 금줄을 걷으며, 친척과 이웃들의 방문 시 미역국과 밥을 대접한다.

백 일

아이가 태어난 지 100일째 되는 날로 쌀밥, 미역국 외에 흰쌀로 백설기를 쪄서 올린다. 백일떡은 100집과 나눠먹어야 아기가 무병장수한다고 하였고, 백일떡을 받은 집에서는 그릇을 씻지 않고 빈 그릇에 흰 무명실이나 돈을 담아 답례로 주었는데, 실과 돈은 장수와 부귀를 기원한다.

첫 돌

생후 1주년이 되는 날에 흰밥, 미역국, 푸른나물, 과일, 백설기, 수수팥떡 등을 준비하는데, 백설기는 신성함을 의미하며 수수팥떡의 붉은색은 액을 막아 준다는 뜻을 담고 있다.

이 외에 쌀, 흰 타래실, 책, 종이, 붓, 활과 화살(여아일 경우 실패, 가위, 바늘, 자), 돈 등을 놓고 집도록 하는 '돌잡이' 의식을 행한다. 쌀이나 실타래는 수(壽)를, 책과 종이, 붓은 문(文)을, 활과 화살은 무(武)를, 가위와 실패 등은 수공(手工)을 의미한다.

책 례

아이가 서당에 다니면서 책 한 권을 다 떼었을 때 행하던 의례로, 어려운 책을 끝냈다는 축하와 격려, 학업정진을 도모하는 것 외에 스승의 노고에 감사하는 뜻도 들어 있다. 축하음식으로 국수장국, 백설기, 꽃송편, 꽃떡, 경단, 수정과 등을 준비한다.

성년례

15세 이상 되었을 때 성년이 됨으로써 책임과 의무를 갖는 정신적 성숙의 의미로 남자는 관례, 여자는 계례라고 하는 성년례를 행한다. 관례는 어른의 평상복과 출입복을 입히고

돌 상

머리에는 상투를 틀고 갓을 씌우는 의식을 행하여 어른이 되었음을 사회적으로 인정하고 알리는 의례이며, 계례는 자주색 끝동을 댄 옥색 회장저고리에 겹치마를 입은 후 초록색 당의나 원삼을 입고 머리에 쪽을 지고 비녀를 꽂는 의례이다. 음식으로는 신선로와 전골, 나물, 국수장국, 구이, 각색전, 술을 비롯한 안주용 음식, 각종 포 및 마른 차, 구절판, 떡, 생과, 식혜, 약식, 음청류, 수정과 등을 준비한다.

혼인례

남녀가 성장하여 부부의 연을 맺는 의식을 말하며, 우리나라 전통혼례는 의혼, 납채, 납폐, 친영의 네 가지 절차를 따라야 한다.

신랑집에서 청혼하고 신부집에서 허혼하는 절차를 의혼이라 하며 신부집에서의 회신을 납채라 한다. 신랑집에서 신부집으로 채단과 혼서지를 함에 넣어 함진아비에게 보내는 것을 납폐라 하며 신랑이 신부를 맞이해 온다는 뜻은 친영이라 한다. 혼례음식으로 봉채떡, 폐백, 동뢰상, 큰상, 입맷상 등이 있으며 각각의 의식마다 상차림이 다르다.

수연례

집안 어른의 생신에 아랫사람들이 연회를 준비하고 어른들에게 술을 올리면서 오래 살라고 축수하는 의식이다. 수연례는 이름 있는 생신을 골라서 베푸는 것이 관례이며 육순, 환갑, 진갑, 미수(美,壽), 고희(古稀), 희수(喜壽), 팔순, 미수(米壽), 졸수(卒壽), 백수(白壽)라고 해서 열 가지를 꼽는다.

관례

계례

평균 수명이 짧았던 시절에는 60세를 넘기는 것이 큰 복이었다. 즉, 수연이란 어른의 생일에 아랫사람들이 상을 차리고 술을 올리며 오래 사시기를 바라며 축수하는 의식이다. 수연례는 이름 있는 생신을 골라서 베푸는 것이 관례이며 종류 역시 나이대별로 챙겼다.

- 육순(六旬): 60세 생신. 육순이란 열(旬)이 여섯이란 말이고 육십갑자를 모두 누리는 나이
- 회갑, 환갑(回甲 還甲): 61세의 생신. 60갑자를 다 지내고 다시 낳은 은혜의 간지가 돌아왔다는 의미
- 진갑(進甲) : 다시 60갑자가 펼쳐져 진행한다는 의미. 62세의 생신
- 미수(美壽) : 66세의 생신. 같은 숫자가 겹치는 생신을 이름 붙여 챙겨왔다.
- 고희(古稀), 칠순(七旬) : 70세의 생신
- 희수(喜壽) : 77세의 생신
- 팔순(八旬) : 80세의 생신
- 미수(米壽) : 88세의 생신
- 구순, 졸수(九旬, 卒壽) : 90세의 생신
- 백수(白壽) : 99세의 생신
- 차수(茶壽)는 108세의 생신을 뜻하며, 인간은 125세까지 살 수 있다고 생각했기 때문에 천수(天壽)는 125세의 생신을 말한다.

회혼례

결혼 60주년을 맞은 부부가 자손들 앞에서 다시 혼례를 치르면서 '해로 60년'을 기념하는 것이다.

회혼례는 그 자식을 먼저 앞세우지 않아야 하며 자손 모두가 무탈해야 하는 등 자격이 까다로운 편이며, 음식은 국수, 편, 숙과, 생과, 유과, 전, 떡, 다식, 과일 등을 준비한다.

상장례

사람의 죽음을 맞고 그 주검을 갈무리해 장사지내며 근친들이 일정 기간 슬픔을 다해 죽은 이를 기리는 의식절차이다.

전통 상차림

한국의 전통 상차림은 쟁첩에 담는 반찬의 가짓수로 분류한다. 서민은 3첩, 5첩, 7첩 반상의 상차림을, 사대부는 7첩과 9첩 상차림을, 궁중에서는 12첩 상차림(수라상)을 하였다.

3첩 반상

밥, 국, 김치, 청장 외에 생채 또는 숙채, 조림이나 구이, 마른반찬이나 장과 또는 젓갈 중 세 가지 찬을 내는 반상이다.

5첩 반상

밥, 국, 김치 두 가지(한 가지는 물김치), 청장 두 가지(진간장, 초간장), 찌개(조림) 외에 생채 또는 숙채, 조림이나 구이, 전, 마른반찬이나 장과 또는 젓갈 중 다섯 가지 찬을 내는 반상이다.

7첩 반상

밥, 국, 김치 두 가지(한 가지는 물김치), 청장(간장, 초간장, 초고추장), 찌개나 전골 중 하나, 찜 외에 생채 또는 숙채, 조림이나 구이, 전, 마른반찬이나 장과 또는 젓갈 중 한 가지, 회 또는 편육 중 한 가지로 일곱 가지 찬을 내는 반상이다.

9첩 반상

밥, 국, 김치 두 가지(한 가지는 물김치), 청장(간장, 초간장, 초고추장, 겨자장), 찌개, 찜, 전골 이외에 생채 두 가지, 숙채, 조림, 구이, 전, 마른반찬이나 장과 또는 젓갈 중 한 가지, 회, 편육 등 아홉 가지 찬을 내는 반상이다.

12첩 반상

수라상으로 밥과 탕을 두 가지씩 마련하며, 백반을 원하면 대원반 앞쪽에 흰밥과 미역국을 같이 놓고, 홍반을 원하면 팥밥과 곰국을 나란히 놓는다.

밥(흰수라(흰밥), 팥수라(팥밥)), 국(곽탕(미역국), 곰탕), 조치(맑은 조치(맑은 찌개)), 된장조치(된장찌개), 찜(육류, 생선, 채소의 찜이나 선), 전골(화로와 전골틀을 준비하여 곁반에서 만들어 대접), 김치(배추김치, 깍두기, 동치미, 나박김치 중 두 가지), 장류(청장, 고추장, 초고추장, 겨자장), 구이(더운 구이(육류, 어류의 구이나 적)와 찬 구이(김, 더덕 등 채소의 구이나 적)), 전유어(육류, 어류, 채소류의 전), 편육(육류를 삶아서 얇게 썬 것), 숙채(채소를 익혀서 만든 나물 두 가지), 생채(채소를 날로 무친 나물), 조리개(육류, 어류, 채소음식), 조림(육류, 어류, 채소류의 조림), 장과(채소류의 장아찌나 갑장과)와 젓갈(어패류의 젓갈)과 마른반찬(포, 자반, 튀각 등)과 회(육회, 어패류의 생회, 숙회) 중 한 가지, 차수란(수란 또는 다른 반찬), 차수(숭늉 또는 곡물차)를 올린다.

전통 축제

축제 시기는 생활 주기와 밀접한 관련이 있다. 부여의 축제 영고(迎鼓)는 매년 12월(음력)에 거행했다. 12월은 본격적인 사냥철이 시작되는 시기다. 이때에 축제를 행한 것은 공동수렵을 행하던 전통을 계승하였기 때문이다. 고구려의 동맹, 동예의 무천은 모두 10월에 거행되었다. 삼한에서는 5월에 파종하고 난 뒤 축제를 열고, 다시 10월에 수확하고 나서 축제를 열었다. 농업이 가장 중요한 산업이었기 때문에 이와 관련되어 축제 시기가 정해진 것이다. 우리나라는 농업사회였기 때문에 농사를 잘 짓기 위해 계절의 변화를 파악하는 것이 매우 중요하였다. 따라서 계절의 변화에 맞춰 관습적으로 되풀이되던 때가 명절이 되었으며, 각 명절에 행해지던 여러 가지 행사와 놀이가 세시풍속으로 전승되었다. 음력 정월에서 3월까지는 농사의 준비기간으로 복과 풍년을 비는 놀이가 행해졌다. 특히 석전(石戰 : 돌싸움)은 그 유래가 고구려까지 거슬러 올라간다. 4~6월은 씨뿌리고 김매는 농경이 본격적으로 시작되는 시기로 체력 소모가 많은 때이다. 따라서 건강을 유지하기 위한 놀이가 행해졌는데, 그 대표적인 것이 씨름이다. 오늘날에도 5월 단오 날에 씨름을 하는데, 그 기원은 삼한시대부터 비롯된 것이다. 7~9월인 가을은 농경작업을 마치고 추수하는 때로, 추수감사제가 열린다. 이를 추석 또는 가위(嘉俳)라고 했다. 추석을 명절로 지키게 된 시초는 신라 때로, 추석 날에 남자들은 활쏘기를 하였고, 여자들은 길쌈내기를 하였다.

이렇듯이 세시풍속에 따라 크고 작은 축제가 매달 열리고 있었으며 지역적 특징에 따라 많은 놀이문화와 음식문화가 함께 전해져 온다. 주요 명절로 설, 한식, 단오, 추석, 정월 대보름 등이 현재까지 이어져 내려온다.

MONGOLIA 몽골

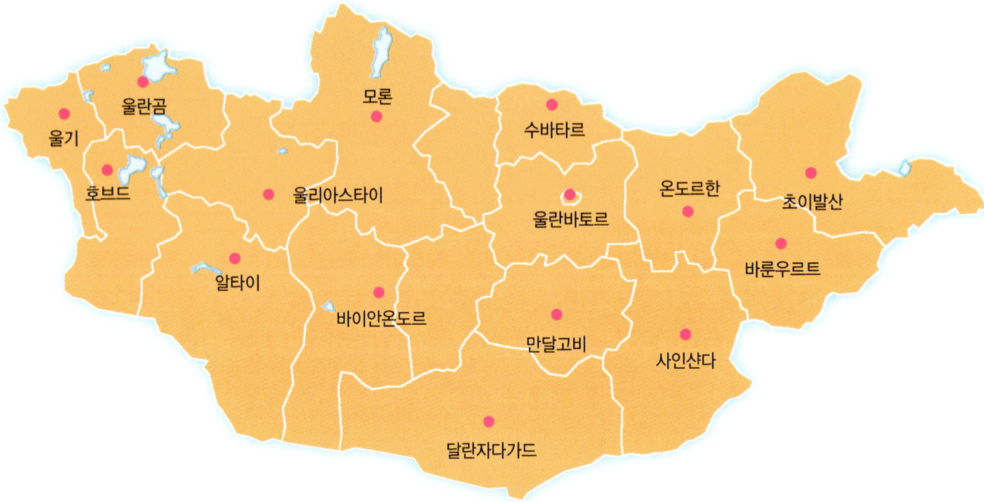

공식 명칭 | 몽골 울스 **인구** | 299만 6,081명 **면적** | 156만 4,116km^2

수도 | 울란바토르 **언어** | 몽골어 **정체** | 공화제

화폐단위 | 투그릭(Tugrik) **국화** | 연꽃

역사적 배경

몽골인은 석기시대부터 남부 고비사막지대에서 거주하기 시작하여 BC 1세기 청동기시대와 BC 3세기 철기시대를 거치면서 부족연합을 형성하기 시작했지만 몽골의 역사는 칭기즈칸과 함께 시작되었다.

13세기 초 칭기즈칸이 추대되고 몽골제국을 창건하면서 소수부족 각자의 언어와 의식은 몽골에 동화되었다.

칭기즈칸의 손자 쿠빌라이칸이 원(元)왕조를 세우면서 국가형태를 갖게 되었으나, 17세기 청(淸)의 속국이 되어 몽골인들은 황폐한 초원지대로 밀려나 유목민의 삶을 살게 되었다.

1921년 7월 11일 몽골혁명의 아버지라 불리는 수흐바타르는 몽골인민(혁명)당을 창당하고 소비에트 적군과 연합하여 중국군을 몰아내고 독립을 선포하였으며, 1924년 11월 몽골인민공화국(인민혁명당)이 봉건 신권제(神權制) 잔재의 일소, 재산 사유권 금지 등을 규정한 최초의 헌법을 제정하며 완전한 독립을 선포함으로써 소련에 이어 세계에서 두 번째 사회주의 국가가 되었다.

지리적 특성 및 문화

지리적으로는 중앙아시아 고원지대의 북방에 위치하고 있으며, 북쪽으로는 러시아와 남쪽으로는 중국과 접경하고 있는 내륙국가이다.

국토 면적은 156만 4,116km^{2}로 세계 27위, 한반도의 7.4배로 넓은 국토를 가지고 있으나, 고원국가로 사막이 전 국토의 40%를 차지하고 있고, 국토 중앙부에서 동부에 걸쳐 목축에 알맞은 대초원이 전개되고 있어서 대부분 목축지로 이용되고 있다.

오늘날 인구는 약 300만 명으로 대한민국의 1/20 정도이다. 칭기즈칸 시대 200만이던 인구가 청조의 라마교 권장정책(남자의 40%가 독신 라마승)의 영향으로 꾸준히 늘지 않다가, 사회주의 혁명 이후 출산장려정책으로 증가되었으나 최근에 경제적인 이유로 아이를 적게 낳는 분위기가 확산되고 있다.

수도 울란바토르(Ulaanbaatar)는 몽골어로 '붉은 영웅' 이라는 뜻을 가지며, 2008년 현재 369주년의 역사를 가지고 있으나, 아직도 13세기 생활양식을 고집하며 천막집인 게르(ger)에 살고 있는 사람들이 반 이상이나 된다.

종족은 할흐몽골족(79%), 카자흐족(5.9%), 중국계(2%) 등 17개 부족이 있으며, 언어는 할흐몽골(Khalkh Mongolia)어를 90% 이상 사용한다. 문자는 근대 초기까지 위구르 문자를 공용문자로 사용하다가, 1946년부터 러시아문자를 차용한 킬릴문자를 사용하고 있다.

기후는 계절 구분이 명확하고 강수량이 적으며, 길고 추운 겨울과 짧고 더운 여름의 성격을 가진 전형적인 대륙성 기후로 온도 변화가 심하다.

게르

게르의 내부

몽골의 전통복식 델은 한국의 두루마기와 비슷하며, 델 속에 바지를 입는데, 고대의 바지는 한국의 한복바지와 유사하다. 허리띠를 반드시 맨다는 것이 다른 점이며, 허리띠는 델 색과 대비되는 색으로 실크재질을 이용한다.

델은 계절에 따라 분류되는데, 프록코트처럼 생기고 홑겹이며 사철 입는 단델, 솜을 얇게 누볐으며 봄·가을과 집 안에서 주로 입는 테르렉, 속에 양털을 댄 두꺼운 옷으로 겨울에 입는 네흐델이 있다.

몽골인들은 모자를 쓰지 않으면 복식을 제대로 갖추지 않았다고 생각할 정도로 모자를 아끼는데, 모자에 부착된 보석의 색과 크기는 계급과 신분을 나타내기도 했다.

몽골신발은 뒷굽이 없고 앞코를 들어 올린 것이 특징인데, 이는 말을 많이 타는 유목민의 생활에서 온 듯하다.

고대 몽골인들은 마차 위에 고정된 가옥과 분

해해서 운반할 수 있는 텐트식 가옥을 가지고 있었다. 그러나 현재는 텐트식 가옥인 게르가 주류를 이룬다. 동물들이 먹이를 찾아 이동하는 그 속도에 맞추어 수시로 이동이 가능하게끔 설계되었기 때문이다.

게르의 내부 출입구는 남쪽으로 하고 중앙에 난로역할과 취사도구가 되는 화덕을 둔다. 이 화덕은 조상과의 유대를 상징하는 것이며, 추운 겨울로부터 가족의 훈훈함을 유지하는 역할을 한다. 내부의 정면에는 가장의 침대가 놓이며, 그 침대의 좌측에는 불단(佛壇)이 있고 우측에 가족사진이 걸린다.

가장의 침대 왼쪽이 아이들의 침대이며, 오른쪽이 부인의 침대이다. 게르는 우주를 상징한다. 원형 평면으로 되어 있고 천장 터너는 하늘과 통한다고 믿으며 생명은 하늘이 내려준다고 믿는 까닭에 임산부가 진통을 시작하면 긴 실타래를 화로 부근 기둥에 감아 천장 터너 밖으로 내어 묶는다.

천장 터너는 게르 중앙에 있는 화덕에서 불을 쓸 때 연기를 밖으로 배출하기 위한 기능과 빛과 공기를 받아들이는 데 사용하며, 해시계로도 쓰인다.

음식문화

중앙아시아에서의 목축의 역사는 1만 년 전에 시작하였다고 한다. 몽골인의 목축은 BC 4000~3000년 전에 시작하였고, BC 1000년경에 유목생활이 시작되었다고 본다.

몽골의 자연, 환경, 지리적 특징, 광활한 대지와 관련하여 유목이라는 생활방식이 생겨났으며, 유목민들은 가축을 사계절 동안 초지, 물의 변화에 조화시켜 길렀다.

사람이 탈 수 있도록 말을 길들이고, 가축에게서 축산품을 취득하여 가공하거나 가축의 질병을 치료하는 경험을 쌓을 수 있었던 것이다.

몽골의 5대 가축은 말, 소, 낙타, 양, 염소이며 유목민의 귀중한 재산이자 정신적인 반려자이기도 하다.

몽골인의 음식

몽골음식은 크게 차강이데, 올랑이데, 곡물류로 나뉜다. 차강이데는 유제품을, 올랑이데

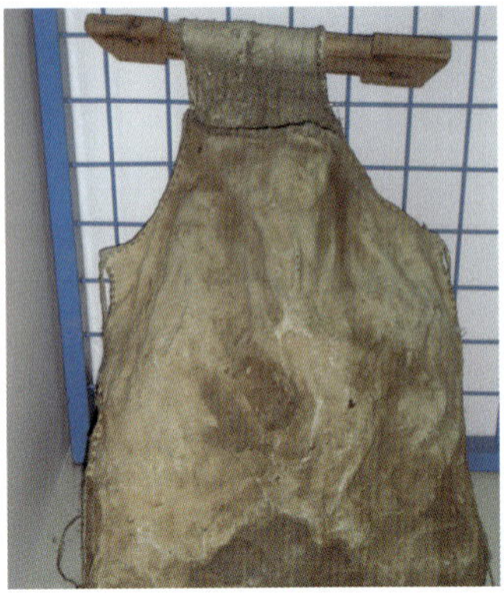

발효용 가죽통(아이락용)

화로와 솥

주전자

돔보(젖차 용기)

몽골의 그릇류

는 육류를 말한다. 차강이데는 주로 가축의 젖이 산출되는 여름철의 식품이고, 올랑이데는 추운 계절의 식품이다. 여름에 차강이데만을 먹는 원인은 가축의 보호 외에 육식으로 인한 체내의 노폐물을 정화시키는 목적도 가지고 있다.

5종 가축의 젖으로 만든 식품은 백색의 깨끗한 식품이란 뜻으로 이것을 차강이데라고 한다.

차강이데(유제품)의 종류

으름, 타라크, 아롤, 뱌슬라크, 수태차, 아이락, 쉬밍아리히 등이 있다.

으름 : 새로 짠 우유를 그릇에 넣고 끓이다가 서서히 저어서 식히면 맨 위에 막이 형성되

는데, 이 부분만 떠내고 응고시킨 것으로 몽골식 버터라 할 수 있다. 빵과 함께 또는 차에 타서 아침식사 대용으로 마신다.

타라크 : 우유와 양유로 만든 요구르트로 중요한 유제품이며, 생우유보다 보관과 운반을 용이하게 만든 발효식품이다. 설탕, 방향제, 과일 등 아무런 첨가제도 사용하지 않아 천연 그대로의 맛이 깨끗하게 느껴진다.

아롤 : 탈지유를 하루 동안 방치하였다가 끓여서 수분을 증발시킨 다음 게르 위에서 단단하게 말린 것을 말한다. 저장기간이 길며 딱딱해서 혀로 빨아 먹거나 입 안에서 녹여 먹는다.

뱌슬라크 : 생젖을 약한 불에서 거품이 나도록 저으며 끓인 후 젖의 1/10 비율로 아이락을 넣어 같이 끓이면 액체와 고체로 분리되는데, 액체를 샤르토스, 고체를 에뎀이라 한다. 에뎀을 목면포로 네모지게 싸서 무거운 것을 올려놓으면 뱌슬라크가 된다.

수태차 : 소젖과 찻잎을 섞어 끓인 차를 말한다.

수태차

아이락 : 지난해에 남겨 놓은 마유주 찌꺼기를 효소로 하여 여름의 첫달(양력 5월)부터 암말에서 채유한 것으로 만든다. 소와 염소, 양젖으로 만든 타라크를 효소로 만들어 아이락을 만들 수도 있고 낙타젖으로도 만들 수 있으나, 유당이 많은 말젖이 가장 적합하며, 아이락 도수는 4% 정도이다. 아이락에는 비타민 A, B, C 일부가 함유되어 있고 병인성 미생물의 증식과 성장을 방지한다. 또한 폐나 위 질환에도 효과적이고 신경계를 안정시켜 식욕과 소화를 증진시킨다고 알려져 있다. 커다란 소가죽통이나 나무통에 말젖을 넣고 막대기로 3,000~5,000번 정도 저어 주면 발효가 된다.

쉬밍아리히 : 소, 양, 염소의 젖을 증류시켜 만든다. 먼저 젖으로 타라크를 만들고 사탕을 넣어 일주일 정도 지나면 이것을 증류기에 넣고 밑에서 열을 가해 만든다.

올랑이데의 종류

랍샤, 고릴테슬, 초이방, 버덕, 허르헉 등이 있다. 몽골인들이 가장 맛있게 여기는 고기는 양고기, 쇠고기, 염소고기순이다.

양을 잡을 때는 피를 한 방울도 땅에 흘리지 않는데, 이는 식량으로 사용해야 하기 때문이기도 하지만 다른 짐승으로부터의 습격을 방지하기 위해서이다.

랍사 : 수프형태의 음식으로 양이나 소, 염소고기를 잘게 썰어서 끓인 후 국수와 각종 곡식을 넣은 음식이다.

고릴테슬 : 양고기와 감자, 양파, 파와 국수를 넣어 끓인 것이다.

초이방 : 고기와 채소를 볶은 음식이다.

버덕 : 몽골 최고의 전통요리로 타르박이나 염소를 잡아서 만들며, 가죽을 벗기지 않고 목 부분에 손을 넣어 뼈와 고기, 내장 등을 꺼낸 다음 가죽 속에 뜨겁게 달군 붉은 돌과 내장과 고기, 채소와 양념을 넣어 입구를 봉하고 장작불에 바비큐 하듯 익힌 요리이다.

허르헉 : 몽골의 전통요리로 양을 전통방식으로 잡아서, 쇠 통 안에 뜨겁게 달군 돌과 양고기, 감자, 약간의 소금을 넣고 익힌다.

전통음식

오츠 : 각종 연회나 설날, 결혼식, 나담 축제 등에는 양고기의 몸통 전체를 삶은 오츠가

전통적 방식으로 양을 잡는 모습

고릴테슬

대표적 음식이다. 삶아진 고기는 집안의 가장이 차려 놓는데, 머리까지 놓아서 살아 있는 양처럼 모양을 만들어 놓는다. 이는 손님을 위해서 양 한 마리 전부를 준비했다는 의미와 존중의 뜻이 있다. 주인이 손수 제일 귀한 손님부터 고기를 나누어 줘야 하는 엄격한 격식이 있다.

보르츠 : 가을에 잡은 고기로 만드는데, 대부분 쇠고기를 사용하며 살코기를 결에 따라 찢어서 게르 입구의 그늘에서 말린다. 말린 고기는 갈거나 빻아서 뜨거운 물에 타서 먹는다.

보오즈 : 설음식으로 만두 속에 양고기나 쇠고기를 넣고 동그랗게 빚어서 쪄낸 음식이다.

반시 : 만둣국이다.

호쇼르 : 동그랗고 도톰하게 피를 빚어 그 안에 고기를 넣어 만든 다음 기름에 튀겨낸 만두이다.

호쇼르

신앙과 종교

몽골족에게는 전통적으로 하늘과 땅을 큰 숭배의 대상으로 삼는 샤머니즘 신앙이 존재한다.

하늘의 뜻을 인간에게 전하는 샤먼의 존재는 무당을 뜻하며, 몽골의 샤먼들은 양의 견갑골을 불에 태워 갈라진 문양을 보고 길흉을 판단하는 점을 친다.

오보는 몽골 초원에서 자주 볼 수 있으며 몽골인의 정신적 지주 역할을 해온 매우 신성한 존재이다.

오보 위의 버드나무 가지에 여러 색깔의 천을 매어두는데, 이것은 고대 샤먼의식 때 신을 부르거나 축복을 기원하는 관습에서 유래되었다.

새해 첫날 성황당의 참배 방식은, 부모님께 세배를 마치고 우유와 치즈와 술을 준비해 집근처 성황당에서 일출을 기다리다, 해가 뜨면 성황당을 시계방향으로 세 바퀴 돌면서

오보

한 해의 복을 빌고 술과 유제품을 높이 쌓는다.

오보제는 여름철에 행해지며 가축의 번식, 부락의 안녕, 기승의 안전 등을 신에게 기원한다. 주관은 라마나 샤먼이 되고 제의 방식은 오보의 단장, 제문의 봉독, 제사, 오보 주위 돌기, 연회 및 나담으로 나뉜다.

몽골의 대표 종교 라마불교가 최초로 들어온 것은 원나라 태종 오고타이 때이며, 몽골인의 90% 이상이 신도이다.

청조는 몽골을 복속시킨 후 몽골의 발흥을 원칙적으로 봉쇄하려는 정책으로 라마불교를 이용하였는데, 이는 몽골족의 사나운 기질을 완화하기 위해 살생을 금하는 라마승으로 만들어 무력화시키는 동시에 인구도 감소시킨다는 계획을 세웠고, 몽골경제가 사립화를 이루지 못하고 청조에 의탁할 수밖에 없도록 하는 효과도 가지고 있었다.

몽골의 라마불교는 정신적 · 예술적 · 의학적인 방면에서 많은 공헌을 남겼고, 사회주의의 기간을 거치면서 많은 변화를 겪었지만 오늘날에도 여전히 큰 영향력을 미치고 있다.

전통 축제

몽골의 4대 명절은 차강사르, 나담 축제, 여성의 날, 어린이날이 있다.

차강사르(하얀달)

몽골의 태음력으로 1월 1일 설날을 말하며, 백색이 순결, 길상, 풍부를 의미하고 젖의 분비와 번식의 시작을 의미한다.

설날아침 설빔을 입고 동이 트면 해가 뜨는 방향으로 무릎을 꿇어 예를 올리는데, 가장이 말젖술이나 우유 혹은 술(아리히)을 하늘에 뿌리는 차찰의식이 끝나면 겔 안의 불상에 예를 올린다. 예가 끝나면 새해인사를 나눈다.

설날의 음식은 오츠를 준비하여 손님에게 한 점씩 베어서 대접해야 하며, 보즈와 아이락, 아리히, 아롤 등 차강이데로 풍성하게 대접한다.

나담 축제

나담은 '놀이, 축제, 경쟁, 경기' 의 뜻으로 몽골 민중들의 전통적인 민속행사이다. 칭기즈칸이 전쟁이 끝나고도 병사들의 전투력 증강을 위해 관련된 놀이를 통해 경쟁을 효율적으로 이용하였던 것으로 강건한 육체와 건전한 정신 함양을 추구한 것이 최초의 나담 축제였다. 나담은 사회주의혁명이 달성된 1921년 7월 11일을 기념하는 관제적 성격이 강하며, 7월 11일부터 13일까지 열리는데, 개막행사 후 몽골의 전통적인 3대 민속경기인 씨름대회, 활쏘기대회, 말 타기 대회를 치룬다.

개막행사는 전국에서 이루어지며 개막식장에는 제단이 설치되고, 제단에는 칭기즈칸 군대의 깃발 아홉 개가 있는데, 큰 깃발이 가운데 한 개 꼽혀 있고, 그 주위로 여덟 개의 작은 깃발이 꼽혀 있다. 군인의 사열이 끝나고 각 사회단체별 가장행렬과 시민들의 퍼레이드가 시작된다. 버흐(씨름)는 나담 축제의 첫째와 둘째 날에 열리며 나담 최고의 인기 종목이다. 샅바를 매지 않은 두 사람이 어깨를 맞대고 상대방의 웃옷을 잡고 힘을 겨루는 경기로 기술적인 면보다 체력 자체가 승패를 결정짓는 요소가 되며, 손이 바닥에 닿아도 패하지 않고 무릎과 어깨, 몸통 등이 바닥에 닿아야 패하게 된다. 버흐선수의 복장은

버흐(씨름)

상의를 입고 신발을 신는데, 윗옷은 가슴과 배 부분이 완전히 파이고 등과 팔, 어깨만 가린 화려한 무늬의 죠덕이란 조끼를 입고, 쇼닥이라는 삼각팬티를 입은 후 고탈을 신는다.

활쏘기는 몽골 국립 스터디움 옆의 활터에서 실시하는데, 남녀불문 8세 이상이면 참가 가능하며 화살 40개 중 35개 이상을 명중시켜야 우승할 수 있다.

활쏘기의 상징적인 전설 속 영웅인 멜겐이 최종 우승자의 칭호로 불린다.

말 경주는 5~7세 어린이가 주로 참여하며, 우승마는 '으뜸말' 이라는 칭호를 주고 붉은 천을 말의 재갈에 달아주면서 우승 축하를 한다.

여성의 날

여성의 날인 3월 8일은 국경일로 지정해 기념행사를 하는데, 유공자 표창과 파티 등의 행사를 치른다.

어린이날

어린이날은 6월 1일이며, 하루 전 모든 직장은 직원의 자녀를 초청하여 파티를 연다.

MEMO

VIETNAM 베트남

공식 명칭 | 베트남 사회주의공화국 **인구** | 8,611만 6,559명
면적 | 32만 9,560km² **수도** | 하노이 **언어** | 베트남어
정체 | 일당 독재체제 **화폐단위** | 동(D) **국화** | 연꽃

역사적 배경

나라의 명칭은 'Viet Nam' 인데, 이는 오늘날 베트남 북부와 중국 남부를 지배했던 옛 베트남 왕조인 Nam Viet(南越)의 명칭을 거꾸로 쓴 것이다.

유명한 베트남 신화에서는 많은 베트남 부족들이 락룽꾸언(용(龍)의 우두머리)과 어우꺼가 결혼하고 그 자궁 외에서 태어난 것이라 말하고 있다.

그러나 대부분 베트남의 역사학자들은 동남아 전역을 지배했던 동손의 문명이 베트남 역사의 시작이라고 보고 있다. 그 후 여러 왕조를 거쳤으며 19세기 중반에 프랑스의 식민치하에 가게 되고 제1차 인도차이나전쟁과 제네바협약으로 프랑스로부터 독립하여 베트남공화국을 설립하게 된다. 또한 제2차 인도차이나전쟁을 거쳤으며 파리협정으로 베트남전쟁이 종결되고 사회주의공화국으로 탄생하였다. 1995년 통상금지를 해제하고 외교를 정상화하여 같은 해 동남아시아국가연합(ASEAN)에 가입하였다.

지리적 특성 및 문화

베트남은 중국과 라오스, 캄보디아와 국경을 공유하며, 열대림과 국토의 1/4을 차지하는 비옥한 평야, 그리고 북쪽에서 남쪽으로 1,650km나 길게 뻗은 해안선을 가지고 있어 북부, 중부, 남부로 나뉜다.

남부지방은 남보로 알려져 있으며, 메콩강이 가로지르는 비옥한 토지와 열대기후로 농작물이 잘 자란다. 베트남 경제의 중심지인 호치민이 대표적인 도시이며, 중부지방은 산악지형으로 풍부한 화산 토양이어서 커피, 홍차의 재배지로 이용되고 목재 등 가치 있는 자원을 이곳에서 얻는다. 인구는 그리 많지 않고 다양한 산악소수민족이 있다.

북부지방은 여름과 겨울의 계절이 뚜렷하지만 습도가 높다. 베트남에서 가장 아름다운 지역으로 수도인 하노이와 유네스코에 세계문화유산으로 지정된 하롱베이 등이 있다.

베트남인들은 스스로 근면, 성실, 인내, 친절, 용감성 등의 국민성을 지니고 있다고 생각한다. '오랜 세월 동안의 끊임없는 외침을 성공적으로 물리친 국민' 으로 자신들을 표현하고자 하며, 무엇보다 외세에 굴하지 않은 역사를 지닌 나라라는 자부심이 매우 강하다.

베트남 여성들이 즐겨 입는 전통 의상인 아오자이(아오는 옷 또는 저고리, 자이는 길다는 의미로 남부에서는 아오야이로 발음)는 '긴 옷'이란 의미를 갖고 있으며, 19세기부터 입기 시작한 것으로 알려져 있다. 1976년 사회주의 정부가 노동에 부적합하고 퇴폐적이라고 착용을 금지했다가 1986년 도이머이정책 추진 이후 완화되었으며, 최근에는 각종 예식에서 즐겨 착용하고 여고생들의 교복이나 주요 기업체의 유니폼으로도 활용되고 있다.

아오자이와 함께 베트남 여인들의 상징인 야자나뭇잎 모자(palm hat)는 13~15세기 중쩐(tran) 왕조시대에 유행했으며, '농라(non la ; 농은 모자, 라는 나뭇잎을 의미)'로 불리는데, 비가 올 때는 우산으로, 햇빛이 내리 쬘 때는 양산이 되며, 더울 때는 부채로 쓰인다. 정월 초하루(뗏, tet)는 베트남에서 가장 큰 명절로서 초하루에는 일가친척, 선생님, 이웃들을 방문해 서로 덕담을 나누고 복을 기원하며, 어린이들에게는 세뱃돈이 주어진다.

또한 1975년 통일된 베트남은 오랜 전쟁 탓에 경제기반이 무너져 베트남 국민들은 가난한 생활이 계속되었다. 1980년에도 태풍으로 역사상 최대 인명피해가 발생해 베트남 경제가 타격을 받았다. 이후 베트남 정부는 국민의 먹을거리를 해결해 주기 위해 계획경제작업을 중지하고 새로운 경제정책을 실시하였다. 현재는 옛날의 가난에서 크게 벗어나 빠르게 경제성장을 하고 있지만 빠른 경제성장의 후유증을 같이 겪고 있다. 국민의 GDP는 700달러(국제부흥개발은행(IBRD), 2006년)이다.

베트남의 생산품은 1차 산업을 통해 얻어진 생산물이 주를 이루며, 특히 중국과 미국을 이어 3대 쌀 생산국 중의 하나이다. 최근에는 중국과 서방세계와의 합작으로 이루어진 석유개발을 통해 산유국이 되었다.

음식문화

베트남의 지형은 남북으로 길다. 수도인 하노이에서 남부의 호치민까지는 1,750km에 달한다. 그에 따라 남북의 음식맛과 종류도 다양하다. 일반적으로 하노이를 중심으로 한 북부지방은 짠맛을 중심으로, 중부지방은 매운맛을, 호치민을 중심으로 하는 남부지방은 단맛을 띠고 있다.

베트남 음식의 진수는 길거리 음식이다. 대부분의 여성들도 모두 직업을 가지고 있으므로 아침 또한 길에서 사먹는 경우가 많다. 아침의 길가에는 작은 테이블에서 아침으로 퍼나 간단한 밥을 먹는 경우가 많다.

대표적 음식

껌

껌(com)은 베트남의 주식으로 우리가 안남미로 알고 있는 베트남 쌀이다. 안남미는 우리나라 쌀과는 달리 찰기가 없어 불면 날아갈 듯하며, 우리나라와는 식습관이 달라서 찰진 밥은 소화가 안 된다고 생각해 오히려 저소득층일수록 소화를 늦추기 위해서 찹쌀을 많이 섞어 먹는다.

늑 맘

젓갈 발효음식으로 멸치 비슷한 까껌(cacom)에 소금과 설탕을 넣어 발효시킨 후 걸러낸 붉고 투명한 소스가 늑맘(nuoc man)이다. 새콤하고 약간 비린 맛이 나며 고춧가루를 넣어 먹는다. 우리나라의 간장이나 고추장처럼 온갖 음식에 빠지지 않는 기본 양념이다.

퍼

퍼(pho)는 베트남의 대표적인 쌀국수로 남부와 북부의 스타일이 다르다. 국물에 따라 닭고기나 쇠고기로 국물을 우려내는 두 종류가 있으며 국수의 종류도 굵은 면과 라면과 같은 두 종류로 나뉜다.

반 짱

일명 베트남 쌈이라고 하며 둥글고 얇은 보름달 모양의 라이스페이퍼(Rice paper)이다. 뜨거운 물에 불려 쌈을 싸 먹거나 잘게 부서 죽에 넣어 먹기도 하고 반짱(banh trang)을 이용하여 짜조(chagoi)라는 베트남 튀김만두를 만들기도 한다.

퍼

반 짱

지역별 음식

북 부

퍼 하노이(pho hanoi) : 쇠고기나 닭고기 우린 국물에 삶아 놓은 쌀국수로 물국수와 튀긴 국수 두 종류가 있다.

짜까(cha ca) : 생선을 다져서 양념을 섞은 후 기름에 튀기거나 불에 구운 요리이다.

반톰(banh tom) : 새우를 쌀가루나 밀가루에 이겨서 바삭하게 튀긴 요리이다.

분탕(bum thang) : 닭고기, 돼지족, 달걀부침 등을 넣고 새우튀김을 얹어 만든 쌀국수이다.

반 톰

중 부

분보 후에(bumbo hue) : 쇠고기국물에 쌀로 튀긴 쇠고기를 넣어 만든 쌀국수로 각종 조미료를 넣으며, 중국집의 짬뽕과 비슷하다.

미꽝(mi quang) : 베트남 중부 광남의 광 찌지방 특산인 밀국수이다.

반 코아이(banh khoai) : 고구마가루와 쌀가루를 섞어 만든 빵으로 달거나 짜게

속을 넣어 바나나 잎에 말아서 찐 음식이다.

분틸 느엉(bun thit muong) : 구운 고기를 얹은 쌀국수이다.

째(che) : 단맛이 나는 죽을 말한다.

반 넘(banh nam) : 쌀가루로 만든 빵을 바나나 잎사귀에 얇게 펴서 십자 모양으로 말아 익히는 것으로 속에 새우살 등을 넣는다.

반 록(banh loc) : 쌀가루로 만든 빵을 바나나 잎에 싸서 익힌 요리를 말한다.

짜톰(cha tom) : 새우를 잘게 썰어 반죽을 한 다음 조미료를 넣고 기름에 튀기거나 구운 요리이다.

미(mi) : 밀가루국수를 말한다.

남 부

짜오톰(chao tom) : 새우를 잘게 썰어 밀가루와 같이 반죽을 해서 수숫대를 말아 기름에 튀긴 요리이다.

짜조(cha gio) : 쌀로 만든 만두피에 고기와 채소 등을 넣고 싸서 기름에 튀긴 음식이다.

꾸어랑 무어이(cua rang muoi) : 게를 잘게 썰어 기름에 튀겨서 소금으로 간은 맞춘 음식이다.

고이(goi) : 날생선이나 날고기로 만든 음식으로 향채와 식초를 곁들여 먹는다. 우리 음식의 육회와 비슷하다.

톰느엉(tom nuong) : 불에 구운 새우를 말한다.

반 쎄오(banh xeo) : 쌀을 물에 넣어 가루로 만든 다음 프라이팬에 펴놓고 새우, 쇠고기, 박하 잎 등을 넣어 익힌 요리이다.

꾸아 랑 메(cua rang me) : 게를 잘게 썰어 기름에 튀겨 타마린드 과일을 섞은 음식이다.

tip 베트남에서 밥 위에 젓가락을 수직으로 꽂아 놓는 것은 우리나라와 마찬가지로 죽은 사람을 위해 향을 꽂아 놓는 것을 의미하므로 조심해야 한다.

전통 축제

한국, 일본, 중국 등 아시아의 다른 나라들과 같이 베트남에도 다양한 축제가 있다. 그 중에는 한국에 있는 축제와 비슷한 형식의 것도 있는데, 그런 베트남의 축제를 간단하게 소개하면 다음과 같다.

참고로 베트남의 전통적인 축제는 음력에 근거하고 있다.

음력 정월(Tet, 뗏)

베트남인들에게는 1년 중 가장 중요한 행사로 음력 1월 1~3일에 행해지며 제일 화려한 색채에 둘러싸이는 축제 기간이다. 설날 이전 3일 동안에 걸쳐 각 마을마다 꽃시장이 세워지고 평상시 볼 수 없는 다양한 색의 꽃이 팔리기 때문이다.

꽃시장에서 구입한 꽃으로 집을 장식하고 친척들을 불러 설날(뗏) 파티를 연다. 특별히 친하게 지내고 있는 친구도 초대한다. 약혼자를 이 파티에 부르는 것은 정식으로 가족으로 인정했다고 하는 중요한 의미를 갖는다.

동다 페스티벌(Le Hoi Dong Da)

하노이 북서쪽에 있는 동다 언덕에서 음력 1월 5일에 행해지는 전통적인 축제로, 광쭝(Quang Trung) 황제가 북방의 침략자를 격퇴한 싸움을 기념해 행해지고 있다. 황제와 관련된 각종 행사와 공연이 행해지고 여성들의 공예 콘테스트나, 남성이 말로 변장하여 지면을 이동하는 중국 풍속과 유사한 공연 등이 행해진다. 열두 개의 북으로 이루어진 공연과 'Tay Son Battle Drums' 으로 불리는 북의 연기가 유명하다.

림 페스티벌(Hoi Lim)

북부 박닌(Bac Ninh) 성 림(Lim) 마을에서 음력 1월 11~13일에 열리는 전통적인 축제로 쿠안호(Quan Ho)로 불리는 민요를 남성 그룹과 여성 그룹으로 나누어 서로 경쟁하며 즐긴다.

사원 순례(Le Hoi Chua Huong)

음력 1월 15일~3월 31일에 하노이 북쪽 69km에 있는 흐엉(Huong)산의 기슭 미둑(My Duc)으로 배를 타고 순례의 길을 떠난 10만 명의 순례자가 신년 행복을 기원하기 위해 동굴에 만들어진 사원을 찾는다.

흥왕 사원 페스티벌(Le Hoi Den Hung)

음력 3월 10일에 하노이 북서 60km에 위치한 왕의 제사를 지내는 묘에서 행해진다. 베트남의 여명기에 북쪽 산의 왕자와 바다의 용의 딸이 결혼해 100명의 자식을 낳았다고 한다. 이것을 100월이라고 하며, 그 후 부모가 이혼을 하면서 아버지는 50명의 아이를 동반해 바다에 가고, 어머니는 50명의 아이와 그 지방에 남게 되는데, 그 50명의 왕자 중 한 명이 바로 왕이 되어 베트남의 전설적 영웅으로 전해진다. 축제에서는 대나무로 만든 그네나 전통적인 연극, 노래 등이 행해진다.

추동투 페스티벌(Le Hoi Chu Dong Tu)

홍(Hung) 왕의 열여덟 번째 딸이 결혼한 것을 기념하는 축제로 음력 3월 10~12일에 하노이 북동 28km 홍앤(Hung Yen)성에 있는 추동투(Chu Dong Tu) 사원에서 행해진다.

기원을 보면 추동투가 호수 부근에서 알몸으로 자고 있었는데, 우연히 지나가던 왕의 딸이 호수에서 수영을 하게 된다. 그때 추동투가 알몸으로 자고 있는 것을 본 왕의 딸이 그에게 옷을 선물하게 되고 그것이 인연이 되어 두 사람은 결혼을 하게 되었다고 전해지며 이 전설을 바탕으로 해서 물 위에 띄운 보트 위에 용을 싣고 연극을 하는 것이 이 축제의 메인 행사이다. 여성들의 노래 축제, 인간이 말이 되는 중국 장기, 민요와 댄스 등의 여흥이 있다.

푸동 페스티벌(Le Hoi Phu Dong)

음력 4월 6~12일에 행하는 하노이 근교 강가 주변의 중요한 이벤트 중 하나이다. 옛날 6대 왕 시절에 적으로부터 공격을 받고 고전을 하는 왕이 구원을 부탁하는 사자를 보낸다. 그때 겨우 세 살로 걸음이나 말도 능숙하지 않았다는 용(Giong)이라고 하는 소년이 사자의 소리를 듣자마자 일어서 큰 소리로 "내가 적을 넘어뜨리겠어요."라고 이야기를 했다고 한다. 그리고 왕의 슬하로 가 검과 말을 하사받고 적중에 들어가 모든 침략자들과 싸워 승리로 이끌었다는 용 전설을 바탕으로 한 축제이다. 축제에서는 용의 군과 적의 군을 본뜬 사람들이 전쟁터에서 싸우는 장면이 재현된다.

도손 축제(Hoi Choi Trau Do Son)

음력 8월 9일 도손(Do Son) 마을에서 행해지는 투우 축제로 투우장에서 여섯 마리의 소를 싸우게 하고 투우를 한 소는 승자, 패자 모두 시합 후 음식이 되어 버린다. 승자의 목은 축제 기간 동안 장식하고 종료 후 바다에 바친다.

중추절(Ram Trung Thu)

음력 8월 15일에 행하는 조상을 존경하고 자손의 번영을 바라는 가을 축제이자 아이들의 축제이다. 월병(moon cake)이라고 하는 케이크를 어느 가정에서나 구입해 먹는 습관이 있다.

참(Cham)족과 자글라이(Raglai)족의 축제

남베트남의 투안하이(Thuan Hai) 근처에 있는 포클롱 가라이(Poclong-Gia Rai) 유적 사원에서 행해지는 것으로 참족의 달력으로는 7월에 해당한다. 전통적인 연극이나 민요, 댄스 그리고 레슬링 시합을 한다.

MEMO

SAUDIARABIA

사우디아라비아

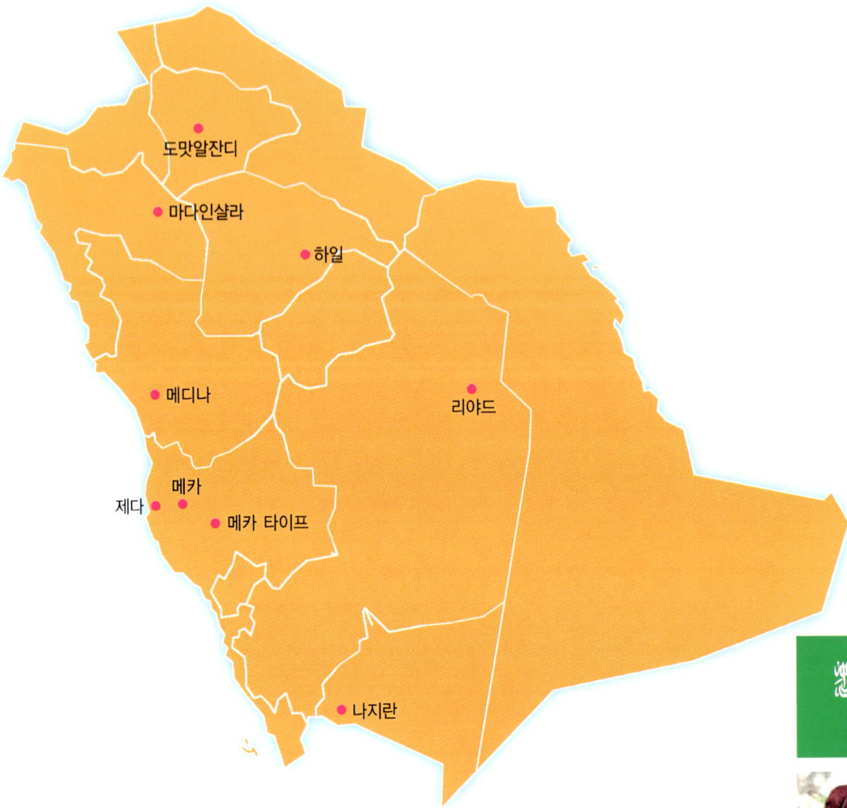

공식 명칭 | 사우디아라비아왕국 **인구** | 2,816만 1,417명

면적 | 196만 582km^2 **수도** | 리야드 **언어** | 아랍어 **정체** | 군주제

화폐단위 | 사우디 리얄(Saudi riyal/SRls) **국화** | 장미

역사적 배경

아라비아반도는 7세기 이후 이슬람제국, 10~15세기에는 이집트, 16세기 이후는 오스만제국의 지배를 받았다.

1902년 사우드집안의 압둘 아지즈왕이 여러 부족을 평정하여 1926년 '헤자즈 및 네지드의 왕'이 되었다. 1927년 영국과의 협정으로 독립한 뒤 1932년 국명을 사우디아라비아로 개정하였다. 1938년 유전을 발견함에 따라 석유개발이 시작되었고, 제2차 세계대전 뒤에는 미국 자본에 의한 본격적인 생산이 이루어져 세계에서 손꼽히는 산유국이 되었다.

1964년 왕이 된 파이살국왕은 각료회의를 창설하고 국가기본법을 제정하여 사법기관을 정비하는 등 새로운 정책을 내세움으로써 근대 국가의 기초를 다졌으나, 진보파를 다수 등용한 것에 대한 불만으로 1965년 쿠데타가 일어난다. 이는 실패로 끝났으나 그는 1975년 왕실 내부인에게 피살되었다.

1979년 한 부족이 중심이 된 이슬람교도 과격파가 성지 메카의 하람성원(聖院)을 점령한 사건과 동부 유전지대에서 시아파 이슬람교도가 일으킨 폭동은 사우디아라비아에 큰 충격을 주었다. 또한 할리드왕세자가 제4대 국왕으로 즉위한 이후에도 보수-진보 사이의 알력은 계속되었다.

1982년 6월 할리드국왕의 병사로 진보파인 파드국왕이 왕위를 계승했다. 사우디아라비아는 페르시아만안협력회의(GCC : Gulf Cooperation Council)의 의장국으로 중동지역의 평화를 유지하고 결속시키는 구심점이 되고 있다.

지리적 특성 및 문화

아시아대륙 남서단에 자리하고 있으며, 아라비아반도의 4/5를 차지하는 왕국이다. 면적은 196만 582km^{2}이고, 인구는 2,816만 1,417명이며 북쪽으로는 요르단, 이라크, 쿠웨이트와 접해 있고, 동쪽으로는 바레인, 카타르, 아랍에미리트, 남동쪽으로는 오만, 서쪽으로는 홍해, 남쪽으로는 예멘 등과 접해 있다. 수도는 리야드이며, 국화는 장미, 국수(나라의 나무)는 카나리아야자이다. 국기는 초록색 바탕에 아랍어로 '알라후 아크바르, 아쉬하두 안나 무함마단 라수룰라(알라 이외의 신은 없고 무하마드는 알라의 사도이다).' 라고 쓰여 있으며 밑에 칼이 가로로 누워 있다. 칼은 정의를 상징한다.

음식문화와 종교관습

사우디아라비아에서는 술과 돼지고기를 종교적으로 금기시하고 있다. 술이나 돼지고기, 도색잡지 등을 지참하고서는 입국조차 할 수 없다.

돼지고기 외에 다른 고기라 할지라도 이슬람식 도살의례를 거치지 않은 고기는 먹지 않는다. 바다에서 잡히는 물고기를 먹는 것은 종교상 허용되어 있으나 일반적으로 관습상 비늘이 없는 해산물, 즉 뱀장어, 게, 전복, 조개 등은 먹지 않는다. 주로 손으로 음식을 먹는데, 이때 오른손을 사용한다. 왼손잡이일 경우 왼손으로 먹는 것도 무방하나 오른손을 이용하는 것이 기본이다. 대부분 대가족제도인 사우디아라비아인들은 손님에게 음식을 풍성히 대접하는데, 손님이 많이 먹어 주는 것을 대접하는 주인 입장에서는 기쁘게 생각한다. 대부분의 집들이 집 안으로 들어서면 응접실이 앞쪽에 위치해 있거나 아예 따로 있어서 응접실 문을 닫으면 안쪽을 볼 수 없게 되어 있다. 손님이 왔을 때에도 차나 음식을 남자들이 날라 오고 여자들이 나와 인사를 하거나 음식물을 나르는 경우는 없다. 방문객 역시 그 집 여자에 대해서는 물어보지 않는 것이 관례이다. 일부다처제인 경우 부부가 같이 남의 집을 방문해도 남자는 남자끼리 응접실에서, 여자는 여자끼리 안채에서 모인다. 아주 친한 사이가 아니고는 두 부부가 합석하는 경우는 매우 드물다. 손님이 왔을 경우 대개 주인이 향불을 먼저 돌리는데, 향불의 연기를 자기 몸에 좀 쏘이고 옆의 다른 사람에게 넘긴다. 그런 다음 향과 빛깔이 독특해서 일반 커피와는 다른 아랍 커피가 나오는데, 아주 조그만 잔에 따라주므로 보통 2~3잔 마시는 것이 예의이며, 마신 후 잔을 돌려줄 때에는 다 마셨다는 신호로 잔을 잡은 손을 가볍게 몇 번 흔들어 주면 잔을 거두어간다.

또 남의 집 방문 시 남자 주인이 없으면 집 안에 들어가지 않고 바깥장소에서 기다렸다가 남자 주인이 왔을 때 다시 방문하는 것이 예의이다.

이슬람교의 진원지인 사우디아라비아에서 무슬림들의 이슬람 종교생활은 단순한 종교생활이 아니라 종교적 자부심과 그것에 따른 관습과 예절을 지키며 전통을 키워나가는 것이다. 즉, 종교는 생활의 규범과 가치의 기준이다.

사우디아라비아인들에게 예배는 일상사 중 중요한 부분을 차지한다. 하루에 다섯 번 메카를 향해 시행되는 예배는 해뜨기 전에 잠에서 깨어나 하는 첫 번째 예배, 두 번째는 정오에, 세 번째는 오후에, 네 번째는 해질녘, 다섯 번째는 잠자리에 들기 전에 예배를 한다.

예배를 보기 전에는 '우두'를 하는데, 이것은 예배하기 전에 손, 입 속, 콧속, 얼굴, 팔, 머리, 발을 닦는 세정식으로써 언제든지 예배를 볼 수 있도록 준비한다.

일주일에 한 번 있는 합동예배는 금요일 정오예배로 모스크에 모여서 하기 때문에 일요일이 아니라 금요일이 공휴일로 지정되어 있다.

캅 사

캅 사

캅사는 양고기와 밥으로 이루어진 약간 매운 음식으로 사우디아라비아 전 지역에서 인기 있는 음식이다. 대중음식점에서는 양고기보다 준비하기 간편하고 가격이 저렴한 닭고기를 이용한 캅사를 많이 판다. 캅사에 들어가는 닭고기는 가스불로 직접 구운 것으로 양념을 전혀 하지 않고 꼬챙이를 돌려가면서 굽기 때문에 기름이 거의 빠져 그냥 먹어도 담백하게 느껴진다. 가스불로 굽는 것 외에 숯불구이(알라파흠)도 하는데, 이때는 양념이 들어간다.

캅사의 밥은 길쭉하고 얇은 쌀로 만든다. 먼저 쌀을 쇼드닝에 볶다가 물을 알맞게 넣고, 향신료로 라임, 계피, 샤프란, 통후추, 디마, 오레가노 등을 넣는데, 완성된 밥은 노란색을 띠게 된다.

만 디

만 디

사우디아라비아의 대표적인 음식으로 손님을 접대할 때 준비하는 잔치음식이다. 접시에 볶은 밥과 삶은 달걀, 레몬, 토마토 등을 깔고 그 위에 양고기나 닭고기를 올린 후 통째로 찐다. 중요한 손님을 접대할 때는 주로 양고기를 사용하는데, 유목민들에게 양은 먹을거리면서 재산이기 때문에, 내가 가진 것을 손님에게 내놓는다는 중요한 의미를 지니고 있다.

아라비아반도 유목민들의 식생활

아라비아반도(사우디아라비아, 이라크, 쿠웨이트, 예멘, 오만) 아랍유목민이라면 아라비아반도의 유목민을 말하나 아라비아반도의 전체적인 범위로 볼 때 이 반도에 있는 나라들이 여기에 포함된다. 현재는 도시를 중심으로 정착생활이 늘고 있고 차츰 서구화가 되고 있으나 원래는 몇천 년 전부터 낙타를 몰고 이동해 다녀서 식생활에도 그 기본 형태가 남아 있다. 체격을 봐도 정착민과 유목민은 크게 다르다. 정착민은 살이 쪄서 비만이고 유목민은 장신에 활력이 좋다.

일상적으로는 간단한 식사를 하나 손님에 대해서는 매우 극진하여 향료로 조리하여 내놓기도 한다. 양을 잡는 날은 1년에 몇 번 없는 일이다. 그들의 일상적인 식사는 젖이나 유제품과 '데츠'라는 야자의 열매를 먹고 근래에 와서는 아침과 저녁으로 빵과 쌀을 먹게 되었다. 최근에는 우유나 물소 젖이 주가 되었으나 원래는 먹는 젖의 양에 있어서 양, 낙타, 염소의 순이다. 양과 염소의 젖은 달고 낙타의 젖은 양질이어서 낙타의 치즈가 제일 맛이 있다고 알려져 있다. 그리고 낙타의 착유만은 남자가 한다. 유목민들에게 젖과 물은 생명과 같은 것이다. 유제품은 주부들의 일로 양가죽에 젖을 넣고 장시간 흔들면 크림이 분리되어 버터, 치즈가 되고 소금으로 가미하여 외출 시 도시락으로도 이용하며, 건조하여 장기 보존하기도 한다. 데츠의 수확기는 9월인데, 지금도 데츠가 주식이다. 성모마리아가 예수를 출산했을 때 데츠를 먹고 건강을 되찾았다고 하는 유래가 있는 것으로 영양가가 높고 맛이 있으며 보존에도 좋다. 죽에도 넣는데, 버터와 같이 넣은 죽은 추위에도 제격이다. 우리의 대추와 모양은 같아도 나무는 다르다. 고기완자요리와 생선의 배 속에도 넣는 등 다양하게 쓰인다.

전통 축제

신 년

무하람(이슬람력 1월)의 1일이며, 마호메트의 성천(聖遷, 헤지라) 기념일이다.

tip 헤지라(hegira)

예언자 무함마드가 쿠라이쉬족의 박해를 피해 메카에서 야스리브(Yathtib, 후의 메디나)로 이주한 것을 가리키는 말이다.

아슈라

무하람(이슬람력 1월)의 10일로 아슈라(ashura)는 열 번째 날이라는 뜻을 가지고 있다. 무함마드의 손자인 후사인 이븐 알리(Husayn Ibn Ali)가 680년 이라크의 카르발라 전투에서 수니파에 항거하다가 순교한 날을 기념하는 날이다. 무함마드 사망 후 이맘 후사인을 유일한 이슬람의 지도자라고 알고 있기 때문에 아슈라는 이슬람 시아파의 최대 종교 행사이기도 하다.

많은 시아파들은 검은색 옷을 입고 칼 또는 채찍으로 스스로 자신의 이마와 등을 때리거나 상처를 내면서 후세인의 죽음을 애도하기도 한다. 그것은 이맘 후세인이 전사할 당시 온몸이 찢겨 사살되었다고 전해지기 때문이다.

마우리드앗나비

마우리드앗나비(Maulid an-Nabi) 기간인 일주일 동안 이슬람의 연합을 도모하며, 선지자 마호메트의 삶과 사역을 인식하고 알라에게 감사를 표한다.

라이라알미라주

리자브(이슬람력 7월)의 7일로 라이라알미라주(Laylat ul-lsra wal Miraj)는 마호메트가 메카에서 예루살렘의 아크성원으로 밤 나들이를 하다가 승천하여 하룻밤 사이에 메카로 되돌아왔다는 기적을 기념하는 날로 특별한 기도와 코란을 읽는다.

이드루피토르

이드루피토르(eid al-fitr)는 샤우와르(이슬람력 10월)의 1~3일까지로, 금식이 끝난 뒤의 축제일이다.

tip

금식(단식)

라마단 중의 단식은 신앙고백, 기도, 희사(喜捨), 성지순례와 함께 이슬람 5대 의무 중의 하나이다. 전 세계 30여 이슬람국가와 그 밖의 나라에 거주하는 8억 이슬람교도들은 이 기간 중 하루에 세 번 또는 다섯 번 성지 메카나 메디아를 향하여 기도하고 철저히 절제된 생활을 한다. 해가 떠 있는 동안 일체 음식과 물을 먹지 않고 술·담배와 성생활도 중지한다.

다만, 여행자, 병자, 어린이, 임산부 등은 이 의무가 면제되는 대신 후에 별도로 수일간 지켜야 한다. 금식을 어긴 자는 60일 동안 라마단식 금식을 해야 하며, 60명의 배고픈 이들을 흡족하게 먹여야 한다.

이드루아드하

즈루히자(이슬람력 12월)의 10~13일까지로 희생제라 부르는 연간 최대의 축제일이다. 이드루아드하(eid al-adha) 기간 중에 무슬림들은 선물과 카드를 교환한다.

tip

이슬람력은 천문학적 계산과 함께 달의 모양을 기준으로 계산되는데, 일부 지역에서는 천문학적 계산보다는 달의 모양을 중요시하기 때문에 지역에 따라 라마단 기간도 약간의 차이가 있을 수 있다. 따라서 이슬람 국가라고 해서 라마단이 동시에 시작되는 것은 아니다. 각 국의 종교위원회가 새로운 달을 알리는 초승달이 목격되는 시점을 기해 라마단의 시작을 선언하기 때문이다.

라마단은 1년이 354일인 이슬람력의 아홉 번째 달 첫날에 시작된다. 따라서 라마단의 기간은 해마다 열흘씩 빨라진다.

MEMO

INDIA 인도

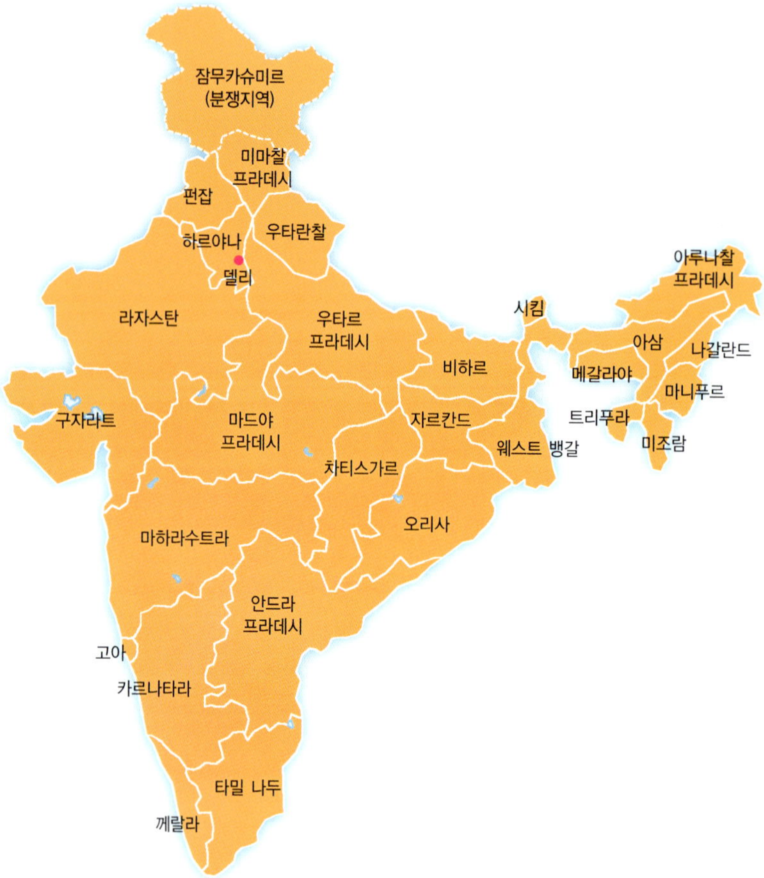

공식 명칭 | 인도공화국 **인구** | 11억 4,799만 5,898명 **면적** | 328만 7,590km^2

수도 | 뉴델리 **언어** | 힌두어(40%) 외 14개 공용어, 영어(상용어) **정체** | 연방공화제

화폐단위 | 루피(Rupee) **국화** | 연꽃

역사적 배경

인류가 처음으로 곡물을 재배하고 가축을 사육하게 된 중동아시아에서 동쪽으로 전파되어 이를 가장 먼저 받아들인 곳이 인더스 강 유역이었다고 한다. 이러한 초기 농경취락문화는 기원전 2000년대 전반에 이미 형성된 데 이어, 인더스 문명은 세계 4대 문명의 하나로서 고도로 발전되었던 것으로 추정된다. 이러한 인더스 문명을 기초로 인도의 역사 시대는 기원전 1000년경 북방 유목민인 아리아인들이 갠지스강 상류에 진출하여 정착하면서 시작된다. 게르만, 슬라브인 등과 같은 형통을 타고난 아리아인들은 철제무기로 무장하여 당시 청동기 단계에 머물러 있던 드라비다인들을 손쉽게 정복했으며, 자신들의 문화적 우월성을 공고히 하기 위해 '카스트'라는 계급제도를 만들어 냈고, 토착민과의 혼혈을 통해 오늘날 인도민족의 주류를 형성하게 되었다. 더욱이 인도는 많은 인종과 종교가 섞여 있으며 조밀할 뿐만 아니라 중동 및 서양문화의 영향을 받아서 요리도 지역과 종교에 따라 매우 다양하고 색, 맛 그리고 질감이 조화를 잘 이루고 있다.

지리적 특성 및 문화

인도는 다양하고 풍부한 문화적 유산을 가지고 있는 고대 문명국 중의 하나이다. 중동아시아와 동남아시아를 잇는 중간에 위치하고 있어 동서로는 인더스강 유역에서 갠지스강까지 남북으로는 히말라야에서 케이프 쿠모린까지 328만 7,263km²의 광대한 영토를 지닌 세계에서 일곱 번째로 큰 나라이다.

기후는 전반적으로 몬순기후를, 남인도의 경우 1년 내내 열대기후를 나타내고 북쪽 히말라야 지방의 경우는 1년 내내 춥다. 2월 중순에서 3월은 봄, 4월에서 6월은 여름, 10월에서 11월은 가을, 11월 중순에서 3월은 겨울이며, 6월에서 9월은 우기가 있다.

인도는 35개의 주와 연방 준주로 나뉘어 있으며, 주마다 힌두교를 포함하여 열여덟 개 언어가 사용되고 있고 영어가 공용어로 널리 통용된다.

인도의 수도는 뉴델리이고, 국가의 동물은 호랑이이며, 국가의 새는 공작, 국화는 연꽃, 국수는 반얀나무, 과일은 망고이다.

인도의 국기는 세 가지 색으로 진한 선홍색(샤프란색), 흰색, 초록색으로 되어 있고 흰색 부분에는 24개의 파란 휠(wheel)이 있는데, 이것은 차크라(chakra)를 의미한다.

인도의 종교는 힌두교, 자이나교, 불교, 시크교가 있으며 인구의 83% 정도가 힌두교를 믿는다.

음식문화

일반적 특징

인도인의 대다수는 채식주의자이다. 그러나 식습관은 카이스트제도와 지방에 의해 바뀐다. 날씨와 지형 그리고 외국과의 상호작용 또한 인도 사람들의 식습관에 영향을 미친다.

인도의 음식은 퍼커(pukka)음식과 쿠차(kuccha) 음식의 두 그룹으로 나뉜다. 퍼커 음식은 물소 젖으로 만든 버터기름이나 정제된 버터로 요리한 것으로 스테이트윅(Satawick)과 라자식(Rajasik) 음식으로 나뉘는데, 스테이트윅은 볶은 곡물, 과일과 채소류들로 이루어져 있으나 양파, 마늘, 버섯과 몇몇의 뿌리채소들은 제외한다. 라자식 음식은 육류와 힌두교인들을 위해 쇠고기를 제외한 그 외의 것들을 포함한다.

tip
쿠차(kuccha) : 튀기지 않은 음식
타마린드(tamarind) : 열대산 콩과의 상록수 열매

남부 인도인의 음식은 대부분 곡물로 시작해서 밥으로 끝나는 완전한 채식주의자들이다. 남부 인도인의 브라민(Brahmin) 음식은 모든 요리에 타마린드와 코코넛을 포함한다. 이들리(idli), 도사(dosa)와 바아이(vadai)는 커리와 함께 가장 유명하다. 커리라는 말은 타밀(Tamil)이란 말과 소스라는 의미의 카리(Kari)에서 유래됐고 또한 매운 음식이라는 의미도 있다.

북부 인도인들의 요리법은 이슬람교의 영향으로 기인된 무그라이(Mughlai)로 불린다.

정제된 버터(ghee), 양념류, 허브, 콩류와 과일은 항상 육류접시에 더해지고, 폴라오(pilao)나 비리야나(biriyani)를 곁들여 먹는다. 비리야나에는 양고기나 닭고기가 들어간 것도 있다. 또한 탄두리(tandoori)가 유명하다.

동부인도 벵골(Bengal)에서는 생선의 요리가 두드러진다. 베틱피시(betki fish)는 주로 튀겨서 먹고, 힐사피시(hilsa fish)는 주로 커리에 사용한다. 벵골의 산다스(sandesh)와 라사굴라(rasgolla)는 응유 또는 고타치즈로부터 만들어지고 시럽에 배어들게 하여 먹는다.

서부인도 마하라슈트라(Maharashtra) 채식주의자들은 매운 랜즈콩과 여러 가지 단 것, 신음식들과 함께 곡물과 쌀을 사용하여 요리한다. 문베이(Mumbai)의 페리스(Parsis)와 고아(Goa) 사람들은 그들만의 매운 음식인 빈다루(vindaloo)와 닭 물리(moolie)를 가지고 있다.

그릇은 바나나 잎 또는 둥근 스텐접시인 탈리(thali)를 사용하는 것이 보편적이나 정찬은 접시를 사용한다. 지방의 다양성을 통해 탈리는 주로 차파티(chapatti), 푸리(puri), 밥, 달(daal), 채소카레와 파파람(papopadum)을 담는다. 요거트는 항상 매운 음식과 함께 차가운 그릇에 담아서 먹는다.

대표적 음식

북인도에서는 밀가루로 만든 빵 차파티나 난을, 남인도나 벵골에서는 쌀밥을 주식으로 한다.

밥

동인도 일대의 벵골 해안과 아라비아 해안 주변의 고온 다습지대에서 쌀을 주식으로 하며, 조리법은 쌀이 어느 정도 익으면 밥물을 버리면 되는데, 거의 대부분의 지역에서는 익을 때쯤 밥물을 버리고 뜸을 들이지만, 아삼 일부에서는 설익은 상태의 밥을 선호한다.

쌀(차왈)밥 : 라이스(rice) 또는 플래인라이스(plain rice)라고 한다.

풀라오(pulau 또는 pulao) : 향신료를 알맞게 섞어 지은 볶음밥의 일종이다.

비리야니(biriyami) : 풀라오보다 비싼 고급 볶음밥으로 양고기나 닭고기가 들어간 것도 있다.

난

레몬라이스(lemon rice) : 레몬으로 맛을 낸 산뜻한 맛의 밥이다.

빵

인도에서는 쌀보다 밀을 주식으로 하는 지역의 범위가 한층 넓다. 그 분포는 파키스탄 전체와 갠지스 평원의 서쪽, 또 데칸고원의 북쪽 대부분을 차지하고 있다. 북인도에서는 인도식 빵인 로티(roti ; 차파티 등의 인도식 빵의 총칭)가 주식이다.

난(nan) : 정제한 하얀 밀가루(마이다)로 구운 빵인데, 발효시켜 만든 것이어서 조금 부풀어 있다. 차파티보다 고급이다.

차파티(chapati) : 밀기울이 든 밀가루(아타)를 물로 개어 얇게 만들어 잘 구운 것이다. 갓 구운 것이 맛있고 담백해서 잘 물리지 않는다.

푸리(puri) : 차파티같이 철판 위에다 굽지 않고 기름으로 튀겨서 부풀린 것이다. 인도식 스낵으로 역이나 거리에서 쉽게 볼 수 있다.

카 레

인도에서는 카레를 만들 때 고기와 채소 중 한 가지만을 사용하는 것이 보통이다. 그래서 재료와 맛이 조금씩 다르지만 비슷한 요리 이름이 아주 많다.

마살라쉬림프

① 고기를 이용한 카레

고기요리의 주재료는 양고기와 닭고기이다. 소는 힌두신이 타는 것으로 성스러운 동물로 모셔지기 때문에 먹지 않는다.

머튼카레(mutton curry) · 치킨카레(chiken curry) : 고기(양고기, 닭고기)를 향신료로 삶은 정통 카레라고 할 수 있다. 그밖의 이름은 향신료의 사용법이나 요리법에 따른 차이만 있을 뿐 기본적으로는 카레의 범주에 들어간다.

머튼마살라(mutton massala) : 마살라(향신료)가 많이 들어갔다는 의미가 아니라, 크림 따위를 사용해서 감칠맛을 낸 카레를 뜻한다.

키마(keema) : 기계로 저민 고기를 사용한 카레이다.

브레인카레(brain curry) : 양의 골로 만든 카레이다.

② 채소를 이용한 카레

채식 요리에는 여러 가지 계절 채소가 사용된다. '사브지(sabzi)'는 '채소'라는 의미이지만 채소카레처럼 반찬으로 만들어진 것도 이렇게 부르고 있다. 채소는 여러 종류를 섞지 않고 한 가지나 두 가지를 섞어서 만든다. 대표적인 사브지는 알루(감자), 무테르(완두콩), 고비(꽃양배추), 반다고비(양배추), 바이간(가지), 타마타르(토마토), 파라크(시금치) 등이다.

기 타

탄두리치킨(tandoor chicken) : 요구르트에 절인 치킨을 여러 가지 향신료를 넣어 인도식 오븐인 탄두리(흙솥)에 넣고 잘 구운 것이다. 불이 잘 통하게 해서 향신료를 속까지 배게 하므로 매우 향기롭다.

카바브(kabab) : 이슬람식 구운 고기이다.

시크카바브(sheek kabab) : 저민 고기를 꼬챙이에 꿰어서 그 상태로 구운 요리를 가리킨다.

탄두리치킨

달(dhal) : 부드럽게 삶은 콩에 마살라를 가미한 수프이다. 달(콩)에는 큰 것과 작은 것, 황색이나 검은 빛이 도는 것 등 여러 종류가 있는데, 콩의 종류에 따라 맛과 모양이 다르다. 밥이나 차파티에 달을

사모사

섞어서 먹는 것이 식사의 기본이다.

머튼코르마(mutton korma) : 요구르트에 담가 놓은 고기를 향신료나 채소와 함께 푹 끓인 고급요리이다.

도피아자(do pizza) : 양파를 많이 사용한 고기요리이다.

사모사(samosa) : 마살라로 맛을 낸 감자를 삼각형으로 생긴 얇은 밀가루 반죽에 넣어서 튀긴 요리이다.

대표적 향신료

인도 향신료의 역사와 문화는 인류 문명의 역사만큼이나 오래되었고 이것은 곧 인도 역사상 땅의 발견과 파괴, 왕국의 건설과 파멸, 전쟁의 승리와 패배, 조약의 체결과 무산, 이익의 추구와 제공 그리고 서로 다른 종교적 관습과 신념의 흥망의 역사이다. 향신료는 화려하고 향긋하며 복합적으로 구성된 인도 고유의 요리에 풍부한 풍미를 더해 준다. 인도를 진정으로 놀라운 나라로 만들어 주는 많은 요소들 중의 하나가 바로 향신료라 할 수 있다.

샤프란

샤프란은 크로커스 사티부스라는 꽃에서 20만 개가 넘는 주두를 채취해야만 1파운드의 샤프란을 만들 수 있기 때문에 세상에서 가장 값비싼 향신료라 할 수 있다. 샤프란은 적은 양으로도 독특한 황색을 내고 음식에 담백한 향을 더할 수 있다. 샤프란의 술은 끝부분이 오렌지색이며 전체적으로 붉은색의 것이어야 한다. 오렌지색 끝부분이 없는 술은 염색된 것이기 때문에 피해야 한다.

가람마살라

가람마살라(garam masala ; 매운 향신료)는 여러 가지를 혼합하여 만든 향신료로 몇몇 가장 값비싼 편에 속하는 향신료들도 이 혼합 향신료에 들어간다. 겨울이 몹시 추운 지방인 북인도에서는 발한작용을 촉진하여 몸을 차게 하는 칠리보다도 가람마살라를 더욱 선호한다. 인도의 모든 가정에서는 이 혼합 향신료를 만들기 위한 자신들만의 요리법을 가지고 있다. 다양한 재료들의 비율은 개인의 기호에 맞게 조절할 수 있다.

탄두리마살라

펀자브(Punjab)지방에서는 몸통의 반은 땅에 묻혀 있는 흙이나 진흙으로 만든 거대한 화덕(탄두르)에 석탄불을 떼어 달군 다음 여기에 절인 생선이나 고기, 닭, 코티지 치즈 등을 꼬챙이에 꿰어 넣어 익힌다. 이 독특한 탄두리 혼합 향신료와 숯으로 음식에 향미를 더하게 되는데, 탄두리마살라(tandoori masala)는 매우 향긋하면서도 자극적인 독특한 향을 지니고 있으며 매우면서도 시고 짭짤한 맛을 낸다.

판치포론

인도 북동쪽 벵골지역에 가장 유명한 향신료로 중국의 오향가루와 맞먹는 향신료이다. 채소와 콩류를 넣기 전에 뜨거운 기름을 뿌리고, 이것이 지글지글 튀기 시작할 때 나머지 재료들을 넣는다. 벵골요리에서 나는 독특한 향은 거의 대부분 이 향신료 때문이다.

심 황

심황(tumeric)은 맛과 향이 좋으며 어떤 요리에 넣더라도 고유의 밝은 황색을 낸다는 점 때문에 높이 평가되는 향신료이다. 아유르베다 의학과 중국 한방 의학에서 황달에 처방하는 전통적 치료제이기도 하며 간 질환이나 궤양 등을 완화시키는 데도 사용된다. 또한 심황은 카레가루, 겨자 조제품에 기본적으로 들어가는 재료이기도 하다.

커 민

인도요리와는 별개로 커민(cumin)은 남서부지역의 칠리요리법에서 핵심이 되는 재료로 라틴아메리카, 북아프리카에서도 널리 사용되고 있다. 갓 볶아 내거나 가루로 낸 커민 씨앗은 포장된 커민가루에 비해 월등히 우수하다.

식사 예절

식사 시 낮은 의자를 사용하는 힌두교도인들의 좌석배치는 오른쪽에 주인이 앉고 그곳에서부터 왼쪽으로 가면서 연령순으로 앉으며, 노인과 아이들은 조금 떨어져 앉는다. 성인이 되면 여자는 남자와 함께 식사를 할 수 없고 남자의 시중을 들게 된다.

힌두교도는 접시로 사용하는 나뭇잎의 왼쪽에 음료를 놓고 왼손으로 마신다. 상류계급에서는 음식을 하루에 두 번 먹는데, 그 중 한 번은 정오 때 먹고 취침 조금 전에 저녁식사를 한다. 신앙심이 두터운 정통 힌두교도는 정오 식사까지는 어떠한 종류의 음식이나 음료를 결코 입에 대지 않지만, 최근에는 점차 커피나 케이크로 가벼운 아침 식사를 하는 것이 보편화되어 가고 있다.

힌두교인은 카스트제도로 인해 자기나 토기로 된 부엌용구 및 그릇은 한번 더럽혀지면 완전히 정결해지지 않는다고 생각해 깨어 버리고, 포크와 스푼도 다른 사람이 사용했을지도 모르기 때문에 그 사용을 꺼려한다. 따라서 음식은 보통 손가락으로 집어먹지만, 화상을 입을 정도로 뜨거운 경우에는 나무스푼을 사용한다.

힌두교에서는 식사 중에 이야기하는 것은 무례하다고 여기며, 식사하고 있는 모습을 보는 것조차도 버릇없다고 생각하기 때문에 조용히 식사가 끝나면 손을 씻고 양치한 후 이야기를 시작한다. 힌두교는 침을 싫어하기 때문에 물을 마실 때에도 컵에 입을 대고 마시지 않고 물을 컵으로 입 안에 부어 넣는다. 또한 자기의 음식이 한 조각이라도 옆 사람의 바나나 잎에 떨어지지 않도록 세심한 주의를 기울인다. 그리고 남은 음식은 천민을 제외하고는 주지 않으며, 보통 개나 새에게 던져 주고 치워 버린다.

음식 먹는 방법

인도에서 오른쪽 반신은 깨끗함, 왼쪽 반신은 더러움을 뜻하므로 먹을 때에는 오른손만 사용한다. 그러므로 오른손으로 식사하는 것이 가장 좋기는 하나 실제로 인도인 중에서 왼손을 보조적으로 사용하는 사람도 있다. 손을 쓰는 범위가 북쪽과 남쪽이 약간의 차이가 있는데, 북쪽의 경우 음식을 먹을 때에는 엄지, 검지, 중지, 약지만을 사용해 오른손 검지와 중지, 약지로 뜬 다음 엄지손톱으로 누른 뒤 입으로 밀어 넣는 반면, 남쪽에서는 손바닥도 사용한다. 이렇게 손을 사용해서 먹으면 음식의 촉감과 온도를 입과 손 두 군데에서 느낄 수 있기 때문에 훨씬 맛있게 먹을 수 있다.

전통 축제

인도는 다양한 종교를 가지고 있어서 축제도 매년 월별로 다양하게 행해지고 있다. 그 대표적인 축제들을 월별로 살펴보면 다음과 같다.

1월

공화국 기념일(Republic Day) : 델리와 각주, 인도가 공화국이 된 날인 1월 26일을 축하하는 공화국 기념일에는 델리에서 화려한 퍼레이드로 행사가 진행된다. 군인들이 합창하면서 행진하고, 여러 주에서 선발된 민속춤꾼들과 어린이들이 화려하게 장식된 퍼레이드의 뒤를 따른다. 1월 29일, 축제의 마지막을 장식하는 귀대행사(beating retreat)는 비제이 초욱(Vijay Chowk)에서 수많은 군대 밴드가 연주하며 행진하는 기념식이다.

큰 코끼리 행진(The Great Elephant March) : 케랄라(Kerala) 주 일대에서 행해지며 화려하게 장식을 한 큰 코끼리가 행진하는 축제로 물살을 거슬러 오르는 보트경주와 문화 이벤트는 축제의 분위기를 고조시킨다. 축제는 케랄라 중심거리인 트리슈(Trissur), 알라푸자(Alappuzha), 티루바난다푸람(Thiruvananthapuram)에서 거행된다.

마말라푸람 댄스축제(Mamallapuram Dance Festival) : 팔라바스(Pallavas)의 고대항구인 마말라푸람에서는 매년 활기 넘치는 춤의 축제가 열린다. 바라타나트얌(Bharata Natyam) 쿠치푸디(Kuchipudi) 카탁(Kathak), 카타칼리(Kathakali)의 대표적인 춤꾼들이 팔라바 바위조각상의 화려한 전설에 대해 공연한다.

2월

바산트 판차미(Vasant Panchami) : 북인도와 서벵골에서 행해지며 이 축제는 화려하게 노란빛이 감도는 옷을 차려입고 밝은 햇빛 아래에서 즐겁게 춤추고 노래하면서 봄을 환영하는 행사이다. 서벵골에서는 학문의 여신 사라스와띠를 경배하는 축제가 산티니케탄의 대학도시에서 열정적으로 행해진다.

3월

시브라트리(Shivratri) : 인도 전역에서 시바신이 코믹한 춤 탄다브춤을 추었을 때의 기적을 축하하는 날로서, 사람들은 단식과 기도로 이 날을 기념하고 사원은 신자들로 북적거린다. 바라나시(Varanasi), 칼라하스티(Andhra Pradesh), 시담바람(Tamil Nadu)에 있는 주요 사이바이트사원은 신자들의 특별한 찬양의식으로 주목을 끈다.

홀리(Holi) 축제 : 3월에는 즐거운 홀리(색의 축제)가 북인도 전역에서 열린다. 사람들은 서로를 색깔 있는 분가루로 분장하고 행사의 흥겨움을 더해 주는 노래를 부르며 춤을 춘다. 아난드퓨어 사히브의 시크교인은 홀리 다음날에 특별한 축제인 홀라 모할라를 즐긴다. 고대의 호전적인 예술과 모의전쟁 행사는 독특한 시크교 축제의 일부이다. 마두라와 브라즈 부미(스리 크리시나의 땅)의 작은 도시에서 열리는 홀리 축제는 특히 볼만하다. 랑구랄 축제는 일주일 이상 화려한 행진과 음악과 노래가 함께하는 행사인데, 특히 유명한 것은 바르사나와 난드가온의 라트마르 홀리이다.

4월

마하비르 자얀티(Mahavir jayanti) : 인도 모든 지역에서 행해지는데, 자인지역에서는 자이나교의 창시자인 마하비라신의 탄생 기념 축제를 볼 수 있다. 기도를 하려는 사람들이 사당과 사원을 찾아온다.

람나바미(Ramnavami) : 인도 모든 지역에서 행해지며 람나바미는 힌두교도의 의식으로 라마(Rama)신의 생일기념 행사이다. 축제가 진행되는 8일 동안 서사시 라마야나(Ramnavami)를 읽는다.

5월

부다푸르니마(Buddha Pumima) : 북인도에서 부처님(Buddha) 탄생을 기념하는 행사로 불교에서는 매우 중요한 의미를 지닌 축제이다. 석가의 탄생과 깨달음, 죽음에 이르는 3단계를 축하하는 행사이다. 마하보디사원에서는 화려한 깃발과 꽃으로 장식하기도 한다.

tip 마하보디사원

인도 북동부 비하르 주에 있는 부다가야라는 마을에 있는 사원으로 이곳에 있는 보리수나무 아래에서 부처가 깨달음을 얻어 그 자리에 사원을 세웠다고 한다. 2002년 유네스코에 세계문화 유산으로 지정되었다.

6월

샤부오트(Shavuoth) : 샤부오트는 인도 모든 지역에서 행해지며 유월절 50일 후에 있다. 첫 열매의 날(the Day of First Fruits)이라고도 불리는 고대 유대인들의 수확 축제로 이 날은 모세가 시나이(Sinai) 산에서 하느님으로부터 십계명(Torah ; 율법)을 받은 것을 기념한다.

7월

인-울-주하(In-ul-Zuha) : 전 세계에서 축하하는 이슬람교의 축제로 인도 전역에 걸쳐 거행되며, 사원의 교인이 행사를 주관하고 준비된 특별한 음식을 축제에 참가한 가족이나 친구들에게 나누어 준다.

8월

잔마스타미(Janmashtami) : 크리슈나(Krishna) 신의 탄생일을 인도 전역에서 열광적으로 축하한다. 크리슈나 신이 어린시절과 청년시절을 보낸 마두라와 브린다반에서는 특히 잔마스타미 축제에 열광적이다. 이 축제 기간 동안에는 크리슈나 신의 어린시절 이야기 〈크리슈나 리라〉가 극장에서 공연된다. 마하라시트라(Maharashtra)에서는 흙으로 빚은 두부와 버터 항아리가 거리의 여기저기에 높이 매달린다. 크리슈나 유년시절의 모습으로 분장한 젊은이들은 각각 어깨에 올라타 인간 피라미드를 만들고, 이들 항아리를 깨뜨리면서 크리슈나가 어렸을 때의 경험들을 재현해 보인다.

독립기념일(Independence Day) : 인도가 자유를 얻은 독립기념일(8월 15일)을 축하하는 행사로서, 인도 모든 지역에서 행해진다. 인도의 수도 델리에서는 국기게양식과 문화행사가 열리며 델리의 붉은 요새(Red Fort)에서 하는 수상의 연설이 이 행사의 하이라이트를 이룬다.

라크샤 반단(Raksha Bandhan) : 북인도에서 행해지는 축제로 이 날은 형제자매끼리 사랑의 결속을 재확인하는 날이다. 자매들은 다채로운 색상의 실이나 라키스(rakhis)를 형제의 손목에 묶어 주고, 형제들은 그들의 자매를 지켜 준다는 약속을 하고 선물을 건넨다.

9월

가네시 차트르티(Ganesh Chaturthi) : 마하라슈트라, 타밀 나두, 안드라프라데시, 카르나타카에서 행해지는 축제로 이 날은 코끼리의 머리를 가진 모든 행운과 성공의 신 가네시를 위한 날이다. 해마다 열리는 이 축제는 10일 동안 계속되는데, 가네시 신의 동상이 세워지고 경배된다. 그리고 마지막 날 이 동상은 행진을 한 후 사람들로 가득 찬 뭄바이 앞 강물에 가라앉히는데, 그 모습이 실로 장관을 이룬다.

10월

두세라(Dussehra) : 라바나(Ravana)를 패배시킨 라마신(Rama)을 기리기 위한 축제로서 인도 모든 지역에서 행해진다. 두세라는 악에 대항한 선의 승리를 상징한다. 라마신의 생애를 재현하는 공연 람릴라가 두세라 축제의 처음 9일 동안 열린다. 10일째에는 라바나와 그의 아들과 형제인 맥나스, 쿰바카르나의 실물보다 큰 초상화를 불태우는 의식을 갖는다.

간디 자얀티(Gandhi jayanti) : 10월 2일은 건국의 아버지인 마하트마 간디(Mahatma Gandhi)의 탄생 기념일이다. 특출난 정치 지도자일 뿐만 아니라, 대통령과 수상이었던 마하트마 간디의 선정에 존경과 찬미를 표하는 날로써 나라 안의 모든 회사와 학교가 문을 닫는다.

11월

구루 푸랍(Guru Purab) : 시키스의 첫 번째 고승인 나낙(Nanak)의 탄생 기념일을 축하하는 행사로 인도 모든 지역에서 행해진다. 고승 그란스 사히브의 '아칸드 패스(Akhand

Path)' 가 나라 전역에서 암송되며, 성스러운 책을 가지고 이 행사에 참여하는 것 또한 잊어서는 안 될 일이다.

12월

크리스마스(Christmas) : 크리스마스 파티는 신년의 축하로 시작되며, 크리스마스 파티의 축제 분위기는 일주일 이상 인도 모든 지역에서 계속된다.

JAPAN 일본

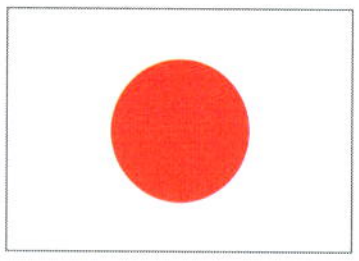

공식 명칭 | 일본 **인구** | 1억 2,728만 8,419명 **면적** | 37만 7,873km^2

수도 | 도쿄 **언어** | 일본어 **정체** | 입헌군주제

화폐단위 | 엔(¥) **국화** | 벚나무

역사적 배경

많은 섬으로 이루어져 있는 일본은 원시사회인 구석기시대부터 사람이 살았던 것으로 보인다. 이 시대는 조몬식 토기, 즉 조몬문화(BC 4500~BC 2세기)로 어렵(漁獵)상태가 이어졌다. 5세기에 일본열도를 통일한 야마토국가가 형성되었고, 6세기 말에 일본이라는 국호가 생기게 되었다. 7세기 중반 고대국가 체제가 정비되면서 세습제를 확립하여 왕은 군림하고 족장이 토지와 백성을 지배하게 되었다. 족장은 성(姓)을 하사받고 귀족이 되었다. 8세기 말부터 9세기에 걸쳐서 귀족과 사찰의 사적(私的) 토지소유인 장원이 발달하였다. 10세기 이후는 장원의 경작을 도급받은 농민상층이 토지경작권을 가지게 되었고, 자립적으로 경작과 경영을 유지하기 위해 무장한 지주농민과 관리 가운데서 무사(사무라이)가 생겨났다. 12세기 중반에는 무사들이 정치적으로 세력을 확장하면서 무가 정치가 시작되었다. 교토 천도 이후 가마쿠라바쿠후 성립까지의 시기를 헤이안시대(평안(平安)시대)라고 한다. 1467년 이후 전국시대라는 혼란기에 접어들게 되는데, 이를 통일한 사람이 도요토미 히데요시이다. 도요토미는 두 차례에 걸쳐 조선을 침략하였으나 전쟁에 실패하고 도쿠가와 이에야스가 에도(지금의 동경)에 새 바쿠후를 개설하였다. 에도바쿠후 말기에는 구미열강의 개국 요구가 거듭되고 이어 쇄국정책을 포기하면서 에도바쿠후는 무너지게 된다. 1869년 조정은 왕정복구를 선언하고 메이지유신(명치유신, 明治維新)을 추진하여 서양의 기술과 제도들을 받아들이면서 정부의 부국강병(富國强兵)과 식산흥업(殖産興業) 등 여러 정책들을 통해 1890~1910년에 걸쳐 자본주의가 급속이 발달하게 된다. 급속한 근대화에 성공하면서 일본은 제국주의 정책을 추진하여 청·일 전쟁과 러·일 전쟁을 일으키고 한국, 사할린 남부, 타이완을 식민지로 삼았다. 이러한 침략전쟁을 일으키면서 독일, 이탈리아와 3국 동맹을 맺었고 미국의 진주만을 기습하여 태평양전쟁을 일으키면서 미국의 원자폭탄 투하로 1945년 8월 15일 연합국에 무조건 항복, 식민지도 모두 반환하게 된다. 일본은 연합국에 의해 비무장화와 민주화를 추진하여 새로운 정치·사회·교육 개혁안을 포함시킨 새 헌법을 통과시키면서 일본의 경제는 급속도로 성장하여 오늘날과 같은 막강한 경제력을 가지게 되었다.

tip 바쿠후

1192~1868년에 실질적으로 일본을 통치한 세습적 군사독재자인 쇼군(將軍)의 정부를 말한다.

지리적 특성 및 문화

일본은 아시아 대륙 동단의 북태평양에 위치하고 있으며 일본 국토의 면적은 37만 7,873km²로 혼슈(本州), 시코쿠(四國), 큐슈(九州), 홋카이도(北海道) 네 개의 섬으로 이루어져 있으며, 그 주위에 4,000개 이상의 작은 섬이 있다.

남북으로 길게 위치하고 있어 아열대기후에서 온대 · 냉대 기후가 나타나지만 대부분의 지역은 해양성 온난기후이고 사계절의 구분도 뚜렷이 나타나고 있다.

일본의 우기는 6월과 9월이고 태풍으로 인한 홍수와 산사태가 발생하기도 하나 늦여름의 건기에 대비할 수도 있다.

또한 일본은 화산폭발과 지진이 빈번이 일어난다. 유명한 후지산은 휴화산이지만 아사마산과 사쿠라지마산은 잘 알려진 활화산이다. 이러한 화산 때문에 온천도 유명하다.

일본의 식물은 지형과 기후의 영향으로 소나무, 전나무, 삼목 등의 침엽수와 참나무, 단풍나무, 물푸레나무, 너도밤나무 등의 활엽수가 다양하게 분포하고 있으며, 대나무, 야자나무 같은 아열대 식물이 혼슈 북부까지 분포한다.

일본의 국화(國花)는 벚나무이지만 황실의 문장(紋章)인 국화(菊花)도 국화(國花)로 쓰이고 있다.

일본의 국가는 '키미가요' 이고 가사는 군국주의의 상징인 '천황' 을 찬미하는 내용이다. 또 일본의 국기는 '히노마루' 라고 한다.

음식문화

일본은 사계절의 구분이 분명하여 각 계절마다의 작물에 따른 조리법도 다양하게 발달하였다. 섬나라의 특성상 생선의 이용법이 다양하며, 다른 나라의 영향을 보다 적게 받아 독특한 식생활문화를 발전시킬 수 있었다. 육식을 금하는 불교의 영향과 정치적 이유로 곡물과 채소로 만든 요리가 발달하였다.

일본음식의 역사

귀족주의와 무인시대 등 정치적인 변화와 서구의 문명이 유입되면서 음식문화도 시대적으로 많은 변화를 가져오게 되는데, 조몬토기시대, 야요이시대, 나라시대, 헤이안시대, 가마쿠라시대, 무로마치시대, 아츠치 · 모모야마시대, 에도시대, 메이지시대 이후로 나눌 수 있다.

조몬토기시대(BC 700~BC 3세기경) : 자연물 잡식시대

원시사회의 석기시대로 석기를 사용하고 조개무지 속의 유물을 통해 보면 오늘날의 짐승, 새, 물고기들이 있었음을 알 수 있는데, 이들을 식용으로 이용하였던 것으로 보인다. 토기와 불을 사용할 줄 알았지만 주로 생식을 하였다.

야요이시대(BC 3~6세기경) : 주식 · 부식 분리시대

청동이 들어오는 시기로 조나 피가 주를 이루는 벼농사가 시작되었다. 벼는 대개 현미의 형태로 먹었으며 주로 죽으로 먹었다. 농경의 발달로 물고기 등의 사냥은 종속산업이 되었고, 생식보다 국의 형태가 많아지기 시작하였으며 술과 엿도 만들어 먹었다.

나라시대(BC 7~8세기경) : 당나라 음식의 모방시대

천황의 통치체제가 굳어지고 일본이라는 국호가 처음 사용되는 시기로서, 귀족과 서민의 생활 차이도 커지기 시작하였다. 식품을 건조하거나 소금에 절이는 보존법을 사용하였고 술 제조법이 발달한 시기이다. 또한 중국에서 대개 밀가루로 만든 만두나 전병과 같은 과자류가 일본으로 유입되어 당과자가 되었고 콩이나 팥을 이용한 떡이 출현하였다.

헤이안시대(BC 9~12세기 말) : 식생활의 형식화시대

신라 · 당나라와의 교류가 왕성해지면서 여러 가지 조리법이 발달하게 되어 일본 특유의 음식문화가 형성되었다. 귀족의 전성기시대로 귀족들은 식사를 형식화하여 신분에 따라 청동, 은, 옻으로 만든 그릇을 사용하였다. 불교의 영향도 있어 살생과 포유동물의 식육을 금지하였으며, 장아찌나 생선의 살을 으깨어 조미료를 섞고 쪄서 만든 식품인 생선어묵(가마보코) 등의 요리법도 고안되었다.

가마쿠라시대(BC 13~14세기 중엽)

무사인 미나모토 요리모토가 귀족층을 멸망시키고 가무쿠라지역에 군사정부(바쿠후)를 설치하여 무인정치가 시작된 시기이다. 중국의 식사법과 선종의 전래로 식사예의를 중시하였고 불교의 영향을 받아 쇼진요리(주로 채식요리)가 사원을 중심으로 발달하였다. 또한 두부가 유입되고 송나라의 차가 전해져 재배되기 시작한 시기이기도 하다. 당을 모방하던 귀족들이 숟가락을 사용하였고 서민들은 사용하지 않았으나 귀족들이 쇠퇴하고 중국의 영향에서 벗어나면서 숟가락을 사용하지 않고 젓가락을 사용하게 되었다.

무로마치시대(BC 14세기 중엽~16세기 후반) : 차와 선의 식생활에의 투입시대

동경 무로마치의 막부시대로 무사들도 귀족의 풍습에 물들어 사치스러워지면서 선(禪)과 차(茶)를 즐기고 정식 향응요리로써 혼젠요리가 확립된 시기이다. 또한 차를 마시기 전에 먹는 간단한 음식인 가이세키요리가 등장한 시기이기도 하다.

아즈치 · 모모야마시대(BC 16세기 후반~16세기 말) : 명 · 청나라 식생활 유입시대

호화스럽고 한적한 생활과 검소하며 사치스러운 취향을 동시에 가졌던 무사의 시대이다. 차를 생활화하여 가이세키요리가 확립되었고 파와 쇠고기, 닭고기, 생선 등을 섞어 조린 남방요리의 도래로 일본요리가 발전되었다 할 수 있다. 또한 서구문화의 유입으로 식생활이 많이 변화한 시기로 호박, 감자, 옥수수, 고추, 고구마 등이 수입되었고 튀김과 중국요리가 나타났다.

에도시대(1603~1867년) : 일본식의 완성

무사와 상인 두 계급의 기호가 어우러진 음식문화가 형성된다. 상하 모든 계급으로 세끼의 식사횟수가 보급되고, 육식보다는 채식을 주로 하고 생선이 중시되며 일본 특유의 정교하고 섬세한 미각과 아름다운 상차림이 존중되는 일본 음식문화가 완성된 시기이다. 가이세키(會席)요리도 발달하였다.

메이지시대 이후(1868년 이후)

메이지유신 이후 서구문물을 적극적으로 받아들이고 일본 정부로부터 승려의 육식을 허용하면서 육식을 장려하여 국민체위가 크게 향상되었고 일본의 3대 음식인 스키야키,

스시, 덴푸라가 형성된 시기이다. 일본 경제가 발전되면서 육류소비가 증가하여 공급이 부족하게 되면서 적은 양으로 배부르게 먹을 수 있는 외국음식을 일본식으로 조리한 돈가스, 고로케, 카레라이스 등이 개발된 시기이다.

일반적 특징

주 · 부식의 구분

주식과 부식으로 구분이 되어 있으며, 주식으로는 주로 쌀밥을 먹는다. 쌀은 일본의 가장 중요한 식재료이며, 거의 모든 식사에 제공된다. 일본의 쌀은 전분 함량이 높고 끈기가 많은 것이 특징이다. 쌀을 먹는 방법은 밥을 지어 그대로 먹거나, 초를 섞어 초밥으로 먹기도 한다.

계절적인 요리 중시

일본은 사계절이 뚜렷하므로 계절에 따른 다양한 농산물과 어류를 얻을 수 있다. 이와 같은 특징으로 일본에서는 식품과 계절과의 관계를 중요시한다. 오수법(五手法)에 따라 요리를 만들 때도 제철에 나는 식품을 최소한의 향신료를 사용하여 고유의 맛을 최대한 살리는 것이 특징이다.

육식보다는 어패류 · 채소요리의 발달

옛날에는 일본에서도 육식을 하였으나, 6세기경 일본에 불교가 전래된 이래 7세기 후반부터 약 100년간 역대 천황들에 의해 육식이 금지되었다. 그 후 메이지유신 무렵부터 육식의 금기가 해제되었으나, 육류보다는 어패류, 채소요리가 발달하였다. 익히는 요리보다 날 것의 상태, 즉 자연 그대로의 가치를 존중하여 날 생선을 잘라 와사비 간장에 찍어 먹는 생선회를 가장 세련된 음식이라 생각하며, 채소는 순무, 무, 가지 등의 채소를 사용한 침채류를 연중 섭취한다.

콩과 콩제품의 발달

종교적인 이유로 육식문화가 발달하지 못한 대신에 단백질 급원으로 콩과 콩제품 이용이 발달하였다. 특히 대두를 사용한 식품이 선호되었고, 생선조차도 금지되었던 사찰에는 대두요리가 발달하였다. 대표적으로 아부라게(두부튀김), 미소(일본된장), 낫토, 쇼유(일본간장) 등이 있다.

낫토

미적 감각 중시

일본요리는 보면서 즐기는 요리인 만큼 맛뿐만 아니라 색깔이나 모양에서 색다는 즐거움을 준다. 또 다른 시각적인 즐거움은 식기와 공간미에 있는데, 일본식기는 재질도 다양하고 형태도 다양해 음식을 연출하는데 있어 장점을 가지고 있다. 담을 때도 공간의 미를 충분히 고려하며, 자연소재의 기물을 다양하고 예술적으로 활용한다. 산수(山水)의 법칙에 따라 색과 모양을 보기 좋게 다소곳이 담는 것이 일본요리의 특징이다.

형식적 특징

혼젠요리

혼젠요리(本膳料理)는 관혼상제 등 의식을 행할 때 차려지는 정식 상차림으로 아츠치 · 모모야마시대부터 전해 내려온 요리법이다. 에도시대로 가면서 화려하고 예술적인 상차림으로 발전하였다. 상차림은 주로 다섯 개의 검은색 칠기상을 차리는데, 제1상을 '혼젠' 이라 하며 그 다음부턴 2젠, 3젠, 4젠, 5젠이라 한다. 국물의 숫자와 요리의 숫자에 따라 상차림을 구분하는데, 국물 한 가지에 요리가 다섯 가지면 1즙(汁) 5채라 한다.

특히 격식 높은 결혼식 상차림은 매우 호화스러워 다섯 개의 상에 세 가지 국물과 일곱 가지 요리를 내는 3즙 7채의 상차림을 한다. 또 입학, 졸업이나 생일 등과 같은 집안 행사에는 주로 1즙 3채, 세 개의 상을 내는 2즙 7채 상차림을 한다. 요즈음은 큰 접시에 여러 가지 요리를 담아 상차림을 하기도 한다.

가이세키요리

다도에서 나온 요리로 차를 들기 전에 적당히 배를 채워 차의 맛을 돋우는 요리로, 차를 들기 전에 내는 요리를 가이세키요리(懷石料理)라 한다. 아주 간단하고 양이 적지만 만드는 방법은 까다롭다. 가이세키란 말은 불교 선종의 종파에서 유래되었는데, 이 종파는 하루에 두 끼 식사만 허용되었다. 그래서 배고픔을 참기 위해 뜨거운 돌을 안고 잤는데, 여기서 '품속의 돌' 이라는 말이 생겨났다고 한다. 그 후에는 적은 양의 죽을 끓여 먹게 하였는데, 이것이 몸에 좋다 하여 병자에게 약 대용으로도 먹게 했다. 여기서 가이세키요리가 유래된 것으로 추정된다. 옛날에는 차를 마시기 위하여 '자우케' 라고 하는 과자를 준비하였다. 과자는 다소 단 것을 조린 것으로 곤약, 당근 등으로 만들었다. 이러한 것은 요즈음 볼 수 있는 가이세키요리의 전 형태라고 한다. 설탕이 이용되면서부터는 지금처럼 진한 단맛이 나는 과자류가 생겼다.

에도시대 이전에는 일반 다인(茶人)의 가이세키는 비교적 간소했지만, 에도시대 이후 식습관이 세 끼로 변화되면서 내용과 형식이 현재처럼 자리 잡게 되었다.

가이세키요리(회석요리)

회석(會席)이란 모임의 좌석 및 회합의 좌석이라는 의미로써 에도시대에 일본식 연가의 형식에 의한 좌석에서 식사를 즐긴 것으로부터 시작되었다. 혼젠요리와 차 가이세키요리에서 발달한 것으로 술안주를 위주로 하여 차리는 연회요리로, 쇼진요리나 중국 난징요리 등 각양각색의 요리나 재료를 받아들여 일반화한 요리이다.

식사 예절

일본은 식사예절이 엄격하고 복잡하다. 식사하기 전에 반드시 잘 먹겠다는 인사를 해야 하며, 식사 전반에 걸쳐 자세를 바르게 하고, 음식 먹는 소리가 나지 않도록 해야 한다. 하지만 국수 등은 소리를 내어 먹어도 된다. 일본인들은 서구인들과 마찬가지로 담소하기를 좋아하며 오차가이세키의 경우 주인과 손님은 즐겁고 자연스럽게 대화를 한다. 서로 아무 말도 하지 않고 식사만 한다면 이는 부자연스럽고 결례가 된다.

음식을 먹을 때 뚜껑이 있는 경우에는 밥그릇, 국그릇, 조림그릇의 순서로 뚜껑을 벗긴다. 상의 왼쪽에 있는 것은 왼손으로 뚜껑을 쥐고 오른손을 대어 물기가 떨어지지 않게 뒤집어서 상 왼쪽 다다미에 놓는다.

대표적 음식

사시미

사시미는 일본의 가장 대표적인 음식으로 생선을 날로 회친 것을 말한다. 생선의 신선도를 유지하여 자연 그대로의 담백함을 느낄 수 있으며, 생선의 맛을 돋우기 위해 저민 초절임, 생강(가리)을 곁들이는데, 입가심용이기도 하므로 다른 종류의 회를 먹기 전에 한두 점 먹는 것이 좋다. 관서지방에서는 츠쿠리라고도 한다.

스 시

일본에서 주식으로 먹는 음식으로 가장 오래된 스시는 후나즈시(붕어초밥)이다. 후나즈시는 붕어를 5월 초순경에 잡아 입으로 내장을 꺼내고 잘 씻어서 소금에 절인 다음 눌림돌로 눌러 1개월 정도 두었다가 밥과 함께 먹었다. 스시에는 니기리스시(생선초밥), 마키스시(김초밥), 이나리스시(유부초밥), 치라시스시(덮밥초밥) 등이 있다. 초창기에는 붕어나 은어가 주를 이루었는데, 지금은 흰살생선이나 등푸른생선 등 다양한 종류의 생선들로 만들어지고 있다.

덴푸라

우리나라에서 '덴푸라'라 하면 흔히 어묵류를 생각하지만, 일본의 대표적인 튀김요리로 해산물이나 채소 등의 재료를 반죽해 튀긴 것을 말한다. 보통 간장에 찍어먹는데, 간장에 무 간 것을 넣기도 한다.

메이지시대에는 튀김옷을 두껍게 하여 연기가 날 정도로 오래 튀겼으나 에도시대에

사시미

스 시

와서 밀가루 옷을 가볍게 입혀 바삭하게 튀긴 음식으로 발전하였다.

나베모노(냄비요리)

냄비요리는 나베(냄비)를 이용하여 간단히 끓여 먹는 요리로 생선지리, 어묵, 스키야키, 샤부샤부 등이 있다. 음식 재료에 따라 냄비의 선택도 중요하다. 스키야키 같은 쇠고기 냄비요리는 두꺼운 철냄비, 살짝 끓여서 먹는 음식에는 보통냄비, 오래도록 끓이는 어묵에는 질그릇으로 만든 냄비가 적합하다.

규나베

주로 겨울철에 먹는 요리로 채소를 많이 섭취할 수 있고, 영양이 골고루 배합되어 있다는 것이 큰 특징이다. 대표적인 냄비요리는 쇠고기, 닭 등에 파, 두부를 넣고 끓이는 스키야키로 메이지유신이 일어나기 불과 몇 년 전에 쇠고기를 이용한 요리로 개발되었는데, 주로 하급 무사나 뜨내기 인부들이 많이 먹었다.

돈부리(덮밥)

덮밥은 흰 쌀밥 위에 각종 수조육류, 어패류, 채소류를 요리해 얹고 진한 소스를 뿌려서 먹는 일품요리다. 규동(쇠고기덮밥), 가쓰동(커틀릿덮밥), 오야코동(닭고기덮밥), 텐동(튀김덮밥) 등이 있다. 규동은 돈부리 중에서 가장 유명하며 메이지 10년(1878년)부터 시작해서 지금까지 널리 알려져 있는 규동 전문점도 있다. 돈부리는 값이 싸고 간편해서 학생이나 바쁜 샐러리맨 등이 많이 이용한다.

우동 · 소바(메밀국수)

일본인의 식생활에서 빠지지 않는 것 중 하나가 우동과 소바(메밀국수)이다.

① 우 동

우동은 밀가루로 만든 면발이 굵은 국수를 가쓰오부시나 멸치, 다시마로 우려낸 국물에 넣어 먹는 음식이다. 현재 일본에는 간단히 먹을 수 있는 자동판매기식 우동집도 많다.

식포쿠우동 : 송이버섯, 표고버섯, 생선묵, 채소 등을 넣어서 끓인 우동이다.

기쓰네우동 : 유부를 달게 조려서 넣은 우동이다.

② 소 바

메밀로 만든 소바는 17세기경부터 서민들이 즐겨 먹던 국수로 차게 먹는 음식이므로 온도에 신경을 써야 하는 음식이다. 소바에는 고추냉이(와사비)를 넣어 면의 맛을 돋우어 준다.

오로시소바 : 삶아서 차게 한 메밀을 그릇에 담고 약간 수분을 제거한 무즙을 얹어 가쓰오부시, 잘게 썬 파, 달걀노른자를 위에 놓고 맛국물을 곁들여 먹는다.

자루소바 : 대나무발이나 사각 틀에 담아내는 메밀국수를 말한다. 무 간 것과 실파 잘게 썬 것 등을 소바다시국물에 곁들인다.

시루모노(국)

일본요리 중 가장 먼저 먹는 국물요리로 맑은 다시(맛국물)를 그대로 써서 재료 자체의 맛과 향을 나타내는 스마시지루(맑은 국)와 된장을 푼 국물에 두부, 미역 등을 넣어 끓인 미소시루가 있다. 미소시루를 만들 때 겨울에는 백된장, 여름에는 적된장, 봄과 가을에는 백된장과 적된장을 섞어서 쓴다. 된장을 넣고 오래 끓이면 맛이 떨어지므로 주의해야 한다.

야키모노(구이)

고기, 생선, 채소를 모두 이용하여 굽는 요리로 재료의 원래 모양을 잘 살리기 위해 꼬치에 끼워 굽는 경우가 많다. 굽는 방법에 따라 스야키(아무것도 바르지 않고 그냥 불에 구워내는 요리), 시오야키(소금구이), 데리야키(간장 양념에 재웠다 굽는 요리) 등이 있다.

소 바

시루모노(국)

라 멘

일본라멘은 인스턴트 식품이 아니고 돼지등뼈, 닭뼈, 소뼈, 여러 채소를 넣어서 우려낸 육수에 면, 구운 돼지고기와 콩나물, 중국죽순 등을 곁들여 먹는 것이다. 쇼유라멘은 맑은 갈색국물에 간장맛라면이고, 미소라멘은 일본된장인 미소를 넣어 국물맛을 낸 것이며 또 시오라멘은 소금으로 맛을 낸 것이다.

오코노미야키

오코노미야키는 우리나라의 부침개에 해당하는 일본의 철판구이음식이다. 밀가루반죽에 쇠고기나 돼지고기 등의 육류와 새우, 오징어, 문어 등의 해산물을 넣고, 철판에 양배추, 파 등 각종 채소류와 달걀, 마요네즈, 김, 다랑어가루 등 다양한 재료를 얹어 즉석에서 조리하여 오코노미야키 소스에 찍어 먹는다.

일본 술

일본 술은 쌀로 만든 술로 우리나라 청주와 비슷하다. 지방에 따라 그 맛도 여러 가지이다. 가장 일반적으로 마시는 방법은 차게 해서 마시는 레이슈(냉주), 뜨겁게 데워서 마시는 아츠칸이라는 것이 있다.

술

전통 축제

일본은 '마츠리' 라고 하는 전토적인 축제가 1년 내내 일본 각 도시에서 열리고 있다. 마츠리는 '마츠루' 라는 동사의 원형으로 '제사를 올리다', '혼령을 모시다' 라는 뜻을 가지고 있다. 일본의 민속과 전통을 살리고 있는 축제를 월별로 살펴본다.

1월

소방 마츠리(6일) : 전통 복장을 한 소방대원들과 함께 체험해 보는 방화, 방재 이벤트로

도쿄에서 열리는 축제이다.

도오카에비스(9~11일) : 상업의 신인 에비스 신에게 상업번창을 기원하는 축제로써 사흘 동안 다채로운 여러 가지 행사들이 펼쳐진다. 오사카의 이마미야진자에서 열리는 인기 있는 축제이다.

히로사키성 백설 등롱 축제 : 길고 추운 겨울철에 지역 주민들의 교류 등을 목적으로 시작된 것이 현재에는 가족 동반으로 즐길 수 있는 축제로 변하였으며 매우 정교하게 만든 눈사람과 백설 등롱이 나란히 세워져 참가자들을 맞이하고 있다. 히로사키 시의 겨울철 대표적인 마츠리이다.

2월

세츠분(3일) : 우리나라의 동지에 해당하는 날로 우리나라에서는 팥을 사용하는데, 일본에서는 볶은 콩을 던지며 악귀를 쫓는다.

삿포로 눈 축제(유키 마츠리) : 매해 5~11일까지 일주일간 열리는 눈 축제로 홋카이도의 삿포로에서 열리는 세계적인 축제이며, 삿포로의 오도리공원을 중심으로 도시 전체가 눈과 얼음조각으로 장식되어 환상적인 분위기를 연출한다.

삿포로는 홋카이도의 중심 도시로 일본 내에서 다섯 번째로 큰 도시이다. 1972년 동계올림픽, 1990년 동계아시안게임이 개최되는 등 겨울철 스포츠로도 유명한 곳이다.

홋카이도 도청이 있는 삿포로는 눈 축제로 알려져 있으며 삿포로 유키 마츠리는 홋카이도 최대의 축제로 일본을 대표하는 축제 중 하나이다. 브라질의 '리오축제', 독일 뮌헨의 '옥토버 축제'와 함께 세계 3대 축제에 속하며 1950년부터 열리기 시작한 이 축제는 일본인에게 있어서 제2차 세계대전 패전의 상처를 딛고 일어선 시민들에게 힘과 위안을 주고, 춥고 긴 겨울을 야오에서 즐겁게 지내자는 뜻으로 개최되었다.

3월

히나 마츠리(3일) : 여자 어린이들의 건강과 행복을 빌기 위한 전통 축제로, 어린 딸을 둔 가정에서는 히나인형(사람 모양의 인형)과 장식품으로 집 안을 꾸민다.

전국적으로 행해지는 몇 안 되는 마츠리 중의 하나로서, 매년 3월 3일 전국 각지에서 히나 마츠리 행사가 열린다. 히나인형에 의상을 입혀 소중하게 모시는 히나 마츠리는 원래 헤이안시대 귀족들 사이에 인형에 종이옷을 입혀 놀던 것이, 에도시대 이후 민간의 풍속으로 전해져 오늘에 이르게 되었다고 한다.

하나에시키(花會式) 마츠리 : 매년 3월 말~4월 5일 사이에 야쿠시지(藥師寺)에서 벌어지는 축제이다.

오미즈토리(お水取り) : 도다이지(東大寺)의 미가쓰도에서 벌어지는 참회의식으로 3월 1~14일에 행해진다.

4월

하나미(3월 말~4월) : '하나미' 는 일본말로 '꽃구경' 이라는 말로, 다양한 종류의 꽃이 있지만 일본을 상징하는 벚꽃구경을 '하나미' 라고 한다. 벚꽃 철이 되면 대부분의 일본인들은 벚꽃을 구경하며 축제를 즐긴다.

테루히메 축제 : 매년 4월에 화려한 이벤트로 시작되는 테루히메 축제는 중세시대 비극의 여주인공 테루 공주를 그리는 축제이다.

테루히메 축제는 가을의 네리마 축제와 함께 네리마의 2대 축제로 완전히 정착하였다. 축제가 시작되면 화려한 시대 의상을 입은 약 90여 명의 행렬이 이시가미공원의 야외스테이지를 출발해 약 2.5km의 코스를 천천히 누비며 행진한다.

가마쿠라 마츠리 : 매년 4월 두 번째 일요일에서 세 번째 일요일까지 열리며, 가마쿠라의 문화를 화려하게 재현하는 축제이다. 고대 의상을 입은 사람들의 행렬과 차를 마시는 의식 등이 펼쳐지며, 가마쿠라 체육관에서 쓰루가오카 하치만구까지 열린다. 여름밤, 약 300여 개의 등불이 사당 주위를 장식하며, 환상적인 분위기를 연출한다.

미야코오도리(都おどり) : 매년 4월 1~30일에 기온 가부렌조에서 마이코와 게이샤들의 화려한 벚꽃 춤이 벌어진다.

5월

하카타돈타쿠(3~4일) : 후쿠오카 시의 하카타에서 열리는 성대한 축제로, 다양한 공연과 함께 여러 단체에서 펼치는 다채로운 퍼레이드를 하는 시민 잔치라 할 수 있다.

코도모노히(5일) : 일본의 어린이날로 우리나라와 같이 국경일이다. 전통적으로 남자아이를 위해 정원에 잉어 모양(코이노보리)의 깃발을 걸고 '고가츠닌교우' 라는 인형으로 방을 장식하며, 쌀병을 상수리나무 잎에 싸서 먹기도 한다.

히로사키 벚꽃 축제 : 봄이 오면 벚꽃 전선은 점차로 북상한다. 히로사키 시에서 벚꽃이 필 무렵(5월 초순 2~3주간) 히로사키성은 일본에서 가장 아름다운 지역으로 변한다.

도쿄의 칸다 마츠리(神田祭) : 5월 14~15일 칸다신사에서 행해지는 마츠리로, 미코시(神輿, 가마) 축제이다. 에도시대 산노오 마츠리와 1년씩 교대로 실시되고, 산노오 마츠리가 무가(武家)의 마츠리인 데 반해 칸다 마츠리는 서민들의 마츠리로서 인기를 모았다.

오키나와 하리 축제 : 오키나와는 일본의 최남단에 위치해 있는 미야코제도, 야에야마제도 등 57개의 섬들이다. 북위 24~27° 까지의 광대한 해역에 발달한 산호군이기도 하다. 이것이 만들어 낸 에메랄드빛 해수와 작렬하는 태양이 오키나와의 아름다움이다.

아오이 마츠리 : 교토의 3대 축제 중 하나로 꼽히며 우리말로는 접시꽃 축제로 번역되는데, 정식 명칭은 가모 마츠리, 5월 15일에 가미가모와 시모가모 두 신사에서 열리는 축제로, 옛날에 황실이 고쇼에서 각 신사로 참배하러 가던 모습을 재현한 화려한 퍼레이드가 하이라이트이며 오전 10시에 교토고쇼에서 출발한다.

아사쿠사진자의 산자 마츠리(三社祭) : 아사쿠사의 중심에 있는 사찰 센소지 신사는 많은 인파로 1년 내내 북적거린다. 바로 이곳에서 해마다 5월 셋째 주 말의 3일간 센소지 건립과 관련된 세 사람을 기념하는 산자 마츠리가 열린다. 이 축제는 에도시대의 전통을 그대로 재현하는 것으로 축제가 벌어지는 기간에는 각 지역에서 몰려 든 군중들이 100여 개의 미코시(들고 다니는 가마)를 어깨에 메고 고함을 지르면서 거리 곳곳을 돌아다닌다. 또 전통 의상을 차려입은 1,000여 명의 참가자들이 운집하며 산자바야시의 연주와 게이샤, 기야리 등이 축제의 흥을 더한다.

삿포로 라일락 축제(5월 말) : 삿포로의 꽃 라일락이 한창인 오오도오리 공원에서는 묘목을 선물하기도 하고 음악회도 열린다.

간다 마츠리 : 홀수해의 5월 15일에 가까운 주말에 명신신시(明神神寺) 주변에서 열두 대의 미코시 행렬이 펼쳐지며, 가라차(工茶) 행사도 벌어진다.

6월

산노 마츠리(10~16일까지) : 도쿄 히에신사에서 거행되는 대규모 축제로 미코시의 행렬과 함께 다양한 고전적인 퍼레이드가 펼쳐진다.

사이오우 축제 : 일본 동해의 삼중(三重)현 이세평야의 남부 메이와에서 매년 6월 5일부터 이틀간 개최되는 축제이다. 이 축제에는 슬픈 전설의 주인공 사이오우를 기리는 것으로 '사이오우'란 천황을 대신해 이세신궁의 아마테 라신을 섬기기 위해 뽑힌 미혼의 황족 여성을 말한다. 축제는 5일 오후 사이오우 숲에서 전야제가 펼쳐지고, 6일 오전에는 나리히라 공원에서 목욕제계 의식이 벌어진다. 오후에는 보쿠조우라는 점술에 의해 뽑혀 5박6일의 여정을 거쳐 이세로 향했던 '사이오우군행'을 화려하게 재현한다. 박물관에서는 축제 분위기를 더해 주는 기타 민속, 예술 등이 공연되고 바자회도 열려 많은 볼거리를 제공한다.

요사코이 소오랑 축제(6월 초) : 대학생들이 만든 삿포로의 새로운 축제이다. 홋카이도 각지에서 여러 팀이 참가하여 홍겨운 춤을 선보이는 축제로 '요사코이'는 '밤에 오세요'라는 의미를 담고 있다. 참가자들은 각 팀을 구성해 나루코를 잡고서 춤을 추며 그동안 갈고 닦은 기량을 겨루며 젊음을 발산하는 축제이다.

홋카이도 신궁제(14~16일) : 삿포로의 역사 깊은 축제로 미코시(가마) 행렬이나 다양한 노점이 들어서며 많은 사람들이 찾아온다.

치노와 신지 : 6월 30일 '나고시노하라에'가 전국 각지의 신사에서 행해지는데, 사람을 본떠 종이인형에 이름과 나이를 쓴 후 입김을 불어넣는다. 또는 몸 상태가 좋지 않은 부분을 인형으로 문지른다. 그러면 인형이 대신하여 여름철 액막이를 해준다고 하는 신앙이다. 참배하는 사람에게 띠로 만든 동그라미 속(치노와)을 빠져나가게 하여 액막이를 해준다.

7월

하카타기온야마가사(1~15일) : 후쿠오카 하카타에서 열리는 하카타기온야마가사는 남자들 위주의 마츠리로 가마쿠라시대 때 하카타 일대에 전염병이 유행하여 그 병의 퇴치를 위해 기원한 것에서 시작되었다. 일본남성의 웅장함과 묵직함을 볼 수 있는데, 마지막 날에 열리는 오이야마라는 행사의 하이라이트는 야마가사로 행진하는 속도를 겨루는 것으로 정신을 통일하여 야마가사를 짊어지고 달리는 남성들의 힘찬 모습을 볼 수 있다.

소난히라츠카 하나바타 축제 : 소난히라츠카 하나바타 축제는 일본 히라츠카에서 매년 7월 7일 칠석에 개최되는 화려한 여름별자리 축제이다. 원래는 중국에서 전래되어 별을 모시는 행사로 우리나라의 칠석제와 비슷하다. 이것이 일본에서는 로맨틱한 하나바타 전설과 함께 일본의 연중행사가 되었다.

교토의 기온 마츠리(祇園祭) : 교토의 3대 축제 중 하나이며 일명 야사카진자의 마츠리라고도 불린다. 이 축제의 기원은 9세기경 교토의 야사카 사당의 승려가 마을의 재앙을 물리치기 위해 신에게 제를 지냈던 것으로 거슬러 올라가는데, 지금은 20여 명의 남자가 끄는 수레 위에 2층 구조의 집(hoko)을 싣고 거리를 행렬하는 축제로 발전되었다.

오사카의 텐진 마츠리(天神祭) : 매년 7월 24일에서 25일에 행해지며 일본 3대 마츠리이자 일본 3대 선상마츠리이다. 또한 교토의 기온 마츠리처럼 오사카 사람들의 생활 속 깊이 정착한 축제이며, 스사와라미치자네공(菅原道眞公)의 진혼제가 기원으로 천 년 이상의 역사를 가진다.

삿포로 여름 축제(7월 21일~8월 20일) : 오오도오리공원에서 열리며 오오도오리 니시5초메(5丁目)로부터 10초메(10丁目)에 걸쳐 펼쳐지는 맥주가든은 여름의 풍물이다. 이 시기에 맞춰서 삿포로 국제 페스티벌, 스스키노 축제도 열리며 삿포로의 짧은 여름을 즐길 수 있다.

기온 마츠리 : 기온에 있는 야사카진자(八坂神寺)에서 벌어지는 축제로, 교토만이 아닌 일본의 대표적인 축제이다. 기간은 7월 중에 열리지만 7월 17일이 최절정일이다.

8월

센다이 다나바타 마츠리(6~8일) : 과거 센다이 다나바타 마츠리는 소박하고 온화한 민속 행사였으며 추석을 앞두고 조상과 논의 신을 염원하는 행사였는데, 이것이 전승되어 현재 일본을 대표하는 다나바타 마츠리가 되었다. 이 날에는 크고 화려한 다나바타 장식을 상가나 거리에서 볼 수 있다.

아와오도리(12~15일) : 일본 추석인 오봉에는 죽은 사람의 혼을 염원하는 의미로 봉오도리를 춘다. 동네에서도 흔히 볼 수 있으며, 이 봉오도리는 무로마치시대에 서민들에게 보급되었으며 시코쿠 도쿠시마현의 아와오도리가 가장 유명하다. 유래는 1587년 도요토미 히데요시의 신하 하치수카케가 도쿠시마현에 성을 세웠을 때 잔치상에서 춤을 췄다는 설이 가장 유력하다.

센다이(仙臺)의 다나바타 마츠리(七夕祭) : 동북지방의 3대 마츠리 중의 하나이다. 다나바타 행사는 중국에서 전해진 것으로 헤이안(平安)시대에는 귀족 사이에서 즐겼지만, 에도시대가 되면서부터 서민들 사이에서도 유행하게 되었다. 센다이에서는 두 번의 냉해에 의한 대흉작으로 많은 사망자가 나와 오곡의 풍부한 수확을 정성스럽게 기원하였다.

아오모리 네부타 마츠리(ねぶた祭) : 동북지방의 3대 마츠리 중에 하나로 매년 8월 1일부터 8월 7일까지 행해진다. 네부타 마츠리의 기원은 불분명하지만 일본을 대표하는 불의 축제로 각지에서 열리는 유명한 마츠리 중에서도 크게 성장한 축제이다.

하치노헤 3사 대축제 : 8월 최초의 3일간 수많은 인파들이 거리로 몰려드는 하치노헤 시 최대의 장대한 3사 대축제를 관람하게 된다. 거리를 행진하는 대형 장식 수레는 봉건시대의 영주와 가신들의 행렬을 재현시키고 있다.

요사코이 마츠리 : 일본 혼슈의 서남부에 위치한 시코쿠의 현청 소재지 코치 시에서 행해지고 있는 '요사코이 마츠리'는 아마도 오늘날 이곳의 젊은이들이 가장 참가하고 싶어하는 축제 중 하나일 것이다.

다나베 축제 : 아오모리현의 일련의 여름 축제도 시모키타지방 최대의 행사인 이 다나베 축제로 막을 내리게 된다. 8월 셋째 주에 개최되는 이 행사는 다섯 대의 수레가 시내를 퍼레이드 하게 되며 축제의 마지막 날 밤에 다섯 대의 장식수레가 다나베 교차점으로 모

이게 되면 행사는 최고조로 달하게 된다. 장식 수레를 끄는 젊은이들이 중앙에 모여 술잔을 주고받으면서 다음해 여름 축제에 다시 만날 것을 다짐한다.

간토(竿燈) : 동북지방의 3대 마츠리 중의 하나로 아오모리의 네부타나 네푸타처럼 '네무리나가시(眠り流し ; 칠석에 등롱을 강이나 바다로 떠내려 보내는 행사, 가을 수확 전에 일의 방해가 되는 졸음을 쫓는다는 의미로, 종이인형을 바다에 띄워 신 배웅을 하는 것)' 라고 불리는 졸음을 쫓는 오봉 행사가 기원으로 일컬어진다.

요시다노히(吉田の火) 마츠리 : 에도시대까지는 활화산이었던 후지산의 분노를 잠재우기 위해서 시작되어 전승된 축제. 일본의 3대 괴기 축제의 하나로 현재는 산을 달래는 축제로 알려져 있다.

스미요시 마츠리(住吉祭) : 난사이, 오하라이라고도 불리며, 오사카의 여름 축제 마지막을 장식한다.

가마쿠라 하나비(花火) 마츠리 : 매년 8월 10일에 열리며, 가마쿠라의 해변을 수놓는 불꽃놀이 축제이다.

9월

후쿠로 마츠리(중순) : 도쿄의 이케부쿠로 서쪽 출구에서 벌어지는 축제로 서쪽 출구 주변에 크고 화려한 이벤트들이 펼쳐지며 길가에 노천 가게들도 자리를 잡아 밤낮없이 대형 행사들이 열린다.

10월

지다이마츠리(22일) : 헤이안 신궁에서 열리는 축제로, 헤이안시대에서 메이지시대 초기까지 교토가 수도였던 1000년 동안의 문물과 풍속을 행렬을 통해 시대순으로 보여 주며 각 시대별 복장과 함께 그 시대의 인물들을 한눈에 볼 수 있다.

나카무라 시의 하치만상 마츠리 : 이 축제는 일본 코치현의 나카무라 시에서 매년 10월 9일과 10일 양일간에 걸쳐 행해지고 있는 약 500년의 역사를 가진 전통 축제이다. 나카무라 시는 코치현의 서남부를 N자로 크게 선회하면서 흐르고 있는 시만토가의 최하류에 위치하고 있는데, 이 축제의 주요한 공간무대는 바로 이 강이라고 할 수 있다.

미도스지 퍼레이드 : 오사카의 메인 스트리트에서 펼쳐지는 국제적 이벤트로 각국에서 참가해 플로트, 밴드, 퍼포먼스를 펼쳐 보이는 화려하고 박력 넘치는 축제이다.

지다이 마츠리(時代祭) : 교토가 수도로 정해진 지 1100년을 기념하여 시작된 축제로, 교토의 헤이안 신궁(平安神宮)에서 매년 10월 22일에 행해지며, 기온 마츠리, 아오이 마츠리와 더불어 교토의 3대 마츠리로 알려져 있다. 교토의 풍속을 시대별로 갖춘 화려한 행렬이 시 중심가를 지나서 헤이안 신궁까지 가는 모습이 눈길을 끈다.

11월

시치고상 마츠리(중순) : 어린이들의 성장을 축하해 주는 행사로 아이들에게 기모노를 입혀서 가까운 신사를 찾아 아이의 건강과 행복을 기원한다. 이 의식은 3살, 5살이 된 남자아이와 7살이 된 여자아이를 대상으로 행해지며 아이들의 나이가 3살, 5살, 7살이 되는 해에 맞추어서 행해진다 하여 '시치고상' 이란 명칭이 붙었다.

12월

가스가와미야온 마츠리(15 ~18일) : 나라 시에서 열리는 민속 축제로 와카미야진자의 제례로 열리고 일본 전통제례인 신사예능을 볼 수 있다.

오오미소카(31일) : 자정이 되면 각 사원마다 108번의 종을 치고 가족끼리 모여 '도시코시소바' 라는 메밀국수를 먹는 풍습이 있다.

온 마츠리(おん祭) : 12월 15~18일에 가스가타이샤에서 벌어지는 행사이다. 헤이안시대에서 에도시대에 이르는 약 1000년간의 풍속을 재현한다.

CHINA 중국

공식 명칭 | 중화인민공화국 **인구** | 13억 3,004만 4,605명 **면적** | 959만 6,960km²

수도 | 북경(北京, 베이징) **언어** | 중국어 **정체** | 인민공화제 **화폐단위** | 위안(¥)

국화 | 매화

역사적 배경

중국은 전설에 의하면 상고의 3황(三皇) · 5제(五帝)의 평화시대를 거쳐 하(夏) · 은(殷) · 주(周)의 3대가 계속되었다고 한다. 은나라는 웨이수이에서 일어난 주에 의해 멸망하였으며, 주나라는 왕권확립과 사회안정에 따라 제자백가(諸子百家)와 같은 문화가 발달하였다. 주나라의 동천 후 춘추시대를 거쳐 전국을 거쳤고 진(秦)나라의 시황제가 BC 221년 천하를 통일했다. 진나라 때에는 중앙집권적인 군현제도를 단행하였다. 그리고 만리장성을 축조하였고 지금의 차이나(China)라는 명칭은 진(Chin)이라는 데서 유래되었다. 진은 BC 207년 멸망하고 이후 한(辫), 수(隋), 당(唐), 송(宋), 원(元), 명(明), 청(淸)나라로 이어지면서 4000여 년의 시간 동안 타민족과의 전쟁을 거듭하며 한족을 중심으로 하는 중국 역사가 계속되었다. 수와 당나라시대의 건축, 인쇄, 천문, 의학은 당시 세계에서 선두적인 위치를 차지하였으며, 특히 당나라의 문화는 서기 7~9세기에 주변 아시아와 서방국가에까지 영향을 미쳤다. 이후 명나라 때는 중국의 번성기를 누리며 수도를 베이징으로 옮기고 중앙집권적 전제국가를 확립하였고 청 말엽에 일어나기 시작한 근대화 운동과 아편전쟁은 중국 역사에 일대 변화를 일으키게 된다. 1912년 쑨원이 신해혁명에 의해 공화제의 중화민국(中華民國)을 탄생시켰다. 그러나 그 후 약 30여 년간 국공내전의 결과 공산당이 승리하게 되고 1949년 중화인민공화국이 성립되었다. 이후 줄곧 보수주의적 공산주의를 고수하던 중국은 경제 악화 및 대외관계 불화 등을 계기로 하여 현재는 부분적인 시장경제를 도입하여 수정주의에 입각한 정치 · 행정을 운영하고 있다.

지리적 특성 및 문화

중국의 국토는 약 960만km^2이며 한반도의 44배, 세계 3위의 면적을 차지하고 있다. 수도는 북경이고 국경선의 총 길이는 2만 280km로 한국, 러시아, 몽골 등 14개 국가와 접하고 있다. 기후는 계절풍의 영향을 받는 대륙성 기후지만 국토가 넓은 까닭에 열대기후에서 냉대 · 습윤 · 건조기후에 이르기까지 다양한 기후가 공존하고 있다. 월 · 일교차가 크며, 지역적 · 계절적으로 강수량의 변화가 심해 홍수와 가뭄이 잦은 편이다. 인구는 세계인구의 1/4을 차지하는 13억의 거대한 나라로 94%의 한족과 6%의 소수민족으로 구성되어 있다. 이런 다양한 민족의 구성은 오늘날까지 중국문화에 다양성과 특색 있는 관습 등으로 내려져 오고 있다.

중국을 크게 나누어 보면 화북 · 화중 · 화남 · 동북 · 서북 · 서남지역으로 나눌 수 있다. 화북지역은 중국 대륙의 동쪽에 위치한 화북대평원과 황하 중류에서 하류까지를 포함한 지역으로 북으로는 내몽고 자치구에서 하북성, 산서, 산동, 하남성 북경과 천진을 포함한다. 이 지역은 황하를 중심으로 문화가 발달했다. 화중지역은 양자강을 중심으로 상해와 항주, 소주 등의 도시가 있으며 호수와 산이 많아 자연경관이 빼어난 곳이 많다. 화남지역은 광주, 계림 등이 있으며 중국대륙의 남쪽 해안선을 따라 퍼진 지역으로 북쪽으로는 형산, 노산을 중심으로 한 산악지역이 있다. 동북지역은 길림성, 흑룡강성, 요령성의 세 성을 중심으로 한 지역으로 길림성, 하얼빈, 심양이 있으며 북쪽은 흑룡강을 경계로 러시아와 서쪽은 몽고, 동남쪽은 북한과 경계를 접하고 있다. 서북지역은 당나라 수도였던 서안과 실크로드를 포함한 지역으로 서안돈황, 우루무치 등이 있다. 또한 중국을 황하와 양자강이라는 두 줄기의 큰 강을 경계로 북쪽과 남쪽으로 나눌 수 있는데, 양자강 이남 지역은 일찍부터 벼농사가 발달했고, 황화강 이북 지역은 기후가 밀농사에 적합하여 밀의 경작과 이용이 남쪽보다 우세하였다. 중국은 예로부터 일찍이 여러 나라들과 교류했는데, 실크로드를 통해서는 서아시아를 비롯한 유럽문화와의 교역을, 티베트를 거쳐 인도 및 파키스탄과의 교역을 하였다. 또한 해로를 이용한 동남아시아 국가들과의 교역을 통해 향신료와 농산물을 도입하여 토착시키고 이를 통해 중국요리의 맛의 범위를 확장시키는 계기가 되었다.

음식문화

중국은 국토가 광활하고 방대하여 지리적 위치, 기후, 여러 민족 등 각종 요소와 불가분의 관계에 있다. 역사가 깊고 땅이 넓은 만큼 재료가 풍부하고 지역에 따라 생산되는 식품도 제각기 달라 음식문화도 지역마다 독특한 특징을 나타내며 발전하게 되었다. 중국 음식문화는 불로장생 사상과 연결되어 발전해 왔다. 특히 '식의동원(食醫同源)' 사상에 의해 음식을 섭취하는 목적이 단순히 맛있는 음식을 먹는 것이 아니라 건강과 장수에 초점을 두고 있다는 것을 알 수 있다. 또한 음양오행과 중용이라는 철학적 기초 위에 오랜 역사를 거치며 발전해 왔는데, 특히 미각을 강조하여 오미(신맛, 단맛, 짠맛, 매운맛, 쓴맛)를 기본으로 요리의 맛과 향 시각적 요소를 가하여 다양한 형태의 음식문화로 발전해 나가고 있다.

일반적 특징

재료의 다양성과 광범위성 : 중국음식은 거의 모든 식품을 재료로 이용한다.

다양하고 풍부한 맛 : 단맛, 짠맛, 신맛, 매운맛, 쓴맛 등 다섯 가지 맛을 절적이 배합하여 다양한 맛을 창출한다.

간단하고 사용이 용이한 조리기구 : 중화팬, 볶음 · 튀김팬, 그물조리, 찜통, 칼, 도마, 뒤집개, 국자 등이 조리기구의 전부이다.

다양한 조리법 : 볶음, 튀김, 지짐, 직화구이, 삶기, 조림, 찜 등의 조리법을 복합적으로 사용해 음식의 다양한 맛을 낼 수 있다.

합리적인 기름의 사용 : 식재료의 본연의 맛이 잘 살아 있고, 조리 중 식재료의 영양 손실이 적다.

풍요롭고 화려한 외양 : 육류, 해산물, 채소 등을 조화시켜 만든 음식을 한 그릇에 모두 담아 장식해 음식이 풍성해 보이며, 정교한 칼솜씨로 새, 짐승, 화초 등 형상을 만들어 장식하는 것을 즐긴다.

풍부한 조미료와 향신료 : 간장, 굴소스, 두반장, 춘장 등의 조미료와 마늘, 파, 고추, 생강, 팔각 등 향신료를 사용하여 중국음식의 독특한 맛과 향이 나타난다.

녹말풀을 사용한 다양한 요리 : 적절한 녹말사용으로 물과 기름이 분리되지 않고 음식이 빨리 식지 않는 장점이 있다.

익혀 먹는 숙식이 기본 : 재료를 미리 손질해 놓고 짧은 시간에 익힌다.

정교하고 세밀한 식재료 손질 및 조리 : 다양한 형태의 칼질법과 손질법이 발달했으며 정교

지역별 음식의 특징

구 분	지역적 특징	조리 특징	대표적 음식
베이징 요리 (징차이)	• 한랭한 북방에 위치 • 중국의 오랜 수도로 정치 · 경제 · 문화의 중심지이며 궁중요리 및 사치스런 음식문화가 발달함. 특히 청나라의 궁중요리가 기본이 되어 발달한 요리를 북경요리라 칭함 • 겨울이 춥고 고온건조하여 고칼로리 음식을 필요로 하기 때문에 육류를 이용한 튀김 · 볶음요리 발달	• 강한 화력, 짧은 조리시간(루메이라는 석탄 사용) • 튀김요리, 볶음요리 발달 • 음식 느낌이 바삭바삭하고 음식 맛은 신선하고 부드러우며 짜거나 달지 않고 맵지 않은 담백한 맛이 특징	베이징덕, 피단(삭힌 오리알)
광둥요리 (난차이)	• 남부요리(더운 기후) • 중국요리 대표 • 식재광주 • 연회요리 발달 • 식재료의 다양성 • 16세기 스페인, 포르투갈 선교사와 상인 교역으로 서양채소 및 케첩, 우스터소스, 서양요리의 재료와 조미료 받아들임	• 담백한 맛이 특징(기름 적게, 간은 싱겁게)	차사오(구운 돼지고기), 피엔피루주(어린 통돼지구이), 구라오러우(광동식 탕수육), 팔보채, 상어지느러미요리, 불도장
상하이 요리	• 양쯔강 하구로 해산물과 미곡이 풍부 • 지방의 특산물 장유 사용해 독특함 • 외국과의 교섭으로 음식에도 국제적인 풍미 담겨져 있음	• 설탕으로 달콤하게 맛을 내고 기름이 많아 음식 맛이 진함, 양이 풍부 • 달콤하게 맛을 내는 찜이나 조림이 발달 • 모양보다는 깊은 맛에 중점을 둠	푸룽칭셰(바닷게를 사용), 화쥐안(꽃 모양의 빵), 탕바오(만두의 일종), 생선찜, 동파육
사천요리	• 서부 산악지대 대표 • 중국인이 가장 좋아하는 요리 • 향신료를 쓴 음식이 발달	• 맵고 짜지만 느끼하지 않아 우리 입맛에도 맞음 • 채소와 육류를 이용한 볶음이나 찜요리가 많음	마파두부, 삼선 누룽지탕, 삼겹살 채소볶음, 간샤오밍샤(새우칠리소스볶음)

하고 세밀한 칼질로 손질한 요리는 양념과 식재료가 함께 어울려 맛이 겉돌지 않고, 잘 익으며 먹기 편리하다.

적절한 불의 세기조절과 시간조절 : 강한 화력을 이용한 센 불로 짧게 볶아 냄으로써 재료가 가진 본래 맛을 살려 주고 향료 및 조미료가 재료와 잘 어울리게 된다.

차사오

탕바오

피 단

중국의 차

중국인들은 하루도 차(茶) 없이는 못사는데, 차는 요리와 마찬가지로 식의동원(食醫同源) 약식일여(藥食一如)라는 인식으로 다양한 차를 마시고 있다. 차를 세 종류로 분류하면 찻잎을 우려내어 마시는 엽차(葉茶), 꽃을 우려내어 마시는 화차(花茶), 약차(藥茶) 등이 있다.

엽 차

찻잎을 우려내어 마시는 차로 찻잎을 발효시키는 정도에 따라 불발효차, 반발효차, 발효차, 후발효차 네 가지로 분류할 수 있다.

불발효차 : 발효되지 않은 차(덖거나 찐 것)로 녹차가 있다.

반발효차 : 어느 정도 발효시킨 차로 백차, 포종차, 오룡차, 자스민차가 있다.

발효차 : 거의 다 발효시킨 차로 홍차가 있다.

후발효차 : 전처리 후 발효시킨 차로 황차, 흑차가 있다.

화 차

꽃으로 차를 만든 것으로 국화, 자스민, 해당화 등을 말린 것을 사용한다. 또한 꽃과 한방약재를 함께 사용하는 차는 예로부터 삼보차(三寶茶)나 건신차(健身茶) 등의 이름으로 이용되어 왔다.

약 차

약차에는 생강, 맥아, 볶은 쌀, 나리의 뿌리 등도 사용한다. 중국에서는 음식은 모두 나름대로의 성질이 있다고 생각하여, 게요리를 먹은 다음 생강차가 나오는 것은 게가 몸을 차게 하기 때문에 생강차를 마셔 몸을 차게 하지 않으려는 나름대로의 배려이다.

tip

차의 채취별 분류

• 사전차 : 경칩 전 채취 • 우전차 : 곡우 전 채취 • 명전차 : 청명 전 채취

색의 분류 : 홍차, 녹차, 백차

차의 형태 : 작설차, 말차

중국의 술

중국의 술은 약 2000년 전부터 다양하게 만들어져 왔으며 지역마다 한두 개의 특산주가 있을 정도로 술의 종류가 매우 다양하다. 또한 중국술의 특징은 알코올 도수가 40~60℃로 매우 독한 것으로 유명하다. 중국술은 크게 백주(白酒), 황주(黃酒), 약주(藥酒), 과주(果酒), 맥주로 크게 분류할 수 있다.

백 주

고량, 쌀, 밀, 옥수수, 콩 등의 곡류를 원료로 하여 만든 무색투명한 증류수이며, 한국의 청주처럼 백색 투명한 술을 통틀어서 부른다. 중국의 술 생산량의 8할을 차지할 정도로 각 지역마다 다양한 백주를 만들고 있으며 백주는 대부분이 알코올 도수 50℃ 이상으로 중국인들은 희석시키지 않고 요리를 먹으면서 스트레이트로 조금씩 마시는 것이 일반적이다. 고량주, 마오타이주, 오양액주, 분주 등이 백주 중 가장 유명하다.

황 주

찹쌀이나 멥쌀, 수수 등의 원료에 누룩과 당화를 촉진시키는 쌀가루나 약초 등을 넣은 양조주를 말하며, 저알코올 술로(15~20°) 대부분 황갈색을 띠고 있어 황주라 불린다. 황주는 한국의 탁주와 비슷하지만 탁주만큼 흐리지 않고 그다지 독하지도 않다.

황주 중 3년 이상 숙성시킨 노주, 소홍 시에서 만든 소홍주가 유명하다. 소홍주는 실온

으로 스트레이트로 마시는 것이 본래의 방식이다.

약주

황주, 백주, 과주에 약초나 동물의 엑기스 등의 한방약재를 넣은 술이다. 대표적 술로는 죽엽청주와 오가피주가 있다. 그 중 죽엽청주는 분주에 대나무 잎을 비롯하여 10종 이상의 한방약을 넣은 자양강장주이다. 또한 지보삼편주나 동충하초주도 유명하다.

과주

과실, 꽃, 열매 등으로 만든 술이며, 금목서로 만든 청조 궁중 술인 계화진주, 산사나무 열매로 만든 산사주, 포도주 등이 있다. 대표주로는 산동 연대의 홍포도주와 청도의 백포도주가 유명하다. 과주는 알코올 도수가 12~16℃ 정도로 낮아 식전주에 어울리는 술이다.

맥주

맥주라고 하면 의외라고 생각할 수도 있지만 맥주는 중국에서 가장 많은 종류를 자랑하는 술로 각 지방마다 고유의 브랜드를 가진 것이 많다. 그 중에서도 청도맥주가 가장 유명한데, 청도맥주는 독일과 기술을 제휴하여 만든 것이며 대표적으로 칭타오맥주가 있다. 그 외에 북경, 상해, 서안 등지에 각각의 브랜드를 가진 맥주들이 있다.

식사 예절

상차림 : 개인용 그릇과 수저를 사용하고 앞 접시를 사용한다.

좌석 배식 : 주빈이 되는 손님이 가장 안쪽인 상좌에 앉도록 배치하고 주인은 시중을 드는 사람이 다니는 문 쪽의 하좌에 앉는다. 주빈의 좌우에는 주빈 다음으로 중요한 사람이 앉게 하고 주인의 좌우에는 가까운 친지나 친구가 앉는다.

주빈 우선 : 음식이 나오면 주빈 앞에 놓아 편하게 먹도록 배려하고 마실 술의 종류도 주빈에게 물어서 결정하도록 한다.

큰 접시의 음식을 나누어 먹음 : 중국음식은 한 식탁에 둘러앉아서 큰 접시에 나온 음식을 여러 사람이 나누어 먹는 방식이므로 동석한 사람들이 식사를 모두 '즐길 수 있도록 하는 것이 중요하다. 그리고 회전식탁 사용 시 시계방향으로 움직여 주는 것이 예의이다. 큰 접시에서 덜어낼 때는 서빙용 나이프나 숟가락을 쓰며, 쓰고 나서는 접시 밖으로 너무 나오지 않도록 들여 놓는다. 개인접시에 요리가 남아도 실례가 되므로 남기지 않을 정도로 덜어서 먹는다.

수저 사용법 : 숟가락은 탕을 먹을 때만 사용하고, 밥이나 국수 등 다른 음식을 먹을 때는 젓가락을 사용한다. 밥이나 탕이 담긴 그릇은 손에 들고 입 가까이에 대고 먹는다. 마지막으로 사용하고 난 수저를 남에게 보이는 것은 실례이므로 탕을 먹은 뒤 숟가락을 뒤집어 놓는다.

식사방법 : 밥이나 면류, 탕류를 먹을 때 고개를 숙이지 않고 필요시 그릇을 받쳐 들고 먹는다.

식사순서 : 쌀밥과 요리를 함께 먹지만 탕류를 제일 나중에 먹는다.

전통 명절

춘 절

중국 최대의 전통 명절로 음력 정월 초하루(1월 1일)를 가리킨다. 공식적으로는 3일간의 연휴지만 지방별로 10일에서 2주 이상 쉬는 곳도 있다. 중국 정부가 수립된 후 전통적인 음력설을 춘절(春節)이라 하고 양력 1월 1일을 원단(元旦)이라고 했다. 우리나라의 음력설과 같다. 전통적으로 춘절 전에 집 안을 깨끗이 청소하고 몸과 마음도 청결히 하며 초하루부터 4~5일간 먹을 만큼의 음식을 미리 장만하여 두고 먹는다. 놀이로는 요우씨(遊曦 ; 게임)라 하여 온 가족이 둘러앉아 담소하고, 바둑, 마작(麻將)과 포커를 즐겨 한다.

춘절 아침에 먹는 음식 중 북방 사람들은 대부분 교자(餃子)를 먹는다. 춘절에 먹는 교자는 평소 먹던 교자와는 다른 의미를 지니고 있다. 중국인들은 춘절 전날부터 온가족이 교자를 빚어 밤 12시부터 먹기 시작하는데, 교자에는 여러 가지 의미가 담겨져 있다. 교자의 '교'는 교체를 나타내는 '교(交)' 자와 음이 같고, 교자의 '자(子)'는 옛 시간으로 표시하면 밤 12시는 자시(子時)에 해당된다. 자시가 바뀌면 하루가 바뀌고, 특히 한 해 마지막 날 자시가 바뀌면 새로운 새해로 접하게 된다. 따라서 자시가 지나면, 즉 교자(交子)되는 시간에 먹는 음식이 교자이며 이는 송구영신(送舊迎新)의 의미를 갖는 음식이다. 또한 만두 속에는 돈이나 사탕 또는 땅콩 등을 넣어서 골라먹는 사람에게 새해에는 특별한 복이 올 것이라는 놀이를 하기도 한다. 남방 사람들은 탕원(湯圓 ; 알심이를 넣은 탕)이나 설떡(연고)을 먹는다. 또한 대문에는 '복(福)' 이라 쓰여진 그림(주련)을 붙이는데, 대부분의 집에서 복자를 거꾸로 붙이길 좋아한다. 이유는 복이 절로 떨어지라는 뜻이라 하니 그럴 듯하다. 이는 따오(倒 ; 거꾸로 되다), 따오(到 ; 도착하다)와 음이 같기 때문이다. 이와 같이 중국인들은 어의를 중시하며 의미를 두고자 하는 특징을 여러 면에서 쉽게 찾아볼 수 있다. 역병을 가지고 다니는 귀신을 쫓기 위해 폭죽을 이용하기도 하며 중국인들도 설날에 붉은 봉투 홍포(紅包)에 세뱃돈을 넣어 주는데, 우리나라와 다른 점은 세배를 하지 않고 '신낸콰이라 꽁시화차이(新年快樂 恭喜發財)' 라고 인사를 하면 세뱃돈을 준다. 번역을 하자면 신년에 행복하고 돈 많이 벌라는 뜻을 갖고 있다.

원소절

원소절(原宵節)은 음력 1월 15일, 즉 정월대보름이며 '등절(燈節)' 또는 '등석(燈夕)' 이라고도 한다. 이 외에도 원소절은 '상원(上元)' 또는 '상원절(上元節)' 이라고도 하는데, 이것은 도교에서 나온 것이다. '원소(元宵)' 에서 으뜸 '원(元)' 자는 1년 중 첫 번째 달의 보름이란 의미에서 붙여졌고, '소(宵)' 자는 밤에 행사를 한다는 의미에서 붙여진 것이다. 즉, '원소' 는 바로 '정월 보름날 밤' 이라는 뜻이다. 그리고 '등절' 이나 '등석' 은 이 날 밤에 행하는 주요 행사 중의 하나인 연등놀이, 즉 등불을 장식하여 내거는 것이기 때문에 붙여진 이름이다. 연등놀이는 불교의 연등회에서 기원한 풍습이라고도 하고 혹은 불 숭배와 관련이 있다고도 한다. 원소절에는 수수께끼를 쓴 종이를 등에 붙여 등을 감상하며 수수께끼를 푸는 놀이로 정답을 알아맞히는 사람에게 상을 주는 수수께끼놀이와 원소절을 전후로 도처에서 공연하는 화회와 채고교, 용등춤, 사자춤, 모내기춤 등과 같은 오락활동을 거행해 축제의 분위기와 정취를 한층 고조시킨다. 마지막으로 원소절의 전통음식에는 위앤샤오(元宵)가 있는데, 위앤샤오는 찹쌀가루를 반죽하여 둥글게 만들고 그 속에 설탕 소를 넣은 것으로 온 가족이 한자리에 모인 것, 즉 화목을 의미한다.

청명절

우리나라의 한식에 해당하는 청명절(淸明節)은 양력 4월 5일 전후의 '소묘일' 로서 절기이자 명절 중의 하나이며 독특한 기념방식을 갖고 있다. 청명절은 선조에게 제사를 지내는 날로 조상의 묘를 찾아 풀을 베는 등 묘를 말끔히 청소하는 성묘를 하는데, 요즘은 조상뿐만 아니라 친척과 국가영웅의 묘지나 기념비 앞에서 성묘와 헌화를 하면서 애도를 표시하기도 한다. 또 버드나무 가지를 머리에 꽂고 봄놀이를 가면 연을 날리거나 그네를 타는 민간풍습이 있다. 이 날은 사람들이 교외로 나가 즐겁게 노는데, 이를 '답청(踏靑)' 이라 한다.

단오절

음력 5월 5일을 중오(重五), 단양(端陽), 단오(端), 오월절이라고도 한다. 단오는 우리나라와 달리 중국에서는 설날, 추석과 더불어 중요한 의미를 갖고 있다. 단오절(端午節)이 중국의 최대 명절 중의 하나가 된 것은 성대한 경축 의식과 내용이 다채롭기 때문이며, 중국 민간전승의 중요한 명절이다. 단오의 기원으로는 '굴원설', '용절설', '악일설', '하지설' 등이 있는데, '굴원설' 이 가장 보편적이다. 굴원설은 전국시대 초나라에 굴원이라는 사람이 나라의 부패에 반대개혁을 요구하다 추방되었고 초나라가 진나라에 패하게 되자 비통해하다 음력 5월 5일 강에 뛰어 들어 자살을 했다. 굴원의 죽음을 비통해 하던 강 근처의 백성들이 배를 저어 굴원의 시체를 건지러 가게 되는데, 이후 이 날이 되면 강에 배를 띄어 그를 추모하게 되었고, 후에 변하여 민간 용선경기의 풍습이 생기게 되었다. 굴원이 죽은 후 백성들은 대나무 통에 쌀을 담아 강에 던지며 제사를 지냈다. 그 후 어떤 사람이 강가에서 죽은 굴원을 만났다 하는데, 굴원이 "여러분이 주시는 음식은 제가 먹지 못하고 모두 용에게 빼앗겼습니다. 다음부터는 쑥잎으로 통을 막고 오색실을 묶어 주십시오. 용이 가장 두려워하는 것은 이 두 가지 물건입니다." 라고 말하였다 한다. 이후 사람들은 쑥잎으로 통을 막고 그 위에 오색선을 그려 넣고 제사를 지냈다. 이것이 현재 쫑즈의 유래가 되었다.

쫑즈는 단오절을 대표하는 음식뿐만 아니라 민간음식으로 자리 잡았고 품종도 다양하게 변화하고 있다.

중추절

중국의 중추절(中秋節)은 중국에서는 춘절(구정) 다음의 큰 명절로 8월 15일이 가을의 중간에 있다 하여 고대 역법(달력)에서는 8월을 '중추' 라고 불렀으며 중추절을 '중치우지에' 라고 부르기도 한다. 또한 가을의 밝고 맑은 달빛을 띠는 둥근 달이 단결과 화목의 상징이라 여겼기 때문에 단원절(團圓節)이라고도 불렀다. 고대 중국의 제왕들은 봄에는 태양에 제사지내고, 가을에는 달에 제사지내는 의식을 거행하였는데, 그 후 민간에서도 점차 달을 향해 절하고 제사지내는 풍속과 달 구경하기가 형성되었다. 그리고 전통음식으로는 위에빙, 즉 월병(月餠 ; 달처럼 생긴 떡 과자)이 있는데, 월병은 원형의 모양으로 '모임' 을 상징하며 집안 식구들이 모두 한자리에 모였으면 하는 염원을 나타낸다. 중국의 월병은 오랜 세월 동안 끊임없이 모양이 변하고 품종이 증가되었을 뿐만 아니라 지역마다 각기 다른 외관과 맛을 자랑하고 있다. 북경, 천진 월병은 소식(素式) 위주로 기름과 속이 다 식물성이고 광동식 월병은 기름을 적게 사용하고 단편이다. 소주(蘇州)식은 진한 맛이 나는데, 기름, 설탕을 많이 넣어 바삭바삭하면서도 두께가 얇고 껍질이 흰색이며 바삭한 사탕을 안에 넣어 입에 넣으면 향기로운 맛이 퍼진다.

중양절

중양절(重陽節)은 옛날에 육(六)을 음수(陰數)로 하고 구(九)를 양수(陽數)로 하였는데, 바로 9월 9일을 두 개의 양수인 9가 겹쳐 있기 때문에 중구절(重九節)이라고도 한다. 예로부터 중양절은 양수중복일 풍속의 하나로 가을의 정취에 취해 수확의 계절의 풍요로움을 만끽하는 날로 되어 왔다. 중국과 한국은 중양절이나 단오, 3월 삼짇날처럼 홀수(양수)가 두 번 겹치는 날을 큰 명절로 여겨 왔다. 중양절은 좋은 날이지만 결혼식이나 잔치를 열지 않았다. 그건 바로 남이 즐길 수 있는 좋은 날에 자기 집 잔치로 놀이의 즐거움에 피해를 끼쳐서는 안 된다는 뜻이 담겨 있다. 중양절에는 가을의 꽃인 국화구경을 하고 중양절 시절음식의 하나인 국화주를 마시며 산에 올라 단풍놀이를 즐긴다.

Chapter

2

유럽

NETHER LANDS 네덜란드

공식 명칭 | 네덜란드 왕국 **인구** | 1,664만 5,313명 **면적** | 4만 1,526km^2
수도 | 암스테르담 **언어** | 네덜란드어 **정체** | 입헌군주제
화폐단위 | 유로(Euro) **국화** | 튤립

역사적 배경

기원전 라인강(江)과 마스강의 하구, 북해 연안에는 게르만계(系)의 프리지아족과 바타비아족이 살았는데, BC 50년경 로마인이 진격함에 따라 강화(講和)하거나 정복되었다. 1566년 일제히 궐기하여 에스파냐로부터의 독립전쟁에 돌입하였다. 그 후 1581년에 북부 신교제주(新敎諸州)로서 독립을 선언하였다. 그러나 에스파냐도 완강하여 현재의 벨기에를 탈환하고, 이어 네덜란드까지 공략하려고 하였다. 이리하여 1618년부터 30년 전쟁이 벌어졌으며, 1648년 네덜란드의 완전독립이 승인되었다. 이러한 전쟁 속에서도 네덜란드선(船)의 해외 도항(渡航)이 성행하였으며, 1602년에는 네덜란드 동(東)인도회사가 설립되고, 1621년에는 서(西)인도회사가 설립되었다. 또 북아메리카에도 진출하여 1612년에는 현재 뉴욕의 전신(前身)인 뉴암스테르담을 건설하였다. 한편 아시아에서는 인도네시아의 바타비아(자카르타)를 점거하였으며, 일본에서는 1600년 네덜란드선 표착(漂着)을 시발로 1641~1855년까지 나가사키(長崎)를 기지로 한 양국 간의 무역이 지속되었다. 한국에는 H. 하멜이 1653년에 표착하였으며, 1666년에 탈출, 1668년 본국으로 돌아가 조선의 사정을 처음으로 유럽에 알렸다.

지리적 특성 및 문화

해수면보다 낮은 곳이 무려 25%나 되며, 그 중 13%는 해수면과 1m 이상 차이가 난다. 실제로 네덜란드 총 면적의 40%가 해수면과 직접 맞닿아 있거나 그 아래에 있는 셈이다.

바다는 네덜란드의 기후에 큰 영향을 끼친다. 겨울철은 대체적으로 온난하나 1월과 2월엔 한파가 갑작스럽게 엄습하기도 하며 호수와 운하에서 스케이트를 타는 모습도 볼 수 있다. 여름철은 선선한 편으로 7월과 8월 평균 온도가 16~17℃ 정도이다. 동쪽 지방과 남동쪽 지방은 겨울철에는 몇 ℃ 정도 더 낮으며 여름철에는 더 덥다. 봄철은 가장 건조한 계절이다. 네덜란드의 4계절은 나름대로 모두 제각각의 매력을 지니고 있다. 여름은 확실히 한국보다 서늘하지만 바다의 영향을 받아 춥지 않고 상대적으로 건조해 전형적인 해양성 기후를 보인다. 바람이 많이 불며, 겨울엔 비가 자주 오고 안개 끼는 날이 많다.

꽃과 구근(알뿌리), 농작물을 유럽을 비롯한 세계 각지로 수출하고 있고 축산업이 발달하여 양질의 고기, 치즈 등 각종 유제품을 많이 만든다. 석유, 정유, 기계, 화학과 건설 분야에서도 시장을 이끌어 가고 있으며, 금융과 관광 역시 경제의 주요 부문으로 자리 잡고 있다. 네덜란드는 서비스업의 비중이 제일 높으며 그 밖에 금융, 도·소매, 제조업 등이 중요한 산업 분야이다.

음식문화

일반적 특징

편리 위주의 식단

네덜란드인은 1일 1회 저녁식사에 한하여 더운 음식을 먹고 아침은 주로 간단한 빵과 커피, 홍차로 대신하며, 중식 역시 간단하게 샌드위치나 감자튀김 등으로 해결한다. 이웃 벨기에는 전 인구의 약 70% 정도가 중식으로 더운 음식을 먹는 반면, 네덜란드인은 전 인구의 70%가 차가운 음식(빵, 샌드위치 등)으로 간단히 해결한다.

저녁식사의 경우, 준비시간이 평균 30~45분 정도로 음식재료로 사용되는 채소 등도 대부분 가공식품을 사용하므로 준비시간이 비교적 짧다. 저녁 메뉴는 주로 감자(삶거나 튀긴 감자)를 기본으로 고기나 가공육 혹은 생선(주로 금요일) 그리고 삶은 채소 등 크게 세 가지로 나뉜다. 그리고 후식으로 푸딩이나 아이스크림, 커피를 주로 즐긴다.

이국적 음식에 대한 관심 증가

과거 네덜란드의 식민지 국가였던 인도네시아, 수리남의 음식이 많이 알려져 있으며, 이러한 원료는 슈퍼마켓 등지에서 쉽게 구할 수 있다. 이 외에 일본, 태국, 인도 음식의 원료가 진열된 슈퍼의 진열대 면적도 꾸준히 증가하고 있는 추세이다. 또 아르헨티나, 그리스, 이탈리아, 중국식당의 수가 유럽 타 국가에 비해 상대적으로 많은 것도 특징이다.

건강식에 대한 관심 증가

영양이 풍부한 식품에 대한 관심이 점점 감소하면서 건강식품에 대한 관심이 증가하고 있다. 또한 에너지 증가, 미용효과를 주는 기능식품(functional food)에 대한 판매도 증가하고 있는데, 이유는 이 식품들이 자연식품이라는 데 있다. 식품업체들 역시 이러한 소비자들의 식품 소비경향을 반영하여 자연식품을 강조하고, 원료의 원산지보증 등을 통해 소비자의 신뢰를 회복하려고 노력하고 있다.

대표적 음식

에르텐수프

네덜란드요리는 비교적 소박한 편으로, 주로 수프와 스튜를 곁들인 스테이크, 치킨 또는 생선이 주 메뉴이다. 특히 드넓은 평원에서 공급되는 고기와 우유, 치즈는 맛도 좋고 신선해 인기가 높다. 바다와 인접해 있어 어패류도 다양하고 푸짐한데, 매년 5월이 되면 청어를 파는 가게가 거리 곳곳에 들어선다. 잘게 썬 양파를 곁들인 청어요리는 네덜란드인들이 즐겨 먹는 요리 중 하나이다. 겨울 음식으로 사랑받는 명물요리는 에르텐수프(erwtensoep)와 쌀을 주원료로 육류, 생선 등을 곁들인 인도네시아요리 레이스타펠(rijstafel)이 있다. 식사와 함께 하면 좋은 음료로는 네덜란드의 맥주 하이네켄과 레모네이드가 있다.

식사 예절

유럽의 모든 국가가 그렇듯 식사 시 삼가야 할 행동이 있다. 동양에서는 식사 중 트림을 하면 그냥 넘어가는 경우도 있지만 유럽은 절대 그렇지 않다. 식사 중 거의 모든 행동이 거슬릴 게 없지만 트림만은 큰 결례이다. 테이블 매너 또한 문화선진국 시민의 척도로 여겨질 만큼 중요한 것이며 지성인의 잣대이다. 서양의 레스토랑을 가면 많은 종업원들이 수시로 오가며 코스별 음식을 날라준다. 한정된 테이블 위에 모든 식기와 도구는 제각기 놓일 자리가 미리 정해져 있다. 또 종업원들은 자신의 일에 대한 마땅한 대가로 팁을 기대하기 때문에 손님은 자신의 영업상 고객인 셈이다. 그래서 그들은 편리한 서비스를 제공하는 자신의 일을 충실히 함으로써 그에 대한 팁을 받는다고 생각한다. 그런데 우리나라 사람들은 친절이 과하여 종업원이 가져온 포크나 접시를 그들이 주기도 전에

낚아채 듯 받아드는 경우가 있다. 이러한 행동은 그들에게 대단한 실례가 된다. 돕는다는 것이 오히려 그들로 하여금 정해진 위치에 맞게 다시 옮기도록 하는 불편을 끼치기 때문이다. 서비스를 받을 때는 백작부인처럼 우아하고 철저히 받되, 고맙다는 말을 잊지 않는 것으로 충분하고, 식사 후 일어설 때는 테이블 위에 올려두는 팁으로써 충분히 자신의 감사의 표시를 다 한 것이다.

식당에 들어갈 때에도 문화와 예절이 있다. 유럽지역 대부분의 식당에서는 'please wait to be served' 라고 적혀 있으며 이는 종업원들이 직접 손님을 모실 준비가 될 때까지 잠시만 기다려 달라는 뜻이다. 음식점에서 한국식 사고로 '손님이 왕이다' 라는 생각을 하면 큰 오산이고 망신당하기 쉽다. 어떤 음식점들은 'We have a right to reserve service' 라는 문구를 출입구 잘 보이는 곳에 붙여놓아 다른 손님들의 편안한 공간을 보장하는 데 방해가 되는 경우 입장을 거부할 권리를 주인이 행사한다는 것을 알리고 있다. 기다리는 시간은 오래 걸리지 않으므로 단정하게 격식에 맞게 차려 입고 정중하게 모시러 올 때까지 잠시만 입구에서 기다리면 된다.

전통 축제

큐켄호프 꽃 축제

풍차와 튤립의 나라 네덜란드에서도 아름답게 만개한 꽃들로 유명한 큐켄호프(Keukenhof)는 매년 꽃 축제가 펼쳐진다. 꽃 축제가 열리는 곳은 큐켄호프의 리세(Lisse) 지역으로 네덜란드인들이 봄이 시작되면 가장 먼저 찾아보고 싶은 곳으로 손꼽힌다. 꽃의 나라로 알려진 네덜란드에서 열리는 꽃축제이니만큼 그 명성에 걸맞는 평생 보기 힘든 장관을 선사한다.

약 26만m^2에 달하는 엄청난 규모의 꽃밭에서 매년 3월 말~5월 중순까지 세계에서 가장 큰 규모의 구근 화훼류 꽃 축제가 열린다. 큐켄호프에서 꽃이 피기 시작하면 유럽에 봄이 찾아온 것이라고 해 유럽의 봄이라고까지 불리는 이곳에서 만물이 소생하는 새로운 봄의 기운을 고스란히 느낄 수 있다. 단순히 봄의 아름다움을 보여 주는 것 외에 네덜란드를 대표하는 산업 분야인 화훼산업의 현재를 직접 눈으로 확인할 수 있는 기회의 장이 된다.

큐켄호프 꽃 축제의 유래

15세기 한 백작부인이 자신의 채소, 허브 정원을 관리하며 여기서 재배된 채소로 만든 음식을 키친가든(kitchen garden)이라 하였는데, 여기서 큐켄호프(Keukenhof)란 이름과 함께 큐켄호프 주가 생기게 되었다. 이후 1949년 리세 시장이 구근식물 재배자들과 함께 연례행사로 야외 꽃 전시회를 계획하고 큐켄호프 주를 가장 이상적인 곳으로 선정하였다. 첫 회에는 23만 명이 전시회를 방문하였고 지속적으로 방문객 수가 늘어나 현재는 연간 90만 명 이상 방문을 하고, 클린턴 전 미 대통령이나, 영국 엘리자베스 2세 여왕과 같은 수많은 세계의 저명인사들이 방문을 하면서, 이제 큐켄호프는 네덜란드에서 가장 잘 알려진 지역이며 세계에서 가장 사진 찍고 싶은 장소가 되었다.

여왕의 날

네덜란드의 4월 30일은 곳곳에 국기가 계양되고, 온통 오렌지빛으로 물든 축제의 거리로 변하는 '여왕의 날(Koninginnedag, Queen' s Day)'이다. 여왕의 공식 생일을 축하하기 위해 오렌지색의 옷과 장식, 분장을 한 사람들이 거리 축제를 벌이고, 먹고 마시며, 도로 위에 임시 벼룩시장을 만들어 쓰던 물건을 사고팔기도 한다. 온 국민이 하나 되어 즐겁고 신나게 즐기는 국경일인 여왕의 날은 네덜란드에서 손꼽을 만한 축제이다.

여왕의 날의 유래

네덜란드 베아트릭스(Beatrix) 여왕은 1938년 1월 31일에 태어났다. 그런데도 네덜란드 사람들이 4월 30일을 여왕의 날로 정해 놓고 여왕의 생일을 축하하는 이유는 4월 30일은 바로 베아트릭스 여왕의 어머니인 줄리아나(Juliana) 여왕의 생일이기 때문이다. 줄리아나는 1909년 4월 30일에 태어났다. 줄리아나의 생일인 4월 30일을 축하하기 위한 여왕의 날이 1980년 베아트릭스에게 여왕의 자리가 넘겨진 후에도 계속 이어지고 있다. 사실 추운 1월보다, 꽃 피고 따뜻한 4월이 생일 축하에 더 적절한 까닭도 있다. 단순한 생일 축하가 국민의 축제로 자리 잡은 여왕의 날은 여왕의 생일을 축하하기 위해 단지 국기를 게양하고, 오렌지 케이크를 먹고, 특별한 술을 마시는 것으로 끝났던 시절이 있었다. 여왕을 너무도 좋아하던 일부 사람들은 멀리서나마 여왕을 보겠다는 생각에 소에스트다이크(Soestdijk)에 있는 왕궁으로 직접 가기도 했다. 그러나 그런 식의 조용한 축하는 이제는 옛 이야기가 되어 버렸고, 오늘날 여왕의 생일은 온 국민이 오렌지로 장식하고, 시끌벅적하게 떠들며 파티를 즐기는 '온 국민의 축제일' 이 되었다.

여왕의 날이 되면 거리의 연주가들이 네덜란드 각지의 주요 광장에서 연주를 하고, 이에 맞추어 사람들이 몸을 흔들어 댄다. 많은 사람들이 공원에 모여 자루 경주, 케이크 먹기 게임 같은 재미있는 놀이를 하기도 한다. 어른이나 아이 할 것 없이 집에서 만든 과자, 헌 옷, 헌 장난감 등 자신이 쓰던 물건을 거리로 들고 나와 임시 길거리 벼룩시장에서 팔기 때문에, 이 날의 암스테르담은 시내 전체가 시장으로 변하고 만다. 전차나 차가 다닐 수 없는 이 날의 암스테르담은 사람의 물결로 발 디딜 틈이 없고, 흥겨운 음악, 춤, 먹을 것으로 넘쳐흐른다. 여왕의 날은 한 마디로 '거리로 나와 즐기는 날' 이 되어 버렸으며, 이 같은 국가적 축제를 구경하려고 일부러 네덜란드를 찾는 외국인들이 매년 늘어가고 있다.

DENMARK 덴마크

공식 명칭 | 덴마크 왕국 **인구** | 548만 4,723명 **면적** | 4만 3,094km^2

수도 | 코펜하겐 **언어** | 덴마크어 **정체** | 입헌군주제

화폐단위 | 덴마크 크로네(Dkr) **국화** | 붉은 클로버

역사적 배경

고 대

덴마크는 유럽에서 가장 오래된 국가이다. 기원후 500년경에 스웨덴으로부터 건너온 데인(Danes)족의 앵글족(Angles), 주트족(Jutes)이라는 부족이 최초로 이 지역에 집단 부락을 형성하여 덴마크의 기초를 만들었으며 이들은 농경을 주로 하였다.

국가형성기(바이킹시대)

6~10세기는 바이킹(Viking)의 시대로 가드프리드(Godfred) 왕이 800년경 유트란드 반도를 중심으로 최초의 왕국을 건설하였는데, 이것이 현재 덴마크의 근원이 된다. 바이킹은 스웨덴 남부, 영국 동부, 지중해 연안까지 진출하였고 9세기에는 영국 북부지역을 점령하는 등 그 위세가 대단하였다. 950년 헤럴드 블루투스(Harald Bluetooth) 왕은 현재의 유클란드 반도와 스웨덴 남부지역을 중심으로 덴마크를 통일하였다. 그리고 826년에는 최초로 기독교가 전래되었다.

에스트리스 왕조시대(1047~1447년)

제1왕조인 에스트리스(Estrith) 왕조(1047~1447년)인 스웨인(Sweyn) 2세(1047~1075년 재위)에 의해 설립되면서 왕권이 강화되었다. 그러나 12세기 중반부터 도시의 형성, 교회의 확대 현상이 두드러지자 국왕, 귀족 및 교회세력 간에 갈등이 심화되었다. 1282년 귀족원을 설치하였으며 이는 국가에 대한 견제기능을 보유한 국정협의기관의 기능을 가졌다. 14~16세기 동안의 덴마크, 스웨덴, 노르웨이 등 북유럽 3개국은 덴마크가 중심이 되었다. 즉, 1381년에 덴마크가 노르웨이를 합병하였고, 1397년 '칼마르동맹(Kalmar union)' 을 구성하여 스웨덴을 합병함으로써 그 영토가 노르웨이, 스웨덴 및 발트해 연안 지역까지 확대된다.

올덴부르크 왕조시대(1448~1863년)

크리스천(Christian) 1세(1448~1481년 재위)에 의해 제2의 왕조가 창설되었다. 그 후 1523년에 스웨덴이 독립하면서 이로 인해 칼마르 동맹은 사실상 해체되었다. 1536년 성직자의 지위가 높아지면서 신교를 국교로 채택하고, 노르웨이를 병합하였다. 1557~1660년 덴마크와 스웨덴 사이의 전쟁에서 덴마크가 패하여 스코네지방을 스웨덴에게 할양하였고, 16~17세기에는 북부 독일의 '한자동맹(League of Hansa)'과의 전쟁이 지속되었다. 1665년 프레더릭(Frederick) 3세는 절대왕정을 선포해 주권을 보다 강화했다. 그리고 1720년대에는 그린랜드를 병합하였다. 그러나 나폴레옹 전쟁에서 프랑스 편에 가담하였다가 패하였으며, 1814년 킬(Kiel) 조약에 의거해 노르웨이를 스웨덴이 할양하였다.

1830년 프랑스혁명 이후 왕권이 크게 약화되어, 1849년 절대왕정을 포기하고 이원제의회(상원, 하원)의 구성을 규정한 최초의 헌법을 채택하였다. 그 후 19세기 말까지 상원과 하원 사이의 주도권 경쟁으로 불안한 양상을 보인다.

글뤽스부르크 왕조시대(1863년~현재)

크리스천(Christian) 9세(1863~1906년 재위)에 의해 오늘의 세 번째 왕조가 창설된다.

19세기 후반 초기 산업혁명과 농업의 집단화(협동농장)가 이루어졌고, 마침내 1898년에 전국 노동자 연합과 고용주협회가 구성되는 등 근대사회로의 이행 기반이 마련된다. 그리고 근대정당으로서 1871년 노동자 중심의 사회민주당과 1880년 농민 중심의 자유민주당이 창당되었다. 이 두 정당을 주축으로 한 개혁주의자들에 의해 1901년에 내각을 구성함으로써 실질적인 근대 입헌정치가 개막되었다.

1차 세계대전 중에는 무장중립원칙에 따라 전쟁에 참여하지 않아 큰 피해를 입지 않았다. 1915년에는 헌법개정을 통해 보통선거제도(25세 이상 남 · 여 투표권 부여)가 도입됨으로써 민주제도가 출범하였다. 그리고 1918년에는 아이슬랜드의 독립을 인정하였다. 이후 1905년 사회주의당과 급진자유당 창당, 소지주, 지식층의 오랜 연정이 지속된다.

제2차 세계대전 이후 시대(1940년~현재)

1940년 독일군의 침공 이후, 1945년 독일의 패전 시까지 독일에 의해 점령되면서 인적 · 물적 희생이 컸으나, 전쟁 후 미국의 마셜 플랜(Marshall Plan)의 혜택으로 파괴된 기간 산업시설, 전력, 농업 분야 등의 복구가 이루어졌다.

전쟁 후 종래의 중립정책을 포기하고 국가안보 확보차원에서 스웨덴, 노르웨이와의 방위동맹을 모색하였으나, 협상이 실패함에 따라 1949년 북대서양조약기구(NATO)에 가입하였으며, 그 후 유럽제국과의 경제협력증진을 위해 유럽자유무역연합(EFTA), 유럽연합(EC)에 각각 가입하는 등 친서방노선을 유지한다. 현재 덴마크는 다당제 의회 민주주의 아래에서 안정적인 정치정세를 유지하고 있고, 사회복지정책이 잘 구비되어 있는 선진국으로서 특히 산업기계 분야, 낙농 분야 등이 잘 발달되어 있으며, 북구지역과 유럽 본토를 잇는 가교적인 역할을 하고 있다.

지리적 특성 및 문화

인어공주와 성냥팔이 소녀로 유명한 동화작가 안데르센과 낙농의 나라로 알려진 덴마크는 북유럽에 위치해 있으면서 유럽 본토와 연결되어 있는 유일한 스칸디나비아 국가이다. 덴마크는 유럽 본토와 연결된 유틀란트 반도와 퓐섬, 셸란, 보름홀름섬 주요 3개 섬을 주축으로 이루어진 약 400여 개의 섬으로 이루어져 있다. 400여 개의 섬 중 유인도는 100여 개 정도되고 셸란섬에는 수도인 코펜하겐이 있다. 덴마크의 기후는 전형적인 해양성 기후로 겨울은 온화하고 여름은 선선하며 연중 고른 강우량을 보이고 있다. 덴마크는 낙농과 공업디자인 등으로 부를 축적하여 풍요로운 생활을 누리고 있으며 특히 평등의식을 심어 주어 계급의 차이가 적은 평등 · 자유 · 복지의 사회를 이룩하였다.

음식문화

덴마크는 낙농과 어업에 관련된 음식문화가 특히 발달했다. 특히 쇠고기와 돼지고기가 많이 생산 · 소비되며 버터와 치즈 등 유가공 식품은 식탁에서 거의 빠지지 않는 식품이다.

덴마크하면 떠오르는 음식으로 스뫼르레브뢰(smrerebord)가 있다. '버터를 바른 빵'이란 뜻으로, 샌드위치라고 하면 우리가 일반적으로 생각하는 간식 정도로 알기 쉽지만, 스뫼르레브뢰는 손님 접대 시에도 자신 있게 내어 놓을 수 있는 훌륭한 음식이다. 덴마크식 스뫼르레브뢰는 포크와 나이프를 사용하여 먹는다. 스뫼르레브뢰는 얇게 썬 호밀빵이나 흑빵에 버터를 바르고 그 위에 식초에 절인 청어, 토마토, 훈제연어, 로스트비프, 작은 새우, 달걀, 햄, 치즈 등을 넣어서 먹는다.

그 밖에 콜보르(Koldbord)는 샐러리맨들의 점심식사로 애용되는 바이킹요리로 흔히 도시의 카페테리아에서 먹을 수 있다. 콜보르의 유래는 바이킹 원정시대에 하나의 부락을 점령해서 그 부락의 음식물을 모아 커다란 테이블에 놓고 각자 자유롭게 먹고 싶은 것을 가져다 먹는 데에서 시작하였다. 우선 연어요리부터 먹기 시작해서, 삶은 감자나 크래커를 곁들여 먹기도 한다. 음료로는 맥주나 스냅스(감자의 증류주, 알코올 도수 40℃ 정도)를 마신다. 생선과 작은 새우를 먹고 따뜻한 육류요리, 채소요리, 달걀요리로 이어져 마지막은 치즈로 마무리 한다.

덴마크인들은 우리와 달리 보통 네 끼의 식사를 즐긴다. 아침과 점심은 간단하게 먹는데, 아침식사는 간단한 빵, 패스트리, 치즈, 햄에 커피 또는 홍차가 나오고 점심은 오픈샌드위치(빵 위에 훈제연어나 새우, 햄, 캐비어, 달걀이나 치즈 등을 넣어 먹는다) 또는 핫도그, 버거류 등을 먹는다. 저녁은 육류나 생선요리로 푸짐하게 먹으며, 이때 점심으로 찬 음식을 먹었다면 저녁은 따뜻한 음식을 즐기며, 후식으로는 케이크나 아이스크림을 먹는다. 저녁식사 후 청어 초절임이나 치즈 안주로 맥주를 마시는 것이 덴마크의 늦은 저녁식사가 된다.

낙농국가인 만큼 덴마크에서 가장 많이 마시는 것이 우유이다. 아침식사는 물론 점심이나 저녁식사에도 물이나 와인 대신 우유를 마실 정도이다. 그만큼 우유도 여러 가지 종류로 생산된다. 또한 우유만큼 즐기는 것이 맥주인데, 우리가 알고 있는 칼스버그 맥주가 덴마크산 맥주이다. 덴마크식 건배는 맥주나 스냅스잔을 들고 상대방 눈을 보며 '스콜' 이라고 외친다. 한 모금 마신 후 다시 한번 술잔을 가볍게 부딪치고 나서 조용히 테이블 위에 잔을 올려놓는다. 이런 건배양식은 바이킹시대에서부터 전해져 왔으며 이는 흥겨운 식사시간을 장식한다.

덴마크에서는 일반적으로 호밀빵을 가장 많이 먹는다. 통호밀빵(Rug bread, Rye bread)이라고 알려진 이 빵은 우리가 알고 있는 호밀빵과는 다르다. 통호밀을 그대로 뜨거운 물에 몇 시간 불린 후 쪼개 놓은 호밀과 가루호밀을 섞은 후 술로 발효시켜 굽는다. 빵의 색은 진한 밤색이고 빵의 무게도 같은 크기의 식빵과 두 배 이상 크며, 딱딱하고 거칠고 입자가 곱지 않기 때문에 소화를 위해서는 잘 씹어 먹어야 한다. 최근 빵의 종류도 많아져 오트밀, 견과류, 참깨 섞인 것 등 취향대로 골라 먹을 수 있다. 호밀빵보다 우리에게 익숙한 데니시 패스트리(danish pastry)가 있다. 데니시 패스트리는 낙농업이 발달한 덴마크에서 버터와 빵을 함께 즐길 수 있는 방법을 연구하다 만들어졌는데, 빵과 파이의 중간 형태 제품으로 버터를 겹겹이 넣은 반죽 결이 특징으로 다양한 종류의 필링과 토핑을 곁들여 먹는다. 데니시 패스트리는 또한 빈의 빵이라고도 한다. 덴마크에서 만들어져 빈으로 전해졌고 북유럽, 더 넓게는 미대륙으로까지 전해졌기 때문이다.

데니시 패스트리

전통 축제

코펜하겐 카니발

세계 3대 카니발(이탈리아의 베네치아, 벨기에의 뱅슈, 브라질의 리오)은 아니지만 코펜하겐에서는 여름을 들끓게 하는 축제이다. 코펜하겐 카니발(canival in Copenhagen)은 직장을 얻지 못한 젊은이들이 그 걱정을 떨쳐버리기 위해 시작되었다. 축제는 매년 성령

강림절의 이틀에 걸쳐서 개최된다. 어른들의 카니발은 성령강림제의 토요일부터 일요일까지, 어린이들의 카니발은 월요일에 실시된다. 축제 기간 무렵에는 날씨도 제법 따뜻해져서 밤낮으로 축제가 계속된다.

코펜하겐 카니발의 특징은 축제의 규칙이 없고, 카니발이라고는 하지만 화려한 퍼레이드나 콘테스트가 없다. 단지 시민들이 각자 개성에 맞게 치장하고 시내로 몰려나가 흥겨운 기분으로 시내를 활보하는 것이다. 자유스러운 것을 가장 좋아하는 덴마크인들의 기질이 잘 드러나는 대표적인 축제라 할 수 있다.

안데르센 축제

덴마크가 낳은 세계적 동화작가 안데르센의 고향인 오덴세에서 열리는 안데르센 축제(Hans Christian Andersen festival)는 안데르센의 작품 중 하나가 퓐 야외 박물관의 원형극장에서 85명의 어린이들과 젊은이들의 연극공연으로 꾸며진다. 안데르센과 관련된 행사는 시시때때로 열리지만 매년 여름에 개최되는 오덴세의 안데르센 축제는 오덴세인들의 안데르센에 대한 사랑이 얼마나 각별한지 알 수 있게 해준다.

오르후스 페스티벌

1965년부터 시작된 이 축제는 매년 9월 초에 시작하여 10일에 걸쳐 진행된다. 1979년 이래로 매년 한 가지 테마를 가지고 축제가 열리고 있는데, 대부분의 테마는 유럽을 중심으로 한다.

오르후스 축제(Aarhus festival)는 연극, 영화, 춤, 음악, 재즈, 발레, 문학, 스포츠, 오락 등 모든 문화가 집결되어 있는 종합예술 축제이다. 특히 오르후스의 오프닝은 여왕의 연설로 시작되고 많은 유럽 연예인들의 축하 공연이 펼쳐진다.

재즈 페스티벌

코펜하겐 시내 전체에서 재즈 연주를 들을 수 있고, 길거리 공연뿐 아니라 코펜하겐의 모든 콘서트홀에서 다양한 연주회가 열린다. 이 세계적인 재즈 페스티벌은 무료공연뿐 아니라 고급 공연을 볼 수 있는 좋은 경험이 된다.

로스킬드 축제

6월 말에서 7월 초에 행해지는 덴마크의 전통 있는 로스킬드(Rockids) 축제는 북유럽 최대의 음악 축제 중 하나로 자리 잡고 있으며, 이 축제는 많은 콘서트뿐만 아니라 다양한 주변 프로그램으로도 유명하다.

GERMANY 독일

공식 명칭 | 독일연방공화국 **인구** | 8,236만 9,548명 **면적** | 35만 7,021km^2
수도 | 베를린 **언어** | 독일어 **정체** | 연방공화제 **화폐단위** | 유로화(Euro)
국화 | 센토레아(수레국화)

역사적 배경

독일은 유럽의 중심부에 위치하여 북부는 평원, 중부는 고지대, 남부는 알프스산맥을 끼고 있다. 역사적으로 독일은 프랑스, 오스트리아, 네덜란드, 영국 등과 같은 강대국과 인접해 있어 이들의 침입을 받아 항상 괴롭힘을 받고 살았지만 문화적으로는 많은 영향을 받았다. 그러한 배경으로 인하여 현재의 배타적이고 보수적이며 단결력이 강한 독일인들이 되었고, 무엇이든 견고하고 단순하게 만드는 국민을 만들었다.

19세기까지 200개가 넘는 영토와 세력의 혼란스러운 분열이 거듭되다가 1866년, 1877년 두 번의 전쟁을 통하여 통일국가의 발판을 만들었으며 1900년 독일은 미국에 이어 세계 제2의 산업국가로 우뚝 섰다. 그러면서 군사력에서도 급격한 발전을 이루는데, 이는 주변국과의 긴장을 초래하여 잠재적인 적국으로 만드는 결과를 낳았고 오래 전부터 식민지 정책을 펴왔던 주변 열강들과의 갈등은 계속되어 오스트리아 오토만제국과 연합하여 가장 먼저 전쟁을 일으킨 것을 후에 제1차 세계대전이라 일컫는다. 여기에서 독일은 상상을 초월한 많은 희생을 낳았고 다시 또 제2차 세계대전을 겪으면서 모든 것이 몰락하여 전쟁 때보다 더 힘든 시기를 보낸다. 점령국에 의해 독일은 동독과 서독으로 나뉘었고 모든 것을 다시 시작해야 했기에 독일인은 이 시기를 '독일의 0시' 라고 부른다. 그리고 곧이어 게르만 민족 특유의 근면함, 독창성, 기강이 되살아나기 시작하여 국가의 재건을 다짐했던 독일인은 믿어지지 않을 만큼 빠른 속도로 모든 것을 회복하여 '라인강의 기적' 을 만들어 냈고 서독은 놀랍게도 짧은 기간에 절망상태의 산업기반을 세계에서 가장 생산적인 경제력으로 변모시켰다. 그리고 1990년 드디어 다시 하나의 독일로 태어나게 되었다. 그러나 통일 후 많은 것들이 좋아질 것이라고 장담했던 기대와는 달리 서독은 심각한 경제 불황을, 동독은 해체현상을 겪게 된다. 그리고 새로운 정부가 출범했지만 경제문제와 구 동독인들의 비애가 해결될 수 있을까 하는 의문은 여전히 많은 사람들에게 걱정으로 남아 있으며 대부분의 독일인이 이러한 문제들을 해결 불가능한 것으로 보고 있다. 마찬가지로 오늘날 대부분의 독일인은 동독 재건과 안정을 위해 공공세금을 내지 않아도 되는 그날이 오리라는 기대를 버리고 살고 있으며, 21세기 독일은 근대사가 남긴 부담을 짊어지고 나가야 한다.

지리적 특성 및 문화

기 후

기후는 온화한 편으로 이곳에서는 뼈 속까지 파고드는 추위도, 숨막히는 무더위도 그리 흔하지 않다. 일반적으로 북부지역이 다른 지역보다 겨울에 좀 더 춥고 여름에는 서늘한 날씨를 보이지만 독일 내에서 가장 추운 지역은 남부내륙으로 이 지역은 스키산업을 비롯한 각종 겨울 스포츠의 중심지이기도 하다. 반면 남서부 끝으로 내려가면 가장 따스한 기후를 즐길 수 있고 중서부지역은 사계절의 차이가 그리 크지 않은 특성을 가진다.

종교적 배경

종교는 지난 50여 년간 약화되긴 했지만 지역에 따른 종교의 차이도 있다. 일반적으로 노르트라인베스트팔렌 주에 이르는 독일 남부와 서부에는 가톨릭 신자가 주를 이루며 북동부지역에는 신교도, 그 중에서도 루터파가 많다. 그러나 독일인은 마치 전통복을 걸치듯 특별한 날에만 종교생활을 하는 경우가 많다.

복 식

옷에 있어서도 지역적 특색이 존재하여 그 거리의 패션만으로도 도시명을 알아맞출 수 있다고 한다. 민속의상인 남성용 반바지 레더호제와 양커재킷에 사냥 모자를 쓴 독일 남성을 보고 싶다면 바이에른 지역을 찾아야 할 것이다. 반면 헬무트슈미츠 총리 덕에 더욱 유명해진 하인리히 황태자모자는 주로 북부 연안 지역 사람들이 쓰고 다닌다. 뒤셀도르프와 뮌헨은 화려한 색상의 세련된 패션으로 유명한 도시이며 역시 잘 차려입고 다니는 함부르크 시민들은 그보다는 보수적이고 고전적인 스타일을 즐긴다. 프랑크푸르트 사람들은 차분하고 기능적인 옷을 선호한다.

문 화

독일인은 합리적이고 자신의 경험에 따라 판단하기를 좋아하며 어떤 결정을 내리기 전에 가능한 한 모든 객관적 사실을 고려한다. 또한 독일인은 천성적으로 우울한 민족이며 실제로 우울함은 독일인이 사물을 바라보는 시각을 이해하는 데 빼놓을 수 없는 단면이기도 하다. 천성적으로 밝거나 낙천적으로 태어나지 못해 즐거워하거나 기쁨을 표현하기 위해 그럴만한 이유나 공식적인 기념일을 필요로 하는 민족이기도 하다. 그러한 연유로 감성적인 노래나 영화, 이야기, 시에 대해 경멸적인 코웃음이나 불편한 웃음 등의 반응을 보이므로 독일인의 코앞에 감성적인 무언가를 들이대지 않는 게 현명하다.

또한 사물에 대해 유별난 애착을 가지고 있기 때문에 물건을 빌리거나 빌려 주는 행위를 자연스러운 것으로 여기지 않기 때문에 자신의 물건을 별로 가깝지 않은 타인에게 빌려 주고 싶어 하지 않는다.

독일인의 집에 대한 애착은 특별하여 집은 성이라기보다는 동굴 같은 공간이라는 점을 상기하고 독일의 집들은 보통 대문, 벽 울타리, 담으로 둘러싸여 있으며 이는 공적 영역과 사적 영역의 경계를 명확하게 하기 위함이며 따라서 독일인의 집을 방문할 때는 이러한 성향을 고려하여야 한다.

자가용 승용차에 대한 애착도 남달라 잘 짜여진 대중교통 체계와 널리 보급된 자전거 문화에도 불구하고 자동차를 소유한다는 것은 독일인에게 사회적으로 존중받을 만한 위치에 올랐다는 자부심의 상징이다.

강박적인 시간관념을 지닌 사람들이어서 가정생활이나 여가활동, 식사시간까지 정해져 있어서 식사시간이 되면 설령 배가 고프지 않아도 일단은 식탁에 앉아야 한다. 이 밖에도 계절이나 날씨에 상관없이 창문을 열어 공기를 환기시키는 시간이나 산책시간 그리고 텔레비전을 시청하는 시간 등이 정해져 있다.

전쟁이 끝난 직후 독일 사회가 보였던 정숙함과는 대조적으로 오늘날 독일사회에서는 거리낌 없는 신체 노출이 큰 특징의 하나로 언급되고 있다. 이는 독일의 신문과 잡지, 공공사우나, 해변, 산책길 그리고 허가된 매춘지역 등에서 광범위하게 볼 수 있는 현상이며 대부분의 도시에서 매춘은 합법적 행위이다. 겨울에는 남녀가 뒤섞인 신체노출의 장소가 공공사우나로 옮겨져 이곳에서는 누구나 옷을 완전히 벗어야 한다.

타인에게 공공사우나보다 더 충격적인 것은 마약의 공공연한 사용으로 1994년 4월 독일의 대법원에 의해 합법화되어 있으며 강한 마약의 합법적인 사용은 특정도시의 '허가지역' 에서만 가능하다.

줄서기 문화

매사에 원칙대로 행동한다고 믿는 독일인들이지만 독일인은 절대 줄을 서지 않는다. 버스정류장에서 줄을 서서 기다린다는 이야기는 독일에서 들어 본 적이 없다. 실제로 이들은 혼잡한 정류장에 버스가 들어서면 마구잡이로 버스에 올라타며 은행이나 우체국 등에서 쉽게 찾아볼 수 있는 이른바 '한 줄 서기' 제도도 철저하게 외면한다.

예식문화

① 탄 생

아기가 태어나게 되면 축하카드나 아기용품을 보내 축하해 주며 세례식은 중요한 행사지만 아이가 좀 클 때까지 기다리는 것이 보통이다.

② 입 학

첫 입학일을 세례일보다 더 중요한 날로 받아들이며 학교에 입학하는 날 어린이들은 새로운 출발을 달콤하게 시작하는 의미로 사랑을 가득 채운 커다랗고 예쁜 고깔을 선물받는다.

③ 생 일

독일인은 남의 생일이 언제인지를 꼭 물어보는데, 이는 대개 생일을 맞은 사람이 파티비용을 다 책임지기 때문이다. 생일 파티에 초대받은 사람은 받는 사람이 좋아할 선물을 준비해야 하며 상대의 취향을 잘 모른다면 코냑, 와인 또는 양주를 준비하면 된다. 단, 선물은 생일 이전에 주면 안 된다. 중요한 날 전에 무엇을 받는 것을 재수 없는 일로 여기기 때문이다. 따라서 생일파티에 갈 수 없는 경우 선물은 나중에 줘야 한다.

④ 결 혼

40%에 이르는 이혼율에도 불구하고 가장 성대하게 치러지는 예식은 결혼식이다. 모든 예비 신랑 · 신부는 반드시 등록소에 가서 결혼등록을 해야 하며 결혼등록 후 공식적으로 허가를 받기까지 8일간의 대기기간이 있어서 결혼에 대해 이의를 제기할 수 있는 시간을 두어 이 기간 동안 결혼 연령 미달이거나 여러 명의 부인이 있다는 사실이 발각되면 결혼 등록은 물론 무효로 처리된다.

⑤ 장례식

고인이나 가족과 그리 가깝지 않은 관계였다면 위로카드를 보내는 것으로 충분하지만 가까운 사이였다면 장례식에 꼭 참석해야 한다. 장례식은 보통 교회나 사원에서 진행하며 참석자들은 장지까지 함께 가서 관을 묻기 전에 마지막으로 예를 표하고 관 위에 흙을 한 줌 떨어뜨린다.

⑥ 여가활동

훼아이네(vereine)와 스포츠 : 훼아이네라 불리는 많은 협회가 있으며 등록된 클럽도 많다. 대부분 회비는 저렴하며 비회원들이 참가할 수 있는 이벤트도 많은데, 가장 대중적인 활동 분야는 운동이며 그 외에 영화감상, 카드게임, 외국어회화, 정치와 문화토론, 사격, 우표수집과 매매, 애완동물 키우기 등을 위한 다양한 모임들이 많다.

크나이펜(kneipen, 펍) : 독일인은 대부분 자신의 취향에 맞는 펍을 찾는데, 새로운 사람을 만나거나 이미 시작된 분위기를 굳건히 하는 데도 효과적이다. 전통적으로 독일의 펍에는 원칙이 있는데, 대개 특정계층의 고객만을 상대로 한다. 다시 말해 이방인은 별로 환영받지 못한다는 뜻이다.

음식문화

일반적 특징

대부분의 식문화가 그 나라의 국민성을 닮은 것처럼 독일인의 식습관 또한 그렇다. 절약정신이 강하고 검소한 독일인들은 식생활에 있어서도 소박하고 간편함을 추구한다. 음식을 차릴 때 종류에 따라 각각 다른 접시에 담지 않고 커다란 접시 하나에 모든 종류의 음식을 담아 남기지 않는다. 아침식사는 브뢰첸에 버터나 마가린, 잼, 꿀을 바르거나 햄, 치즈를 얹어 먹는다. 특히 삶은 달걀은 아침에 빠지지 않는 메뉴로 여기에 대부분 커피 혹은 우유와 차를 곁들인다.

저녁식사 역시 간단하다. 각종 잡곡을 넣은 빵이나 검은 빵을 먹는데, 이 빵에 소시지, 햄, 치즈 등을 곁들여 먹기 때문에 찬 음식을 먹는다고도 표현한다. 대개 맥주를 곁들이

거나 차를 마신다. 독일인은 점심에 비중을 두는데, 불에 조리한 음식을 먹기 때문에 점심식사를 따뜻한 음식이라고도 한다. 수프를 비롯한 육류요리, 감자, 채소 등으로 푸짐한 식사가 구성된다.

또한 독일인들의 외식은 거의 주점에서 이루어지는데, 독일인의 약 80%가 주점에 가는 것을 가장 즐거운 여가활동으로 꼽을 정도다. 그러나 이들은 주점이라고 해서 우리나라처럼 폭음을 하는 것이 아니라 간단하게 한두 잔 즐기는 정도이며, 특히 온 가족이 함께 음식과 맥주를 마시기 때문에 가족들의 공간으로 확고히 자리 잡았다.

실용주의로 대표되는 독일의 국민성은 전통음식에서 명백하게 드러난다. 독일의 음식은 비바람이 부는 날씨가 빈번한 가운데에도 시간에 대해서 만큼은 빈틈없는 독일인에게 적합한 요리다. 다시 말해 독일의 표준적인 식단은 단순한 조리과정을 거친 단조롭지만 다양한 음식들로 이루어져 있고 검소하고 전통적인 전원 음식문화를 갖고 있다.

독일은 식문화의 지역별 특성이 강한데, 주로 라인강을 경계로 나눴을 때 북부 독일은 바다에 접해 있어 어패류 및 해산물요리가 풍부하고, 남쪽은 전반적으로 육류요리가 발달했으며 소시지와 맥주, 감자요리가 많아 우리가 일반적으로 생각하는 독일요리에 가장 가깝다. 아시아와 이어진 동부지역은 파프리카와 캐러웨이 등 강한 향신료를 많이 사용하며 라인강유역의 서부지역은 포도재배지가 많아 와인이 많이 나고 다른 지방에 비해 양념이 강하지 않은 것이 특징이다.

발트해와 인접해 있는 북부지방은 스칸디나비아 반도의 영향으로 청어와 같은 생선과

소시지

독일 맥주

해산물을 많이 먹는다. 대표적인 요리로는 슐레스비히-홀슈타인의 훈제요리인 스프랫이 있다. 옛 독일 어부들은 음식보존을 위해 훈제방식을 사용해 왔는데, 청어과인 스프렛은 6인치 가량의 생선으로 해안과 가까운 물이나 강의 입구에 서식하며 지방이 많아서 훈제하기에 적합해 대표요리로 발달했다.

한편 남부지방은 돼지요리가 발달했는데, 이는 우리나라에서 개가 그러했듯이 독일에서 돼지는 살아 있는 예비식량이었고 쓰레기처리 시스템이었기 때문이었다. 각 지역에 따라 고유의 특별한 요리법을 가지고 있는데, 바이에른 사람들은 고기를 일정시간 맥주에 담갔다가 먹으며 라인란트 사람들은 마늘과 고추냉이, 육두구씨 등을 사용해 조리하는 다양한 조리방식을 갖고 있다.

대부분의 독일인은 고기를 좋아한다. 1980년대 중반 건강에 대한 관심이 높아지면서 서구의 여러 나라에서 고기 섭취를 줄여나가던 시기에도 독일은 그런 흐름에 동요하지 않은 유일한 국가였다. 독일인은 돼지나 송아지의 정강이를 재료로 한 슈바인스학세(schweinshaxe)나 칼브스학세(kalbshaxe)와 같이 크고 푸짐한 고깃덩어리를 즐긴다. 푸짐한 육류요리는 독일 음식문화를 대표하며 '긋뷔어걸리혀 퀴헤' 라고 부른다. 보통 적당량의 감자와 함께 놓인 두꺼운 고깃덩어리, 파스타나 고기만두 그리고 채소, 샐러드와 함께 제공된다. 긋뷔어걸리혀 퀴헤의 출현은 육류가 귀했던 오랜 빈곤의 시간을 거쳐 50년대의 현상으로 당시 사람들은 고기를 매우 맹렬히 소비하였다.

돼지고기 외에도 쇠고기, 닭고기, 칠면조고기도 인기가 높다. 양고기는 최근 무슬림의 증가와 함께 널리 퍼지고 있지만 여전히 이국적인 메뉴로 여긴다.

독일인의 음식과 관련하여 양배추를 소금에 절인 독일식 김치인 사워크라우트(sauerkraut) 다음으로 가장 유명한 단어가 슈닛즐(schnitzel)과 부어스트(wurst)이다. 슈닛즐은 고기조각을 가리키는 말로 커틀릿처럼 얇게 선 고기로 조리한다. 송아지, 닭, 칠면조고기 등이 모두 가능하지만 역시 돼지고기가 가장 많이 쓰인다.

부어스트는 소시지에 해당하는 독일어이다. 원래 부어스트는 소시지의 내용물을 가리키는 말로 가난한 사람들의 음식이었으나 점차 독일인의 대중적인 사랑을 받게 되었다. 비록 요즈음은 대부분의 사람들이 부어스트를 먹지 않아도 될 만큼 생활의 여유가 생겼지만 여전히 상당수는 규칙적으로 이 소시지를 즐긴다. 부어스트의 기본은 돼지, 소, 송아지, 닭, 토끼, 말 등의 저민 고기와 채소 그리고 드물게는 시리얼을 섞어 다양한 방법으로 요리하는 것이다. 고기를 저미면 부위를 구분할 수 없기 때문에 주로 잘 먹지 않는 부위를 이용해 만든다. 껍질은 소나 돼지, 양의 창자로 만들었으나 요즈음에는 식용 비닐이나 히드로셀룰로오스 등의 합성소재를 이용하기도 하는데, 이 경우는 껍질을 벗겨 먹어야 한다.

채소류도 많이 생산되는데, 그 중 독일식단에 자주 등장하는 것이 양배추와 감자이다. 채소를 요리하는 독일의 전통방식은 끓이고 끓여서 형태를 알아볼 수 없게 하는 것이었지만 현재는 채소의 향과 영양을 유지하는 방식으로 기호가 변했다. 전통적인 방식을 따르는 경우에도 자연 향과 형태를 유지하기 위해 노력한다. 하지만 눅눅하고 무미건조한 채소요리도 여전히 경험할 수 있을 것이다. '독일의 세 가지 채소 가운데 두 가지는 양배추다' 라는 말도 있다.

또한 흉년에 대비할 수 있는 작물로 기르도록 엄명을 내린 후에 다른 나라보다 빠르게 확산된 감자도 독일식단의 단골 메뉴이다.

독일인은 감자를 매우 다양한 방법으로 요리하는데, 삶거나 튀기거나 으깨거나 프랑스식으로 얇게 썰어 튀기는 방식 등이 있다. 매우 오래된 요리로 감자 팬케이크가 있으며, 순수 감자요리 대용으로 사랑받고 있는 대중적인 독일음식으로 덤플링이 있다. 이것은 밀가루 큰 술을 갈아 놓은 감자나 빵 등과 섞어 조미하고 둥글게 반죽하여 끓는 물에 담가서 만드는데, 다소 거한 음식이다.

이 외에도 지역요리들인 아이스바인, 그뤼네소세, 휜켄베어더 숄레, 가이스부어거 마쉬, 그륀콜 및 핀켈 등이 있다.

아이스바인

대표적 음식

아이스바인

독일을 대표하는 음식 중 하나인 아이스바인(eisbein)은 독일식 족발요리이다. 독일의 보존식품 중 하나로, 소금에 절인 돼지 뒷다리고기를 맥주에 푹 삶아 향신료를 약간 첨가한 후 차게 해 뼈째로 슬라이스해서 낸다. 맥주에 삶으면 돼지고기 특유의 누

사워크라우트

아인토프

린내가 없어지고 육질은 더 부드러워진다.

사워크라우트

감자나 소시지 외에 유명한 독일음식인 사워크라우트는 샐러드 대용으로 양배추를 채썰어서 발효시킨 다음 캐러웨이 같은 향신료를 섞은 것으로 약간 시큼한 맛이 난다. 우리나라에는 김치가, 일본에는 아사즈케가, 인도에는 마살라가, 태국에는 남플라가 있다면 독일에는 바로 이 사워크라우트가 빠질 수 없다. 독일식 김치라고 명명되는 사워크라우트는 주로 기름이 많은 고기요리와 함께 먹는다.

아인토프

채소, 콩, 감자, 고기 부스러기 등을 냄비에 넣고 끓인 아인토프라는 죽도 대중음식으로 많이 먹는다.

제2차 세계대전 때 히틀러가 장려한 요리로, 근면하고 검소한 독일인을 상징한다고 해서 나치정부가 적극 권장해 독일 전통음식으로 자리 잡은 역사를 갖고 있다. 이 아인토프는 현재도 그 전날 남은 재료를 모두 섞어 만드는 요리로 자취생이 많은 대학 기숙사나 서민가정에서 볼 수 있다.

햄버거스테이크

오늘날 정크푸드로 대변되어져 건강식을 선호하는 사람들 사이에서 외면받고 있는 햄버거가 식재료 원재료의 맛을 중시해서 조미료나 이외의 첨가물을 넣지 않는 자연주의 음식의 나라 독일에서 그 뿌리를 찾을 수 있다면 참 아이러니한 일이다.

독일은 주로 소시지나 햄버거스테이크와 같은 다진 고기요리를 많이 먹는데, 바로 쇠고리를 갈아 만든 햄버거스테이크도 그 중 하나이다. 독일 함부르크에서 이민 온 사람들에 의하여 미국으로 전달된 이 햄버거스테이크가 미국에서 햄버거샌드위치로 만들어지면서 대중화된 것이다. 따라서 엄밀히 따지면 맥도날드나 버거킹 등 전 세계적으로 널리 사랑받고 있는 가장 대중화된 음식이 바로 독일음식이라고 할 수 있다.

전통 축제

독일인이 그 많은 여가시간을 어떻게 보내는지 궁금할 것이다. 간단히 말하면 그들은 아주 독일적인 방법으로 여가를 즐긴다. 자기 집의 정원을 가꾸거나 집 주변을 꾸미는 데 많은 시간을 보내고 긴 유급휴가 동안 충분히 여행을 즐긴다.

독일인이 즐기기 위해 가는 또 다른 곳으로 각 지역에서 펼쳐지는 거리 축제 '슈트라센훼스트(Strassenfest)' 가 있다. 축제는 여러 종류의 음식과 술, 게임홍보, 정보 서비스를 다양하고도 흥미로운 방식으로 제공한다.

100만 개에 달하는 거리 축제의 대부분은 여름에 집중되지만 와인 축제는 첫 수확과 함께 가을에 펼쳐진다. 와인 축제는 포도 재배지역의 작은 마을에서 주로 열린다. 음악과 흥겨운 분위기, 다채로운 음식은 어느 거리 축제와 같지만 와인 생산업자들은 독특한 제조법의 새로운 와인을 선보이기도 한다.

독일의 가장 유명한 축제는 맥주 축제이다. 단연 뮌헨의 '옥토버페스트(Oktoberfest)' 를 꼽을 수 있는데, 옥토버페스트는 규모가 가장 클 뿐 아니라 2주간 지속되는 가장 긴 축제이며 다른 와인 축제보다 한 달 앞선 9월에 열린다. 축제기간에는 포도 재배지역이 거대한 맥주텐트로 변한다. 그리고 맥주의 물결은 밤새 계속된다. 긴 탁자와 의자에 앉은 100만여 명에 달하는 방문객은 끊임없이 잔을 비우며, 텐트 안을 음악으로 가득 채우는 바이에른 밴드보다 더 큰 소리로 대화를 하기 위해 노력한다. 이 흥겨운 분위기 속에서 완벽한 이방인조차도 금세 독일사회의 이질적인 캐릭터에 가까워지게 된다.

그곳이 너무 크고, 시끄럽고, 상업적이라는 데에 실망하는 사람들도 있지만 여전히 많은 사람들이 이 축제를 잊지 못해 매년 뮌헨을 찾는다.

독일의 전형적인 이미지 가운데 가장 오랫동안 이어져 온 것은 바로 '열심히 일하는 독일인' 이다. 바깥에서 바라본 독일은 '일벌레들의 나라' 이다. 하지만 그들만의 '열심히 일한 자만이 누리는 긴 안식' 을 아주 독일적인 방법으로 누리고 즐기며 여가를 활용하는 방법도 잘 알고 있다.

RUSSIA 러시아

공식 명칭 | 러시아연방 **인구** | 1억 4,070만 2,094명
면적 | 1,707만 5,200km^2 **수도** | 모스크바 **언어** | 러시아어
정체 | 공화제 **화폐단위** | 루블(Ruble) **국화** | 해바라기

역사적 배경

아직도 많은 이들이 기억하는 영화 〈닥터 지바고〉는 눈 덮인 설원과 잔잔한 라라의 주제음악으로 우리에게 친숙한 영화이다. 하지만 그 영화의 주요 무대였던 구 소련은 이제는 러시아라는 이름으로 우리에게 기억되고 있다.

'보드카의 나라'로 잘 알려진 러시아는 구 소련을 구성했던 러시아연방의 하나이다. 러시아는 유럽과 아시아에 걸친 다양한 민족이 함께 모여 살고 있는 다민족 국가이나 오랜 시간을 통해 러시아 고유의 독특한 문화를 발전시켜 왔다. 러시아의 역사는 '개척과 식민의 역사'라 할 수 있다. '바다로의 출구'를 확보하기 위해 계속 투쟁해 왔으며, 남쪽의 유목민족, 북쪽과 서쪽의 유럽 강대국들의 끊임없는 침입을 받았다. 실제로 러시아연방은 13세기 몽고의 침입에서 제2차 세계대전까지 수없이 많은 전쟁을 겪으면서 이를 물리쳐 왔다.

지리적 특성 및 문화

러시아의 면적은 약 1,708만km^2로서 세계에서 가장 큰 국가로 미국이나 중국의 두 배 정도 크기이며 인구는 약 1억 4,000여 명으로 세계 6위이다. 러시아는 북쪽은 북극해, 동쪽은 태평양에 접해 있으며, 서쪽은 노르웨이, 핀란드, 체코슬로바키아, 헝가리, 루마니아와 남쪽은 중국, 몽골, 우크라이나, 그루지아, 아제르바이잔, 카자흐스탄과 접하고 있다.

러시아는 북쪽의 동토지대, 남쪽의 툰드라, 영토의 2/3 정도를 차지하는 산림지대, 스텝지대, 아열대지대, 반 사막지대 등 다양한 기후를 나타낸다. 기후대 가운데 가장 두드러지게 나타나는 것은 대륙성 기후로 한랭하고 겨울이 길며 일조량이 적다. 툰드라와 타이가 지역에서는 토양이 좋지 않아 농업이 거의 이루어지지 못하고 남쪽의 혼합림, 낙엽수림지대와 스텝지대에서만 농·목축업이 이루어진다.

스텝지대는 러시아의 곡창지대로 밀, 사탕무, 해바라기 등의 농작물이 활발히 재배되지만 러시아 인구에 비하여 많이 부족한 실정이다. 따라서 서민들은 경제적으로 많은 어려움을 겪고 살아, 비옥한 농토를 가졌던 다른 나라들에 비해 음식문화는 매우 소박하다.

러시아는 약 75개의 다양한 인종으로 구성되어 있다. 전체 인구의 82%는 러시아인이고 타타르인, 우크라이나인, 추바스인이 각각 1% 이상을 차지한다. 언어는 러시아어를 사용하며, 대부분이 러시아 정교를 믿는다. 10세기 말 키예프의 왕 불리지미르가 비잔틴에서 들여 온 그리스정교, 즉 현재의 러시아정교는 그 후 1000여 년 동안 러시아의 주요 종교로 자리 잡아 러시아인의 삶에 많은 영향을 주고 있다.

러시아는 13~15세기까지 타타르인, 즉 몽골의 지배하에 놓이게 되는데, 몽골의 침입은 러시아의 음식문화에 많은 영향을 주었다. 몽골인은 양고기를 석쇠에 굽는 요리인 샤시리크, 양배추를 소금에 절이는 음식, 요구르트 만드는 방법 등을 러시아인들에게 알려주었다. 17세기 후반 표트르대제가 유럽의 선진문화를 적극적으로 수용하면서 상류층의 식탁이 서구화되었다. 이때 상류계층의 식사에는 고기, 생선, 치즈가 들어 있는 샌드위치가 등장하게 되었고, 햄, 소시지, 청어와 소금에 절인 피클이 후추와 마늘을 듬뿍 넣어 제공되었으며, 캐비어와 철갑상어도 식탁에 오르게 되었다. 이 외에도 서양에서 들어온 설탕이 꿀을 대신하여 새로운 과일이 들어 있는 타르트, 가루반죽 과자인 오늘날의 페이스트리, 캔디 등이 개발되었다. 1922년에 러시아, 우크라이나, 벨로루시, 카프카즈(아제르바이잔, 그루지아, 아르메니아)와 같은 주변지역과 연방조약을 맺고 소비에트 사회주의 연방공화국을 결성하였으나, 1991년 12월에 구 소련은 완전 해체되었고, 1992년 1월에 러시아를 비롯한 15개 공화국은 각각 완전 독립국가가 되어 분리되었다. 러시아는 현재 독립국가연합을 주도하고 있다.

식생활에 못지않게 러시아의 패션에도 많은 변화가 있어 유럽 특히 프랑스와 이탈리아의 영향을 많이 받고 있다. 유럽에서 수입된 고급의류들은 트베르스카야 등의 중심지 살롱에서 팔리고 있다. 하지만 대부분의 러시아인들은 1년 중 절반 정도가 눈에 쌓여 있고 봄, 가을은 거의 느낄 수 없기 때문에 의복도 겨울옷이 가장 중요하며 여름옷은 적당히 넘어가는 편이다. 10년간 돈을 모아서 가죽옷이나 모피옷을 사기도 한다. 겨울의 러시아 거리는 모피코트에 모피모자를 쓰고 다니는 사람들이 대부분이다. 겨울에 모자는 필수인데, 찬바람을 많이 맞고 머리가 얼었다 녹았다를 반복하다 보면 풍이 든다고 한다. 그래서 '샤프카' 라고 불리는 이 모자는 러시아인들의 필수품이다. 빈부의 격차가 심하다 보니 '샤프카' 도 개털로 만든 것으로부터 은빛 여우털에 이르기까지 다양하다.

음식문화

러시아는 그 넓은 국토만큼이나 요리도 다양하지만 기후의 영향인지 몇 가지 공통점을 가지고 있다. 전통적인 방법으로 요리를 만들어 아직까지 가공식품이 그리 발달되지는 못했고 뜨거운 음식과 블랙커피, 보드카 등 전반적으로 체력을 보완하는 요리와 기술이 발달한 점이 특징이다.

또한 넓은 영토에 여러 민족이 모여 살기 때문에 식탁 위에서도 다양한 민족의 요리를 맛보게 되며 러시아인에게 전통적인 요리를 물어보면 금방 떠올리지를 못할 정도로 러시아식, 우크라이나식, 코카서스식 요리 등 다양한 식문화를 이루고 있다. 러시아 음식은 추운 날씨에 잘 견디도록 기름진 것이 많으며 조금만 먹어도 든든함을 느끼는데, 고기요리를 주로 하고 감자요리도 즐겨한다. 또한 동양과도 인접해 있어 파, 양파를 많이 사용하는 등 동양적인 면도 많다.

전채요리로는 세계 3대 진미 중 하나인 철갑상어 알인 캐비아 요리가 있고 수프로는 토마토를 이용한 채소수프인 보르시가 대표적이다. 그리고 검은 호밀빵과 약간의 알코올기가 있는 크바스와 함께 아주 진한 블랙커피는 대체적으로 즐기는 대중적인 음식이다.

그 중 비프스트로가노프는 대표적인 요리로서 큰 호텔에서도 제공된다. 쇠고기에 크림소스를 곁들인 일종의 찜인데, 러시아음식 중 한국인의 입맛에 잘 어울리는 요리 중 하나이다.

또한 톡 쏘는 알코올 도수 40°가 넘는 보드카를 빼놓을 수 없는데, 추운 날씨를 잊기 위해 조금씩 마시던 술이 이제는 늘어가는 알코올 중독으로 러시아 정부가 골치를 앓고 있다.

일반적 특징

빵을 주식으로 한다

옛날부터 현대까지 러시아인들의 주식은 바로 빵임에 틀림없다. 물론 여기서 지칭하는 빵은 한국인들이 느끼는 빵과 판이하게 다르다. 한국인들은 빵을 하나의 간식으로서 간주하는 경향이 있지만, 러시아인들의 빵은 전통적으로 이어져 내려오는 주식인 것이다. 이것은 한국인의 밥과 같은 것이다. 이러한 사실은 아주 간단하면서도 러시아의 음식문화를 이해하는 데 있어서 중요한 출발점이 된다.

죽을 즐겨먹는다

일반적인 음식에 있어서 죽의 중요성은 빵에 못지않았는데, 결혼식이나 세례식, 추도식 등에서 죽은 필수음식으로 준비되었다고 한다. 죽의 종류는 곡식의 종류만큼이나 다양해서 16세기만 하더라도 20여 가지가 되었고, 요리법 또한 지극히 간단하였기 때문에 러시아인들이 죽을 쉽게 만들어서 먹을 수 있었다. '도모스뜨로이' 라는 가훈집에 의하면 육식 금지일과 육식 허용일에 먹을 수 있는 죽이 대체로 정해져 있어서 전자의 경우에는 주로 귀리죽이나 호밀죽, 후자의 경우에는 지방질이 있는 고기죽이 가정주부가 준비해야 했던 음식이었다고 한다. 시대가 변하며 따리까솨의 재료와 그 의미도 다소 달라졌으나 오늘날에도 여전히 러시아인들의 구미를 돋우는 음식으로 인정받고 있다.

음식에 고기, 감자, 유제품을 많이 사용한다

러시아인은 쇠고기, 양고기 등을 많이 먹는데, 고기요리는 소금, 후추 정도만 사용하여 고기의 맛을 최대한 살리는 것이 특징이다. 감자는 제2의 밥으로 부를 정도로 많이 먹는다. 러시아인들은 감자를 굽고 튀기고 삶아서 먹는데, 고기, 생선, 우유, 채소는 반드시 감자를 곁들여야 제 맛이 난다고 한다. 또한 버터밀크, 치즈, 버터 등과 같은 유제품이 음식에 많이 이용되며, 특히 스메타나라고 하는 사워크림은 만능조미료라고 할 정도로 다양한 요리에 사용된다.

대표적 음식

표트르 대제 이후 황제나 귀족, 군인, 부유한 상인들의 식탁은 화려했으나 서민들의 식사는 극히 소박하고 단조로웠다. 호밀이나 잡곡으로 만든 검은 빵과 죽, 양배추절이, 소량의 우유 등이 일상식이었으며, 밀로 만든 흰 빵이나 버터는 특별한 날에만 먹었다.

요즈음 러시아인들은 아침에는 카샤라고 하는 죽과 밀로 만든 빵에 달걀, 치즈, 소시지 등을 넣은 샌드위치를 주로 먹으며, 차나 커피, 우유를 함께 마시기도 한다. 점심은 정찬으로 먹기 때문에 전채요리, 수프, 주요리, 후식의 순서로 제공된다. 전채요리로는 샐러드가, 수프는 보르시치가, 주 요리로는 비프스테이크나 감자요리가 주로 제공된다. 케이크와 함께 커피나 차를 마시며 식사를 마친다. 저녁은 점심과 비슷하게 제공되는데, 수프는 먹지 않는다.

보르시

비프스트로가노프

보르시

베이컨, 햄 등과 비트, 토마토, 감자, 당근, 양파, 양배추 등의 채소를 함께 넣고 끓인 영양가 높은 러시아식 고기수프이다.

샤시리크

양고기의 꼬치구이로 주로 축제 때 볼 수 있는 음식이다.

피로시키

고기를 넣고 튀긴 만두 같은 빵이다.

자쿠스키

프랑스에서 '오되드르' 라고 불리는 전채요리로 대개는 찬 음식이 나온다.

비프스트로가노프

얇게 썬 쇠고기와 양파, 버섯을 볶다가 수프에 넣어 약간 삶은 다음 크림수프를 넣는 러시아의 대표적 육류요리로 19세기 말 프랑스 요리사에 의해 러시아에 소개되었다.

피로그

피로그

블린과 함께 명절과 결혼식에 반드시 등장

하는 러시아의 대표적인 전통 빵이다.

블 린
팬케이크의 일종으로 명절, 축제, 결혼식, 출산 축하 등에 반드시 등장하는 특별음식이다.

대표적 음료

청량음료 '크바스'
신맛 나는 음료라는 의미를 가진 크바스는 맥주만큼 인기 있는 러시아인들의 청량음료로 맥주가 남성들의 전유물이라면 크바스는 남녀노소 모두 즐기는 대중적 음료라 할 수 있다. 건조된 빵을 이용해서 만들었으며, 요즈음은 외국에서 수입된 음료 때문에 젊은이들에게 점차 소외되고 있으나 시골에서는 아직도 크바스를 만들어 마신다고 한다.

보드카
보드카는 40% 이상의 알코올을 함유한 무색투명의 증류주이다. 러시아인들이 추위를 이기기 위해 많이 마셨던 보드카는 '러시아혁명' 을 계기로 여러 나라에 망명한 러시아인에 의해 세계 각국에 소개되어 오늘날과 같이 세계적으로 널리 즐겨 마시는 술이 되었다.

가장 인기 있는 음료수, 차
러시아인들은 '사모바르' 라는 독특한 기구를 이용해서 차를 끓여 마시는데, 독특한 방식으로 차를 마신다. 즉, 설탕은 차에 넣어 마시지 않고 설탕 덩어리를 먼저 입에 넣고 차를 마시거나 잼이 담긴 그릇이 차와 함께 나오면 잼을 조금씩 떠서 핥아먹으면서 차를 마신다. 잼이 없을 경우에는 각설탕을 차에 적셔 갉아 먹으면서 차를 마신다.

전통 축제

부활절
러시아 정교에서는 7주간의 금식을 한 후에 부활절을 맞이하기 때문에 다양한 육류요리가 식탁에 오르게 되며, 특히 누룩을 넣고 우유나 버터로 맛을 낸 반죽을 높고 둥근 모양으로 구워낸 빵으로 꿀리치라고 하는 부활절케이크가 있고, 푸쉬긴이라고 하는 부활절 달걀, 빠스하라는 부활절과자도 있다.

크리스마스

러시아 정교에서는 영혼의 부활을 더 중요하게 생각하나 부활절 다음으로 성대하게 기리는 축일이 크리스마스이다. 크리스마스 전야에는 별이 뜬 후에 저녁식사를 시작하였는데, 식탁에는 양봉이 발달하여 곡류로 만든 음식에 꿀을 넣어 만든 꿀죽과 말린 사과, 배, 체리, 건포도, 서양자두 등에 물을 붓고 끓인 다음 꿀과 설탕을 넣어 단맛을 낸 과일즙이 반드시 놓인다.

곡류의 낟알은 부활의 생명을, 꿀은 건강을, 양귀비 씨는 가족의 부유함을 나타낸다.

현란하고 호화로움으로 세계에서 유명했던 것에 비해 현재 러시아의 레스토랑이나 여러 곳에서 볼 수 있는 요리는 매우 간소한 편이다. 예전의 러시아요리가 호화로웠다고 하지만, 그것은 황제, 귀족, 군인이나 부유한 상인들의 식사였을 뿐이고 시민, 특히 빈농의 식사는 극히 질박하고 단조롭다. 한마디로 러시아요리의 특징은 소박하고 영양이 있으며 실질적이다 라고 말할 수 있다.

백야 축제

1년 중 낮의 길이가 가장 길다는 하지(6월 22일경). 북부 러시아의 여름은 새벽 2시나 돼야 황혼이 지는듯하다가 한 시간 이내에 금세 해가 뜨고 새 날이 밝는다. 이 특별한 광경이 우리가 아는 백야(白夜)이다.

밤이 없으면 불편할 것도 같지만, 겨우내 햇볕 쬐기 힘든 이 지역 사람들에게 백야는 반갑기만 하다. 그래서 과거 재정러시아의 수도였던 상트 페테르부르크에서는 해마다 백야 축제가 개최된다. 고풍스러운 거리와 도시 곳곳을 흐르는 강을 따라 사람들의 물결과 밤새도록 펼쳐지는 불꽃놀이로 도시가 술렁인다.

한때는 러시아의 정치 환경으로 인해 사라질 위기에 처하기도 했으나 지금은 시와 정부의 후원 속에 '백야 국제 문화제' 라는 이름으로 각종 행사들을 마련하고 있다. 세계 각국의 가수들이 모여 치루는 국제 가요제와 '백야의 별들' 로 불리는 국제 고전음악 축제 등은 이미 널리 알려진 고정 프로그램이기도 하다.

SWITZERLAND 스위스

공식 명칭 | 스위스연방(헬베티카 동맹) **인구** | 758만 1,520명

면적 | 4만 1,290km^2 **수도** | 베른 **언어** | 독일어, 프랑스어, 이탈리아어, 로망슈어

정체 | 연방공화제 **화폐단위** | 스위스 프랑(Swiss Franc. CHF)

국화 | 에델바이스

역사적 배경

4세기까지 거슬러 올라가 보면 게르만 민족의 대 이동 때 스위스 원주민인 헬베티아 족의 영역을 침범해 들어오면서 스위스 현재의 원형을 이루었다. 신성로마제국의 지배를 받아오다가 13세기에 이르러 독립운동이 본격화되었으며, 오스트리아의 지배를 벗어나 1648년 빈 회의를 거쳐 영세 중립국으로 승인되었다. 23개 주로 이루어진 연방공화국으로 수도 베른에 연방정부가 있다. 정치의 특색이라면 법률안에 대한 국민들의 최종 심사를 거치는 직접민주주의를 채택하고 있다는 것이다.

지리적 특성 및 문화

국토가 좁은 데 비해 복잡한 양상을 띠고 있다. 동서로 뻗은 알프스산맥 남쪽의 티치노주(州)는 비교적 온난한 지중해성 기후의 영향을 받으나, 북쪽은 기온차가 적은 온난다우의 서안해양성 기후와 기온차가 큰 건조한 대륙성 기후가 서로 영향을 주고받는 변덕스러운 중간형 기후이다. 이처럼 세 개의 기후형을 가진 스위스에서는 날씨 변화가 몹시 심하다. 스위스 북쪽에 저기압이 발생하여 알프스 양쪽에 극단의 기압차가 생기면 푄현상이 일어난다. 푄현상이 일어나면 알프스 북쪽에서는 기온이 급격히 상승하여 봄이나 여름이면 눈이 급속히 녹아버린다.

기온은 알프스의 북쪽과 남쪽에 따라 상당한 차이가 있다. 가령 알프스 북쪽의 중앙 저지에 있는 도시에서는 1월 평균기온이 영하인 곳이 많으며, 7월 평균기온도 20℃를 넘는 곳이 없다. 이에 비하여 남쪽의 루가노나 로카르노에서는 1월과 7월의 평균기온이 각각 2℃ 및 22℃ 안팎이다.

음식문화

일반적 특징

국토의 60% 이상이 알프스산맥 위에 있는 스위스는 인접한 독일, 프랑스, 이탈리아, 오스트리아문화의 영향을 많이 받았다. 예를 들어 이탈리아와 인접한 남쪽에서는 토마토와 양파를 이용한 스파게티 등의 요리가 중심이 된다. 프랑스 쪽에서는 치즈가 들어간 요리나 오블뢰(Au Bleu ; 송어에 식초나 향료를 넣고 삶은 것), 독일문화권에서는 감자와 소시지를 요리에 많이 사용한다. 이 외에 700년에 이어온 중립기간 동안 위 나라들의 요리를 나름대로 자발적으로 발전시키기도 했다. 즉, 프랑스요리처럼 화려하지는 않으나 몇 가지 쉽게 구할 수 있는 재료만을 이용해 서민적인 소박함과 따뜻함이 풍기는 것이 스위스요리의 특징이다.

식사 예절

식사 초대를 받았을 때는 방문할 집의 여주인에게 포장하지 않은 꽃을 선물하는 것이 관습이다. 국화나 흰색 에스터는 장례식에 사용되는 꽃이므로 피하도록 하고, 붉은 장미 역시 적합하지 않다. 공공장소에서의 복장은 대체로 간편한 옷이면 무난하지만, 일류 레스토랑이나 호텔 레스토랑, 중요한 사교모임 등에서는 정장이 필요하며, 검은색 넥타이를 착용해야 할 경우도 있다. 팁에 대해서는 모든 호텔과 레스토랑, 카페, 술집, 택시, 미용실 등에서 15%의 서비스료가 포함되도록 법에 의해 규정되어 있다.

대표적 음식

퐁 듀

퐁듀(fondue)는 프랑스의 fondre(=melt)에서 온 말로, 긴 꼬챙이 끝에 음식을 찍은 후 그것을 치즈 녹인 것이나 소스에 담갔다가(찍어) 먹는 음식을 가리킨다.

치즈를 녹여 빵을 찍어 먹는 것인데, 이것이 요리법의 전부이다. 둥근 신선로 같은 곳에 치즈를 올리고 약한 불에 올려서 녹인 다음 작은 빵 조각을 찍어 먹는 것이 전부이다.

그러나 스위스 사람들은 이 단순한 요리에 대단히 자부심이 높아서 "한국에 김치가 있다면 우리나라에는 퐁듀가 있다."라고 말한다. 김치와 마찬가지로 그만큼 서민들의 어려움을 대변한 그들만의 식생활을 말해 주는 까닭이다. 퐁듀는 물과 함께 먹으면 소화가 잘 되지 않아 배탈이 나는 경우가 있으므로 반드시 포도주와 함께 먹기를 권한다.

퐁 듀

tip

퐁듀의 유래

온 나라가 산으로 덮인 스위스의 겨울은 아주 춥고, 먹을 것도 없었다. 여름에 만들어서 보관해 둔 치즈는 마르고, 빵은 딱딱하게 굳어버리기 일쑤이던 어느 날, 냄비에다 치즈를 녹인 다음에 딱딱한 빵조각을 찍어서 먹어봤더니 따뜻하고 부드러워 생각보다 꽤 먹을 만했다. 그것이 쭉 이어져 내려와 아예 일반요리로 굳어졌다는 것과 18세기 알프스 고지대의 사냥꾼들이 마른 빵과 치즈만을 들고 사냥하러 나갔다가 어둠이 내리면 텐트 옆에 모닥불을 지피고 그 불에 치즈를 녹여 빵에 찍어 먹은 것에서 유래되었다고 하는 설도 있다.

퐁듀용 포크가 아주 길기 때문에, 종종 포크 끝에 꿴 빵이나 고기를 떨어뜨리곤 하는데, 그럴 때마다 벌칙이 있다. 만일 떨어뜨린 사람이 여성이면 무조건 오른쪽 남성에게 키스를 해야 하고, 남성이면 와인을 한 병 사야 한다.

퐁듀의 맛을 좌우하는 세 가지 재료

① 와 인

치즈를 고루 녹도록 해주는 화이트와인을 이용하며 퐁듀에 들어가는 와인은 단맛이 적은 것이 적당하다. 또 치즈퐁듀에 곁들여 먹으면 쌉싸래한 와인 특유의 맛이 우리에겐 다소 낯선 치즈맛과 어울려 뒷맛을 개운하고 깔끔하게 마무리해 준다.

② 치 즈

치즈 퐁듀의 맛을 좌우하는 것은 바로 치즈이다. 어떤 치즈를 넣느냐에 따라 퐁듀를 많이 먹을 수도 적게 먹을 수도 있다. 주재료는 바로 그뤼에르치즈. 표면이 딱딱한 치즈로 그냥 먹기보다는 녹여 먹을 때 제 맛이 난다. 여기에 에멘탈치즈와 블루치즈 등을 넣으면 더욱 깊은 치즈퐁듀 맛을 즐길 수 있다.

③ 퐁듀의 용기

퐁듀는 즉석에서 끓이면서 먹는 요리이기 때문에 바닥이 두꺼워 은근히 끓일 수 있는 도자기나 법랑 용기를 사용해야 한다. 이런 전용 용기가 없다면 흔히 사용하는 뚝배기도 적당하다. 또한 불꽃의 세기가 너무 센 가스레인지보다는 오랜 시간 일정한 맛을 유지할 수 있는 퐁듀 전용 램프나 워머 등을 사용하도록 한다.

퐁듀의 종류

① 치즈퐁듀

치즈에 화이트와인을 넣고 녹인 후 빵을 찍어 먹는 가장 전통적인 형태의 퐁듀이다. 치즈퐁듀(fondue au fromage)의 재료로는 그뤼에르치즈, 에멘탈치즈, 콘스타치, 마늘, 화이트와인, 바게트 빵 등이 있다.

② 퐁듀 부르기뇽

치즈를 녹이지 않으므로 퐁듀 부르기뇽(fondue bourguignonne)은 엄밀한 의미에서 보면 퐁듀라고 할 수는 없다. 뜨겁게 데운 기름에 생쇠고기 조각을 넣고 익혀서 여러 가지 소스를 찍어 먹는 것으로, 프랑스의 버건디지방에서 유래되었는데, 포도 따는 시기가 되면 너무 바빠 제대로 식사할 새도 없던 차에 어떤 게으른 신부가 교회에 있던 냄비를 밖에 가져다놓고 기름을 부어서 거기다 즉석으로 고기를 익혀 먹은 것에서 유래되었다. 재료로는 쇠고기(등심이나 안심), 버터와 식용유 또는 올리브유가 있다.

③ 초콜릿퐁듀

초콜릿퐁듀(chocolate fondue)는 녹인 초콜릿이나 크림(종종 술을 넣기도 한다)에 과일이나 빵조각을 넣고 찍어 먹는다. 아이들 간식용으로도 좋고 주로 디저트로 먹는다. 재료로는 초콜릿, 파운드케이크나 도넛 같은 빵류, 체리, 딸기, 바나나 등이 있으며 초콜릿이 타거나 굳지 않을 정도의 온도로 유지하면서 재료를 찍어 먹는다.

④ 시노이즈퐁듀

시노이즈퐁듀(chinoise fondue)는 과거에는 일반 사람들에게 잘 알려지지는 않고, 귀족들의 사교적인 모임을 가질 때 주로 즐기던 퐁듀 중의 하나로 고기(돼지고기, 닭고기, 쇠고기와 송아지고기), 생선, 각종 채소를 수프 또는 기름을 사용해서 요리를 한다.

초콜릿퐁듀

시노이즈퐁듀

기존의 퐁듀와는 좀 다른 특징을 갖는데, 그 중에서 가장 흥미로운 것은 고기를 얇게 썰어서 사용하는 것과 사용되는 소스의 종류가 다양하다는 것이다.

⑤ 라클레트

라클레트(raclette)는 퐁듀와 마찬가지로 스위스의 대중적인 요리이다. 재료를 구하기가 쉽고, 퐁듀보다 요리하기가 간편해서 실질적으로 스위스 국민들에게 더 깊숙하게 자리를 잡고 있다. 재료로는 완두콩, 감자, 치즈, 버섯 이외에 다양한 채소를 기호에 따라 사용할 수 있다. 각종 채소를 조리한 후 치즈(라클레트치즈)를 팬에 녹인 후 접시에 옮겨서 잘 익은 감자와 완두콩 등 각종 다른 채소와 함께 즐기며, 약간의 후추를 뿌려서 먹으면 우리의 입맛에 잘 맞는다.

언어권별 음식

독일어권 요리

① 브라트부어스트

브라트부어스트(bratwurst)는 구운 흰 소시지와 베이컨을 각종 채소와 곁들인 대표적인

브라트부어스트

게슈넷첼테스

독일어권 음식이다. 스위스의 요리라고 하기에는 독일의 향내가 너무 깊게 배어 있다. 필요한 재료로는 껍질을 벗기지 않은 감자, 얇게 썬 베이컨, 양파, 올리브오일, 소금, 파슬리와 약간의 후추면 충분하다.

② 게슈넷첼테스

보통 독일의 음식은 소시지, 햄과 감자의 요리가 많은 부분을 차지를 하고 있고 스위스의 독일어권 지역에서도 브라트부어스트와 같은 종류의 음식이 많다.

게슈넷첼테스(geschnetzeltes)는 독일어권 요리 중 몇 안 되는 수프요리이며, 송아지고기, 버터, 소금, 양파, 레드와인, 크림, 약간의 레몬주스, 파슬리가 필요하다. 특히 이 요리는 취리히지역에 널리 퍼져 있다.

③ 뢰슈티

뢰슈티(rosti)는 감자를 삶아서 작게 썬 것을 프라이팬에 양면으로 알맞게 구운 감자전이다. 이 감자요리는 게슈넷첼테스나 구운 소시지와 함께 먹는 것으로 인기 있는 요리이다.

④ 뷴트너프라이시

1~2년 동안 공기로 건조시킨 큰 쇠고기 덩어리를 얇게 썬 요리를 뷴트너프라이시(bundnerfleisch)라고 한다. 대표적인 전채요리로서 포도주의 안주로 좋다. 특히 뷴트너프라이시는 그라우뷘데 주, 비옹드 쎄시는 발레 주의 전통요리이다.

⑤ 베르너 프랏테

베르너 프랏테(berner platte)는 쇠고기, 돼지고기, 닭고기, 소시지 등 육류로 수프를 끓인 음식이다.

⑥ 쉬브릭

쌍트 갈렌지방의 특산 소시지를 말한다.

프랑스어권 요리

① 피렛 드 퍼르쉐

스위스는 내륙으로 둘러싸여 있어서, 해산물이 주된 음식이 아니다. 하지만 호수지방을 주변으로 작은 퍼르쉐라는 흰살생선을 이용한 그들만의 독특한 음식을 가지고 있다. 피렛 드 퍼르쉐(filet de perche)는 감자, 피망, 후추, 마늘 등을 사용하는데, 주로 감자와 후추를 이용해서 퍼르쉐를 프라이 해먹는다. 생선을 어떻게 요리하느냐에 따라서 먹는 방법이 다른데, 살짝 튀겼을 경우에는 스테이크처럼 소스를 곁들여서 다른 채소들과 먹을 수 있고 바삭하게 튀겼을 경우에는 과자처럼 간식으로도 먹을 수 있다.

② 블린스

스위스에 퍼져 있는 프랑스 음식은 간단하게 만들 수 있는 것이 대부분이다. 블린스(blinis)는 스위스에서 쉽게 찾기 힘든 프랑스문화권의 빵 음식 중 하나로 빵처럼 쉽게 집에서 오븐을 이용해 만들어 먹을 수 있는 것이며, 사용되는 재료도 간단하여 밀가루, 우유, 설탕, 소금, 달걀 등 대부분 빵을 만드는 데 필요한 재료들이 사용되지만, 빵을 만드는 과정과 약간의 차이가 있다. 약한 불을 사용해야 하며 중간에 빵을 두 번 정도 뒤집어야 한다.

이탈리아어권 요리

① 폴랜타

폴랜타(polenta)는 티치노(Ticino) 지방의 특별한 고유음식으로 지금까지 그 명맥이 이어지고 있다. 몇몇 지방에서는 장작불 위에 양철로 된 주전자를 이용해서 전통적으로 요리되기도 한다. 알프스지방에서는 아이스크림을 이용해서 요리하는 경우도 있는데, 이것은 폴랜타 그라시아 또는 폴랜타 스토 르나아로 불린다. 만들기도 쉽고, 조리법도 다양한 옥수수분으로 만드는 곡물 죽이라고 생각하면 된다. 기호에 따라 치즈를 뿌려 먹는다.

② 오쏘 부코

어린 양의 정강이 살을 채소나 버섯을 넣고 소스로 푹 삶아 먹는 요리이다. 소 또는 양의 정강이 살, 올리브오일, 마늘, 레드와인, 갈려진 토마토, 옥수수가루, 레몬 또는 오렌지 껍질을 필요로 한다.

정강이 살을 적당하게 자른 것을 밀가루를 묻힌 후 적당한 양의 기름이 끓고 있는 팬에 넣는다. 기의 색깔이 갈색으로 변하게 되면, 마늘과 채소용 기름 또 양파, 당근 등 원하는 각종 채소를 넣고 함께 요리를 한다. 고기가 연하게 될 때까지 끓인 후 아주 질 좋은 레드와인을 함께 곁들인다. 여기서 사용하는 와인의 맛이 오쏘 부코(osso bcco)의 맛을 좌우한다고 할 수 있다.

리조또

③ 리조또

리조또(rissoto)는 이탈리아식 밥요리이다.

대표적 식재료

치 즈

치 즈

스위스의 치즈는 로마시대 이전에 켈트족이 만들기 시작하여 그 역사가 2000년이 넘는다고 한다. 예수의 탄생 훨씬 전 켈트 선조들에 의해 치즈가 제조되었는데, 그들은 장작불 위에 두꺼운 토기를 얹고 소나무 가지를 이용하여 우유를 저어가며 치즈를 만들었다고 한다. 그렇게 만든 치즈는 껍질이 딱딱하여 험난하고 추운 날씨에도 오랫동안 보관이 가능했다. 그래서 산악 생활을 하는 사람들에게 알프스에서 나오는 것으로 세계에서 가장 오래된(1115년에 이미 생산) 경질 치즈인 그뤼에르(gruyere)와 스위스의 가장 대표적인 치즈 에멘탈(emmental)과 같은 치즈는 좋은 식량 대용이 되었던 것이다. 치즈는 사회적 위치를 보여 주는 증표였는데, 한때 스위스에서 치즈가 성직자나 예술가, 일꾼들에게 화폐 역할을 하였고 부잣집에서 갓 태어난 아이에게 선물로 전통 치즈를 주는 등 부유함의 척도를 나타내는 기준이 되기도 했다.

와 인

스위스와인의 기원은 BC 1세기에 로마인이 포도 종자와 제조술을 전하면서 시작된 것으로 알려지고 있으며 그 역사만큼이나 품질도 뛰어나고 종류도 매우 다양하다. 스위스 어느 곳에서나 쉽게 볼 수 있는 포도밭을 지나치고 있노라면 이 나라가 와인의 천국임을 실감할 수 있다. 하지만 스위스 와인은 그 품질에 비해 다른 국가에서는 별로 찾아보기가 힘든데, 그 이유는 생산량의 대부분이 스위스 내에서 소비되고 있고 와인협회에서도 품질 보증을 위해 와인 생산량을 제한하고 있기 때문이다.

그 결과 수출량이 매우 적어 해외에서 스위스 와인을 맛보기란 여간 어려운 일이 아니다. 아직 우리나라에는 스위스 와인이 수입된 적이 없고 이웃나라 일본이 동양에선 유일하게 스위스 와인을 수입하고 있다.

초콜릿

초콜릿

18세기가 되어서야 초콜릿을 발견한 스위스는 초콜릿 제조방법을 혁신하는 개혁의 발상지가 되었고 초콜릿 소비량이 세계 제일인 초콜릿 국가가 되었다. 앙리 네슬레가 개발한 분유를 이용해 다니엘 페터는 1879년 밀크초콜릿을 생산하였으며 더 나아가 스위스는 경쟁력을 높이기 위해 처음으로 초콜릿에 헤이즐넛을 첨가하기도 하였다. 필립슈샤드는 밀크초콜릿의 상징이 되었고 루돌프 린트는 '콘킹법(conching)'을 발명해 초콜릿의 질을 한 단계 끌어올렸다.

1970년 이후에는 초콜릿에 얼룩이 생겨나지 않게 하는 적온처리법이 발명되었는데, 이 방법은 카카오버터가 많이 포함되어 있는 고급 초콜릿을 만드는 데 있어 지금까지도 매우 중요한 과정이다. 대표적인 초콜릿 회사로 네슬레, 린트 슈샤드 등이 있다.

전통 축제

헥센압파르트

1월 16일 전후로 베알프, 브레텐에서 열리며, 알레치 빙하 도시에 전해 내려오는 마녀 전설에서 유래한 축제이다.

홈스트롬

매년 2월 첫째 일요일에 슈쿠올에서 열리며, 얼음 남자라는 뜻을 가진 이벤트로 약 8m 정도되는 폴을 얼음으로 만들어 도시 사람들이 모여 노래를 부르면서 이것을 태워 없애는 행사이다.

살란디마르츠

3월 1일 엥가딘지방에서 열리는 아이들의 축제로 겨울의 악마를 내쫓고 목초가 잘 자라도록 기도하면서 목에 건 카우벨을 울리며 도시를 돌아다닌다.

파스나흐트

부활절 40~50일 전 스위스 각지에서 열린다. 기독교 이전의 토착관습으로 가면을 사용하며 바젤이나 루체른 카니발이 가장 유명하다.

와인 축제

9월 말~10월 초에 개최되며 포도원과 와인 페스티벌, 장식 마차와 퍼레이드를 준비한다. 포도원은 10세기부터 뇌샤텔에서 경작되어 온 것이다. 그러므로 뇌샤텔 사람들이 전통적인, 그리고 화려한 빈티지(vintage ; 그 해 최고의 상품－와인을 의미) 페스티벌을 통해 포도원과 와인에 대해서 존중의 뜻을 표시하는 것이 어쩌면 당연한 일인지도 모른다. 이 축제는 금요일부터 일요일까지 밤낮에 걸쳐 진행된다. 많은 장식물들이 광장과

도시 중심부의 거리들을 가득 메우고, 수천 명의 관중들은 이 퍼레이드와 장식물들에 감탄하면서 가벼운 마음으로 마음껏 즐기게 된다. 어린이들의 퍼레이드가 토요일 오후에 있으며, 저녁에는 지방 및 초대 밴드가 퍼레이드를 펼치게 된다. 일요일 오후에는 큰 빈티지 페스티벌 퍼레이드(the vintage festival)가 있다. 꽃으로 뒤덮인 많은 장식 마차들은 마을 사람들 모두가 평범한 테마를 가지고 자신들의 상상력을 아름답게 표현하여 함께 열심히 작업한 것이다. 악대가 흥을 돋우며, 유머러스하게 가장한 특정 그룹들이 기분을 들뜨게 만드는데, 이 퍼레이드는 추수 후에 추수 도구와 꽃 장식으로 가득 찬 수레로 도시를 통과하던 전통을 고수하며 이어져 내려오고 있는 것이다.

포도 수확 축제

뇌샤텔(Nauchatel) 축제는 포도 수확 축제를 9월 마지막 주말에 개최한다. 퍼레이드와 가장행렬, 신나는 음주가무들이 펼쳐진다. 6월 말에는 호숫가에서 페스티-재즈(festi-jazz)가 있다.

SPAIN **스페인**

공식 명칭 | 에스타도 에스파뇰, 스페인(영어명) **인구** | 4,049만 1,051명

면적 | 50만 4,782km^2 **수도** | 마드리드 **언어** | 스페인어

정체 | 입헌군주제 **화폐단위** | 유로화(Euro) **국화** | 피토라카

역사적 배경

역사의 시작

스페인이 위치한 이베리아 반도의 원주민에 대해서는 거의 알려진 것이 없다. 그러나 그들은 세계에서 가장 유명한 동굴벽화를 만든 장본인이었다. 바로 '신석기시대의 시스티나 성당' 이라 불리는 스페인 북부 알타미라(Altamira) 동굴벽화가 그것이다. 기원전 200년경에는 페니키아인이, 그 뒤에는 그리스인이 스페인의 지중해 연안에 무역 식민도시를 건설했다. 그들은 납, 구리, 주석 등을 찾아 이곳에 들어왔고, 교역화폐를 주조하여 널리 통용시키기도 하였다.

중세시대

기원후 711년 북아프리카에서 무어인들이 침입해 들어와 그로 인해 인종과 종교에서 전혀 다른 그리스도인, 유대인, 이슬람인이 합쳐져 새로운 사회가 형성되었고 그들은 상호 존중하고 협력하면서 더없이 풍요로운 문화를 꽃피웠다. 무어인들의 통치권이 반도 곳곳에 미쳤지만 7세기 동안 힘을 길러 온 그리스도인 군대는 레콩키스타로 알려진 반란을 일으키고 스페인에서 이슬람통치를 종식시킨다.

식민지시대의 개막

1492년 그라나다가 수복되면서 가톨릭계 왕으로 알려진 페르난도왕과 이사벨여왕의 통치 아래 이베리아 반도 전체가 통일되면서 우리가 아는 스페인의 모습이 처음으로 나타나는 때가 이 무렵이다. 스페인을 통합한 것은 가톨릭계 왕들의 가장 위대한 업적 중 하나였고 무어인과 유대인을 추방해 버림으로써 농업과 상업 분야에서 쇠퇴를 면치 못하였으나 곧이어 대제국이 탄생하게 되었으니 그 시발점은 크리스토퍼 콜럼버스의 아메리카 발견이었다.

화려한 황금시대

1519년 스페인 왕 카를로스 1세가 신성로마제국의 카를 5세의 자리에 오르면서 합스부르크 왕가 대제국이 탄생한다. 이 사건은 스페인 '황금세기'의 시작을 알리는 신호탄이기도 했다. 그의 재임 기간 중 코르테스, 피사로 등 스페인 정복자들이 남미 대륙을 통째로 갖다 바쳤다.

신세계는 스페인에 전례 없는 부를 안겨 주었다. 스페인 궁정과 귀족의 저택에는 문화가 꽃을 피웠으며 유럽의 최고 예술학파들이 앞다투어 스페인으로 몰려왔다. 그들은 세계 어느 곳에도 비할 바 없는 건축과 예술 작품을 창조해 냈다.

1558년 카를로스 왕의 아들 펠리페 2세가 왕위에 올랐다. 신교 세력의 확산에 위협을 느낀 그는 혹독한 탄압을 하였다.

신세계에 있는 스페인 항구와 국제 교역을 끊임없이 괴롭힌 것이 영국 해적들이어서 마침내 펠리페 2세는 막강한 무적함대를 소집해 잉글랜드를 침공하였으나 무적함대의 패배로 끝났다.

17세기는 스페인 화단에도 '황금시대' 였는데, 다양한 개성의 열정적인 화가들과 세계적 천재들이 연이어 등장하는 시대이기도 했다.

제국의 쇠퇴

광대한 신세계의 제국을 머나먼 스페인에서 통치하는 일은 너무 힘겨웠다. 18세기에 들어서면서 합스부르크 왕가는 부르봉 왕가로 대체된다. 19세기 무렵에 남아 있는 식민지라고는 쿠바, 푸에르토리코, 필리핀 그리고 아프리카의 일부 지역뿐이었다.

스페인에서는 일찍부터 자유주의 사상이 싹텄다. 스페인은 1812년 최초의 헌법을 만들어 냈고 보수파와 자유파의 대립으로 19세기에는 유럽 다른 지역처럼 소요가 끊이지 않았다.

19세기 말 스페인은 미국과 전쟁을 벌인 끝에 남은 식민지 대부분을 잃었고 이때부터 여러 세대에 걸쳐 엄청난 정치적 격변이 몰아쳤으며 1931년에 제2공화정을 선포하지만, 그 5년 후에 내전이 발발한다.

프랑코 장군이 이끄는 왕당파 군대가 마침내 인민전선을 물리치고 스페인 내전을 끝

맺는다. 1939년의 승리로부터 1950년대 중반까지 스페인은 국제적으로 고립된다. 프랑코에게는 '독재자' 라는 꼬리표가 붙었지만, 그의 통치기간 중 법과 질서가 회복되었고, 1975년 그가 사망했을 때는 수많은 스페인 국민이 눈물을 흘렸다.

오늘날의 스페인

1975년 프랑코의 사망 후 스페인은 의회군주제를 채택했다. 후안 카를로스(Juan Carlos) 국왕은 평범한 가정을 이끌며 보통 국민처럼 소득세를 납부하는 겸손한 군주로 온 국민들은 그를 21세기로 나아갈 지도자로 확신하게 되었다.

파란만장한 역사 덕분에 스페인 사회는 참으로 다양하고 흥미롭다. 오늘날의 스페인은 안정된 정치하에서 발전을 이루고 있다. 스페인은 1985년 유럽경제공동체(EEC)에 가입했고, 그것은 스페인이 유럽대륙의 주류국가로 복귀한다는 신호였다.

스페인의 강한 개성, 강렬한 색깔, 자부심에 찬 자랑스러운 역사는 그들의 일상생활을 풍요롭게 하는 관습과 전통의 토대가 되었을 뿐 아니라 그들의 개성과 행동방식을 형성시킨 원천이 되었다.

지리적 특성 및 문화

기 후

유럽에서 세 번째로 큰 국가로 50여 개가 넘는 주로 이루어진 스페인은 지역에 따라 자연환경도 다르고 언어와 풍습도 다르다. 피레네산맥에 접해 있어 삼림이 우거진 북부지방과 메마르고 황량한 남부로 구분된다. 또한 유럽의 남서쪽에 위치해 있어 대부분 건조하고 무디운 날씨와 수많은 산맥으로 인해 기후가 다양하다. 서부지역은 해양성 기후로 여름에는 서늘하고 겨울에는 따뜻하다. 지중해에 접한 동남부는 여름은 건조하고 겨울은 온난다습한 지중해성 기후, 중앙고원지대는 대륙성 기후로 비가 많고 여름과 겨울 밤낮의 기온차가 심하다.

문 화

종교의 영향

스페인이 가톨릭계 왕 아래 통일된 이후 로마 가톨릭교회는 스페인에 크나큰 영향을 미쳤다. 프랑코 정권 시절에 다른 종교는 지하로 숨어들었지만 가톨릭교회만은 생활 속으로 파고들어 스페인 사람들에게 오늘날까지 많은 영향을 미치고 있다.

그리하여 첫 영성체 의식은 결혼식보다도 더 중요한 의미를 지닌다.

장례문화

스페인에는 공동묘지가 많지 않다. 공동묘지는 대개 주택가에서 멀리 떨어진 곳에 있는데, 높다란 담과 가시 돋친 칙칙한 사이프러스 나무들에 둘러싸여 자리 잡고 있다. 거의 모든 지역은 죽은 이를 땅에 묻지 않고 관들은 여러 관이 들어가도록 만들어진 니초(nicho)라는 아파트형 벽체 속에 모셔지거나 묘실을 영구적으로 사서 일가친척이 살아 있는 동안 그곳에 모셔두는 것이고 또 하나는 묘실을 5년 단위로 빌리는 방법이다. 그래서 종종 외국인들은 주검을 이런 식으로 다루는 곳이 좀 비정하다고 느낀다.

결혼문화

스페인의 결혼식은 만찬의 형식을 띠며 하객의 결혼 선물은 대접받는 식사보다는 더 값나가는 것이어야 한다. 스페인 남성은 구애하는 기간에는 더없이 자상하지만 결혼식이 끝나자마자 남자의 태도가 너무나 돌변하는 것이 통상적이다. 여성들도 과거에는 가정주부 이상을 꿈꾼다는 것이 거의 불가능했지만 이제는 금전적 이유로 혹은 자기 성취감 때문에 정식 직업을 갖고 있어서 남편이 가사를 돕고 아이도 돌보는 가정이 늘고 있다.

또한 최근까지도 이혼은 있을 수 없는 일이어서 일단 결혼하면 그것을 평생 지속해야 했고 오늘날에도 이혼이 이루어지려면 적어도 2년은 기다려야 하는 등 법적 절차가 까다로운 편이다.

여성들의 성도덕에도 많은 변화가 있어서 스페인 여성에게 정숙함은 과거의 유물이 되었고, 거의 모든 여성들이 겉모양에 엄청난 신경을 쓰고 어딜 가나 온통 옷차림 가꾸기에 여념 없는 스페인 여성을 쉽게 만날 수 있다.

사회문화

스페인 사람들은 예의를 중시하는데, 격식 차리기와 사교행동은 모두 스페인식 기질에 영향을 받았고 이는 개인주의 성향을 띤다.

스페인 사람을 처음 만났을 때는 가능하면 예의를 차리는 것이 좋고 자신을 소개했을 때는 악수를 나누는 것이 보통이나 파티나 사교모임에서 헤어질 때는 양 볼에 키스세례를 퍼붓는 것도 일상적인 일이다.

방문예절에서는 전화가 보급되기 전에는 불쑥 찾아가는 일이 친구들과 친분을 다지는 좋은 방법으로 여겨졌지만 지금은 그런 풍습은 모두 사라졌고 원하는 때에 상대를 초대하는 것이 일반적이다. 만약에 예고 없이 찾아가야 한다면 점심식사 후의 시간은 반드시 피해야 한다. 대부분 사람들이 낮잠, 즉 시에스타(siesta)를 즐기기 때문이다.

스페인 사람들은 격식 차리기가 세계 최고라는 사실에 걸맞게 푹푹 찌는 한여름에도 여성이 어깨끈 없는 상의를 입거나 남성이 칼라 없는 티셔츠를 입는 것은 삼간다. 또한 오토바이를 탈 때도 정장을 차려 입으며 공공기관에 갈 때에도 정중한 복장을 하지 않으면 하루 종일 기다려야 할 정도이다. 정중하지 않은 복장에는 긴 바지가 아닌 반바지 차림, 신발 대신 샌들을 신은 모습 등이다. 또한 대도시의 여성들에게 최고의 관심사는 패션이고 최신 유행을 따라가기 위해 의상과 액세서리 구입에 엄청난 돈을 쏟아 붓는다.

사교문화

스페인 사람들은 함께 모여 대화를 하거나 삼삼오오 술집에 앉아 카드나 도미노 게임을 하며 잡담하거나 마을광장에 모여앉아 대화를 즐긴다. 하지만 스페인 사람들은 사교활동 대부분을 집 바깥, 술집이나 카페 등지에서 한다. 자기 친구라도 집 안으로 들이는 일은 거의 없고 주택은 아주 사적인 공간이다. 스페인 사람들의 모임이 집이 아닌 집 앞 보도나 거리에서 이루어지는 것에는 또 다른 이유가 있다. 이런 거리 모임이 이웃과 지역 주민들을 서로 더 친밀하게 해주기 때문에 타운하우스는 외국인들에게도 점점 큰 인기를 끌고 있다.

사교에 더 없이 좋은 방법은 스페인 사람들과 다른 외국인들을 쉽게 만날 수 있는 클럽활동이며 최근 조사를 보면 스페인의 클럽활동 비용이 가장 비싼 것으로 테니스 · 골프 · 요트클럽 등이며 연회비가 유럽 최고를 기록했다. 하지만 아무 비용 없이 가입할 수 있는 정원 가꾸기회나 우표수집 클럽이 있고 지역에서는 아마추어 연극 동호회가 활동하고 있다.

음식문화

일반적 특징

먹는 것을 무엇보다 중요하게 생각하는 스페인은 음식과 관련된 문화가 다양하다. 다양한 맛과 종류의 스페인 요리는 수백 년에 걸쳐 문화와 각 지역별로 다른 특성 등 역사로부터 많은 영향을 받았다. 스페인은 신대륙에 닭, 돼지, 소, 쌀, 양파, 호밀, 당근 등을 전해 주었는데, 이런 교류가 식습관에도 많은 영향을 끼치게 된다. 이러한 역사적 배경은 스페인요리를 특징짓는 특성 중 다양성을 이끌어 내었다. 또한 한 가지 일에 10년, 20년, 30년을 매달려 열정을 다해 소박하면서도 맛있는 요리를 만들어 내는 장인들은 과히 존경할 만하다. 또한 스페인 사람들은 미식가로서 몇 km씩 차를 몰고서 특별한 토속음식을 내놓는 소문난 식당을 찾아간다. 일부 외국인들은 스페인의 독특한 식사시간에 적응하기 어렵기 때문에 음식 맛에 신경 쓰기가 쉽지 않다. 특히 아이들이 있는 가정은 대충 먹고 만다. 그러나 혹시 자신을 미식가라 여기며 약간의 노력을 해볼 생각이 있다면 절대 실망하지 않을 것이다. 기막힌 음식은 호사스러운 관광지 레스토랑보다 큰길에서 좀 떨어진 마을에서 발견하는 경우가 많다. 전통적인 식사시간보다 일찍 문을 여는 식당들은 국제적인 입맛에 맞는 음식을 내놓는 곳도 흔하다.

또한 스페인은 기후 조건에 따라 하루의 생활 패턴도 특이한 개성을 갖게 됐다. 일반 가정에서의 아침식사시간은 오전 7시 30분에서 9시 사이로 한국과 그다지 차이가 없지만, 점심식사시간은 오후 2~4시로 매우 늦은 편이다. 또 저녁식사 시간은 오후 9~11시 사이로 보통 한국인이라면 자야 할 시간에 식사를 하는 것이 특이하다. 이는 시에스타란 낮잠시간 때문인데, 점심식사를 하고 난 후 시에스타를 즐기고 다시 오후의 일과에 들어갔다가 일을 마칠 시간이 8시이기 때문이다. 아침식사는 '대륙' 식으로 커피나 초콜릿에 작은 롤빵 정도가 나올 뿐이며, 하루의 주요 식사로 여겨지는 점심식사는 음식이 세 코스로 나오는데, 맨 처음 채소, 수프, 샐러드, 훈제생선이나 절인 고기가 등장한다. 다음에는 고기나 생선 한 접시, 끝으로 디저트 포스트레가 나온다. 포스트레는 치즈파이나 아이스크림 정도지만 싱싱한 과일 한쪽인 경우도 아주 많다. 점심시간은 길기 때문에 대다수 직장인은 식당에 가서 메뉴델디아, 즉 오늘의 메뉴를 즐긴다.

요새는 좀 달라져 밀려드는 외국인의 영향으로 호텔에서는 과일주스, 과일, 심지어 삶은 달걀까지 나온다. 어떤 식당은 기꺼이 이른 시간에 식사를 제공하기도 한다.

미국인은 식사할 때 오른손만 사용하고 왼손은 그냥 무릎에 내려놓는 반면 스페인에서는 항상 양손이 보이도록 올려놓지 않으면 나쁜 매너로 여기며 언제나 나이프와 포크를 손에 들고 식사한다. 외식할 때 아주 고급 식당이 아닌 경우에는 모든 코스에서 같은 나이프와 포크를 사용한다.

tip

강한 스페인식 커피

스페인 사람들은 커피를 아주 강하게 마신다. 커피의 종류도 다양한데, 종류는 다음과 같다.

- 카페솔로(cafe solo) : 작은 잔에 나오는 커피이다.
- 카페콘레체(cafe con leche) : 큰 잔에 뜨거운 우유를 타서 마신다.
- 카페 코르타도(cafe cortado) : 작은 유리잔에 우유를 섞는 커피다.
- 카페 아메리카노(cafe Americano) : 아메리카식 특별커피가 아니라 미국인 기호에 맞게 큰 잔에 다 약하게 타서 나오는 카페솔로이다.

대표적 음식

하 몽

하몽(jamón)은 스페인식 돼지고기 햄으로 소금에 절여 건조했기 때문에 시간이 지나도 맛이 변하지 않고 천장에 걸어두고 먹을 수 있다는 특징이 있다.

하 몽

타파스

스페인 사람들은 아침, 점심, 저녁에 간식 두 번까지 다섯 끼를 먹는데, 점심과 저녁 후에 먹는 대표적인 음식이 바로 타

타파스

빠에야

가스파초

파스(tapas)이다. 원래 유리잔에 음료수나 술을 채운 후 파리로부터 음료수를 보호하기 위해 빵 한 조각을 올려놓던 것이 그 기원인데, 현재는 작은 접시에 소시지, 샐러드, 절인 생선, 치즈 등 셀 수 없이 다양한 재료와 종류들로 만든 작고 간단한 요리들을 말한다.

빠에야

3면이 바다로 둘러싸여 있어 어패류가 많이 생산되므로 싱싱한 해산물요리를 맛볼 수 있는데, 그 중에서도 유명한 것이 세계에서 가장 비싼 향신료 샤프란을 넣어 보기만 해도 한 입 먹고 싶어지는 노란 색깔의 해산물볶음밥 빠에야(paella)와 바삭바삭한 오징어 바게트이다.

가스파초

스페인 음식 중 외국인에게 가장 많이 알려진 음식으로 1960~1970년 스페인 관광의 붐을 타고 꼬스따 델 솔에서 외국인 관광객들에게 가장 인기 있는 음식으로 알려지기 시작하였다. 근래에는 스페인 여름음식을 대표하는 차가운 수프로서 그 명성을 이어가고 있는 가스파초(gazpacho)는 차가운 토마토수프, 토마토퓌레와 피망, 양파, 오이 등을 갈아 넣어서 만든 것으로 안달루시아 지방에 발달해 있다.

알푸하레나 요리

남부 안달루시아 산악지대의 알푸하레나 요리(Alpuja-rrena cuisine)는 그 지역에 풍부한 송아지, 토끼, 메추라기 등으로 만드는 특별한 요리이다. 회교문화권의 영향으로 회교요리 중에는 양고기미트볼과 석류씨로 만든 양고기요리가 있다. 후식은 설탕에 절인 요리들이 있는데, 메추라기파이, 달콤한 호박, 야생 검은 딸기와 사과, 호두수프, 꿀 바른 프렌치토스트, 크림으로 가득 찬 삐오노노(piononos)가 있다.

기 타

많은 이들이 스페인의 가장 전통적인 음식으로 보는 요리는 코시도(cocido)라 불리는 마드리드의 고기스튜, 안달루시아지방의 포타헤(potaje), 카탈루냐지방의 에스쿠데야(escudella)이다. 세 가지 기본 재료는 고기, 콩, 채소인데, 이것들이 대개 세 코스의 요리로 등장한다. 처음에는 수프, 다음으로 채소, 끝으로 고기가 나온 다음 식사가 마무리된다. 가끔 고기를 잘게 썰고 섞어서 프링가(pringa)라는 요리를 만들기도 한다.

전통 축제

이교도풍 축제 파야스

매년 3월 15일경이 되면 거대한 종이점토 인형들은 일주일 동안 거리에 전시된다. 몹시 소름끼치는 것도 있고 남근처럼 생긴 것도 있다. 모두 모아 한밤중에 불을 붙이는데, 어마어마한 불길로 타오른다. 뒤이은 불꽃놀이는 요란하기 그지없고 그야말로 장관을 이룬다. 하지만 그런 광경에 익숙지 않은 사람에게는 좀 겁나는 장면이기도 하다.

투 우

스페인 사람에게 투우는 발레와 다름없는 예술의 한 형태다. 투우는 투우사 쪽에는 배짱과 기술을, 황소 쪽에는 지구력과 재빠름을 요구하는 절묘한 예술이다. 하지만 목숨을 건 황소와의 대결이 뿜어내는 기막힌 광경은 숨이 막힐 정도로 아름답다.

토마토 축제

토마토 축제는 지난 1944년 토마토 값 폭락에 분노한 농부들이 시의원들에게 분풀이로 토마토를 던진 것에서 유래되었다고 한다. 그래서인지 토마토 축제는 서민적이고 향토적인 냄새가 물씬 풍기고 주민들의 참여도 다른 어느 축제보다 뜨겁다.

이곳 지방정부는 축제를 위해 매년 수십 톤의 토마토를 준비해 놓는다고 한다. 그리하여 8월 마지막 주 수요일만 되면 부뇰이라는 작은 마을에서 이색적인 축제가 벌어진다. '토마토전쟁' 이라 부르는 라 토마티나(La Tomatina) 축제가 그것이다. 오전 11시, 주민들이 마을의 중앙 대광장에 모여든다. 광장 가운데 마련된 큰 기둥의 꼭대기에 햄이 매달리고 이 햄을 따야 축제가 시작되므로 사람들은 서로 인간 탑을 쌓아 햄을 향해 기어오른다. 드디어 꼭대기에 달린 햄을 따면 토마토를 가득 실은 트럭들이 광장으로 들어와 엄청난 양의 토마토를 부려 놓는데, 그 유명한 토마토 축제의 시작인 것이다. 삽시간에 온 광장이 붉은 토마토즙 천지가 된다. 그 속에서 사람들은 깔깔대고, 아우성치고 넘어지고 뒤엉키며 일대 아수라장이 펼쳐진다.

전투는 두 시간 동안만 허락된다. 오후 한 시가 되면 축제의 끝을 알리는 폭죽과 함께 이 즐거운 싸움은 끝이 난다.

다시 벌어진 무어인과 그리스도인의 전투

스페인에는 레콩키스타 당시 그리스도인과 침입자 아랍인 간의 전투를 기념하는 마을이 많다. 전투는 3일에 걸쳐 벌어진다.

동방박사 퍼레이드

3인의 동방박사 퍼레이드는 열두 번째 밤에 벌어진다. 세 박사 중 하나로 뽑히는 것은 엄청난 영광으로 어느 젊은이는 자기 아파트를 팔아 필요한 돈을 마련했을 정도다. 그 돈은 왕으로 뽑히기 위해 꼭 갖추어야 할 복장과 공연비용을 감당하는 데 사용한다.

또 하나의 축제 페리아

박람회나 시장을 뜻하는 페리아(feria)는 대개 소나 말을 사고파는 장터 모임을 일컫는다. 스페인 사람들의 낙천적인 기질은 수많은 페리아를 피에스타로 바꾸어 놓았다. 페리아 축제에도 익히 보던 광경이 펼쳐진다. 퍼레이드와 행렬, 노래와 춤 등을 볼 수 있다. 모두 피에스타 같은 흥분을 일으킨다.

스페인 사람들은 괄괄하게 이야기하고 껄껄대고 웃으며 천성적으로 시끄러운 사람들이기도 하지만 바탕에는 낙천적이며 열정적으로 삶을 즐기는 그들만의 모습을 엿볼 수 있다. 언제나 축제의 한가운데에 있는 듯 스페인 도시나 마을, 거리 곳곳이 바로 축제의 한마당이 되며 스페인 전역에서는 1년 내내 축제의 장이 펼쳐진다. 그래서 스페인 축제를 제대로 즐기려면 체력이 필요하다. 놀고 즐기는 것도 1등이듯이 일을 함에 있어서도 단연 1등이다. 스페인 사람들은 밤새 춤추고 나서도 다음날 정상적으로 출근해 일상으로 돌아간다고 한다. 그들은 우리에게 삶은 이렇게 즐기는 것이라고 무언의 메시지를 남겨 주는 듯하다.

IRELAND 아일랜드

공식 명칭 | 아일랜드공화국 **인구** | 415만 6,119명 **면적** | 7만 273km^2

수도 | 더블린 **언어** | 게일어, 영어 **정체** | 공화제 **화폐단위** | 유로화(Euro)

국화 | 클로버

역사적 배경

아일랜드공화국과 북아일랜드가 있는 아일랜드의 역사는 BC 6000년경 영국으로부터 건너온 수렵인이 최초 정착하면서 시작된다. BC 6세기경부터 중부 유럽에서 이주해 온 라틴문명의 켈트족이 이들을 제압하고 애란인종을 형성하였고, 5세기경 전파된 기독교가 수도원을 중심으로 크게 발전하여 9세기까지 구라파 대륙에 큰 영향을 미쳤으며, 이 때가 애란역사의 황금기라 할 수 있다.

9세기경부터 바이킹족의 침입 · 약탈이 시작되었으며, 12세기 중엽 이후에는 영국의 침입 · 지배를 받기 시작하여 1801년 영국에 합병되었으나, 1919~1921년간 독립전쟁을 거쳐 1922년에 북아일랜드 여섯 개 주는 영국령으로 존속하면서 독립하게 되었다. 1937년 아일랜드를 자주 · 독립 · 민주국으로 선언하는 신헌법이 제정되어, 1949년 영연방으로부터 완전 이탈하였으나 아직 북아일랜드는 영국의 자치령으로 남아 있어 정치, 종교, 인종상의 분쟁이 끊이지 않고 있다.

지리적 특성 및 문화

유럽 대륙의 북서쪽 아일랜드섬의 대부분을 차지하고 있는 나라로 정식 명칭은 아일랜드공화국(Republic of Ireland)이다. 국토 면적은 7만 273km^2, 인구는 415만 명이고 동쪽과 북쪽은 영국과 접해 있고, 서쪽과 남쪽은 대서양과 접해 있으며, 수도는 더블린이다. 주민은 켈트족으로 대부분 가톨릭교를 믿는다.

기후는 멕시코만류의 영향을 받아 위도에 비해서는 기온이 높아서 1월의 평균기온이 남부에서는 7℃, 북부산지에서는 4℃, 7월은 남부 15.5℃, 북부 14.5℃이다. 풍향은 편서풍이 연간 70%를 넘으며, 특히 바람이 센 서해안에서는 수목의 생육에도 지장을 줄 정도인데, 이것이 산지에서 연간 1,250~2,000mm, 평야부에서 750mm의 비를 1년 내내 거의 평균적으로 실어오고 있다.

날씨는 대단히 변화가 심하여 하루 사이에도 몇 번씩 비가 오다가 개기를 되풀이하는 경우도 많다. 따라서 초목이 잘 자라 섬은 초록색으로 덮여 있다. 눈은 그렇게 많지 않으며, 서부에서는 서리도 별로 없어 겨울철에도 목초가 자란다.

국토의 70%가 농경지로 소, 양의 목축과 낙농이 성하고 밀, 감자 등을 많이 재배하나 토양은 기름지지 못하다.

음식문화

일반적 특징

아일랜드 음식의 역사는 세 가지 시기로 나눌 수 있다. 감자가 들어오기 전과 감자가 유입된 후 감자의 기근 시기이다.

감자의 유래를 보면 잉글랜드에 패한 스페인 함선으로부터 흘러나온 감자가 아일랜드 해안에 상륙함으로써 영국에 처음 감자가 전해졌다고 한다. 감자가 유입된 17세기 초 인구가 급증하기 시작하여 아일랜드의 인구는 여덟 배의 증가를 보여 주었다. 감자는 인구 증가에 따른 식량난을 해결할 수 있는 주요 식품이었다. 하지만 1800년대에 발생한 '감자 기근' 으로 모든 것이 황폐해지기 시작한다. 감자에 고조병(高凋病)이라고 하는 역병이 발생하게 되는데, 이 고조병은 감자의 이어짓기(連作) 때문에 발생하는 전염병으로 습기가 많은 진흙땅이나 배수가 불량한 밭에서 많이 발생했다. 전염성도 매우 강해 아일랜드의 감자생산이 큰 타격을 받게 된다. 그나마 생산된 감자는 높은 값을 받고 수출되었지만 잉글랜드 출신 농장주들의 욕심 탓에, 정작 아일랜드 농민들은 그 비싼 감자를 먹을 수 없었고 급기야 아일랜드에는 세기에 유래 없는 대기근(great hunger)이 발생하게 되어 수백만이 넘는 아일랜드 사람들이 굶어 죽게 되었고, 사람들은 굶주림을 피해 바다를 건너 신대륙 미국과 캐나다의 신천지를 찾아 이민(移民)을 떠나게 된다. 그러나 이민을 서두르던 수많은 아일랜드 사람들이 발진티프스의 창궐로 신천지인 신대륙을 채 밟지도 못한 채 죽어간다. 기근으로 인해 발생한 전염병은 캐나다 세인트 로랜스항으로 향하던 초만원의 배 안에서 수천 명의 생명을 앗아가고 또한 미국땅 뉴올리언스에 도착한 이민자들 역시 황열병으로 수만 명의 사람들이 목숨을 잃는다. 이렇게 아일랜드인의 이민사는 시작된다.

이와 같이 감자의 기근으로 인한 피해는 유럽에 빵이 주식으로 자리 잡게 되는 역사를 만들어 낸다.

대표적 음식

아일랜드의 전통 조리법의 기본은 지방에서 생산되는 품질 좋고, 몸에 좋은 농산물을 사용하여 자연향을 살릴 수 있는 약간의 양념과 향신료를 사용하는 데 있다. 전통적인 아일랜드의 음식으로 유명한 것은 스튜(stew)라고 말할 수 있으며 잘 알려지지 않은 전통음식으로는 얼스터프라이(ulster fry), 소다빵(soda bread)과 감자빵(potato farls)이 있다.

램스튜

스튜는 전통적으로는 염소와 염소새끼로 만들었으나 현재는 양고기를 이용한다. 아일랜드 스튜는 여러 시간 또는 하루 전에 준비하는 것이 가장 좋고 재탕하는 것이 맛이 더 좋으며 소다빵과 같이 먹는다.

얼스터프라이

얼스터프라이는 아일랜드 북부 한 주의 이름에서 유래됐다. 이 전통음식은 아침식사로 많이 먹는다. 얼스터프라이는 베이컨, 소시지, 블랙푸딩(black pudding), 버섯스튜(lam stew mushrooms), 토마토와 달걀로 소다빵, 감자빵과 함께 제공된다.

감자빵은 아일랜드의 대표적인 빵으로 현재는 감자와 밀가루를 섞어서 만든 것을 많이 먹는다. 소다빵은 소다와 버터밀크를 넣어 만드는 빵이다. 잉글리시머핀은 아일랜드에서 시작된 빵으로 으깬 감자를 넣어 만든다.

소다빵

감자 외에 양배추, 양파, 파, 아스파라거스, 치커리, 시금치, 버섯, 브로콜리, 파스닙(parsnips) 등이 많이 이용되는 채소이다. 순무나 당근은 감자와 함께 으깨서 사이드디시로 많이 먹으며 영국의 영향을 받아 대부분 채소를 푹 익혀 먹는 것을 좋아한다.

곡물은 주로 귀리와 보리, 밀 등이 생산되는데, 보리는 유명한 흑맥주와 위스키제조에 이용되고 과일은 사과와 자두가 일반적이다. 이것으로 잼을 만들고 과일로 디저트를 만들어 먹는다.

육류는 돼지고기와 양고기를 많이 이용하고 그 외에 소시지, 베이컨도 즐겨 먹는다.

tip **블랙푸딩(black pudding)**

돼지의 피나 지방으로 만든 순대로서 피나 다른 재료를 섞은 후 소금 간을 해서 매달아 보관한다. 먹을 때는 조각으로 잘라서 튀겨낸 후 버터를 바른 소다빵이나 꿀 등과 함께 먹는다.

섬나라이지만 생선의 역할은 크지 않다. 연어와 대구, 청어가 비교적 많이 먹는 생선이고 조리 시 베이컨 기름을 많이 이용하며 양파, 파 캐러웨이, 넛멕, 계피 등을 조미료로 이용한다.

우유는 주로 오트밀과 수프를 만드는 데 사용하고 버터밀크를 많이 마시며 요리에도 이용한다. 치즈는 커드형태의 커태지치즈를 아이리시 커드케이크를 만들 때 사용한다.

아일랜드인이 가장 즐겨 마시는 음료는 차, 맥주, 위스키이다. 차는 주로 홍차를 마시고 거품을 낸 생크림과 황설탕, 위스키를 넣은 아이리시 커피가 유명하다. 아일랜드인들은 1인당 술 소비량이 세계 1위일 정도로 술을 좋아하는데, 베일리(Belleys), 기네스(Guiness) 등이 아일랜드인들이 즐기는 대표적 맥주이고, 맥아를 으깨서 발효시켜 증류하여 만드는 위스키를 마신다. 친절하고 대화하는 것을 좋아하며 특히 유머 나누기를 좋아한다. 많은 사람들이 펍(pub)에 가는 것을 즐기기 때문에 어디서나 쉽게 펍을 찾아볼 수 있다.

전통 축제

신 년

1월 1일(New Year) 로서 공휴일이다. 새해 하루 전인 12월 31일(New Year Eve)에 많은 사람들이 펍(pub), 파티, 나이트클럽 등에 가며, 친구들이나 가족들과 시간을 보낸다. 그리고 밤 12시까지 함께 기다리며 새해맞이 카운트다운을 한다. 이후 가벼운 키스나 포옹 그리고 샴페인, 폭죽 등을 터뜨리며 새해를 맞이한다.

새해는 일주일 전인 크리스마스와 가까워서 학교 및 회사 등에서 이 일주일 동안 거의 문을 열지 않는다.

성 패트릭의 날

아일랜드의 가장 대표적인 축제인 성 패트릭의 날(St. Patrick' s Day, 3월 17일)은 '모든 이들에게 은총을' 이라는 정신으로 아일랜드에 기독교를 처음으로 전파한 선교사 성 패트릭을 기념하는 날로 AD 9세기경부터 성 패트릭의 사망일(3월 17일)을 기리기 위하여 시작했다. 성 패트릭이 아일랜드에서 당시 이교도의 상징이던 뱀을 제거하고, 삼위일체를 성명할 때 클로버를 이용했다는 데서 아직까지도 클로버가 성 패트릭의 날 전통으로 이어지고 있고 이 날은 모두 초록색으로 입고 초록색 꽃이나 리본 등을 달고 초록색 케이크나 과자 또는 초록색 맥주를 마신다.

이 날은 미국, 캐나다 등 아일랜드 이민자들이 있는 곳이면 세계 어디서나 지켜지는 대명절이 되었다. 보통 3월 16~18일에 걸쳐 시내 곳곳에서 고적대와 함께 거리 퍼레이드 행사가 펼쳐진다.

초록색의 유래는 성 패트릭이 기독교를 처음 소개하면서 세 잎 클로버처럼 생긴 세 잎짜리 토끼풀(shamrock)에 비유해 기독교의 교리를 설명하여 이러한 이유로 현재 토끼풀은 아일랜드의 국화가 되었고 초록색은 아일랜드를 상징하는 색이 되었다. 초록색은 토끼풀이라는 풀의 색깔이기도 하고 봄이 왔음을 알리는 색이기도 하며 아일랜드 국기의 색이기도 하다. 이 날은 고마웠던 분들에게 책을 선물하는 풍습이 있기도 한데, 책 안에 말린 세 잎 클로버를 넣어서 주고 연인에게는 '행운' 을 뜻하는 네 잎 클로버를 붙여서 선물하기도 한다.

부활절 후 월요일

부활절은 해마다 날짜가 바뀌는데, 그 이유는 달의 사이클에 따라 달라진다. 부활절은 춘분 후 만월이 언제인지 만월 후 첫 번째 일요일이 언제인가에 따라 대략 3월 22~4월 25일 사이에 부활절 휴무가 결정된다.

부활절에는 소위 '부활절 달걀(easter eggs)' 이라고 불리는 초콜릿 달걀을 선물로 교환하며, 어른들이 초콜릿 달걀을 집 곳곳에 숨겨서 아이들에게 찾도록 하는 놀이인 '부활절 달걀 사냥 이벤트(easter-egg hunts)' 를 즐긴다. 휴일은 금요일(good Friday), 토요일, 일요일, 월요일(easter Monday) 총 4일간이다.

10월 마지막 월요일

할로윈(halloween)은 앵글로색슨어로 '성도(聖徒)' 를 뜻하는 'hallow' 와 'all hallow' s eve(모든 성인의 날 대축제 전야제)' 가 줄어서 할로윈이 되었고 한다. 고대 컬트인의 삼하인(samhain) 축제에서 비롯되었다고 하는 할로윈은 죽음의 신 삼하인을 찬양하고 새해와 겨울을 맞는 축제다. 이 날 밤에는 죽은 사람들의 영혼이 그들의 집으로 돌아온다고 믿었다.

할로윈의 상징물인 잭 오랜턴(Jack O' Lantern)은 큰 호박의 속을 도려내고 악마의 얼굴 모습을 새겨서 그 안에 초를 고정시켜 놓은 것이다. 아이들은 밤이 되면 마녀, 해적 등으로 가장하고 집집마다 돌아다니며 초콜릿과 캔디 등을 얻어간다.

크리스마스

아일랜드의 크리스마스(Christmas day)는 11월 말 대강절의 계절에서부터 시작된다. 교회와 각 가정에서는 대강절 찬송을 부르고 아기 예수님을 기다린다.

아일랜드 사람들의 성탄절 축제는 세계의 성탄절 풍습 가운데서도 가장 아름답다고 할 수 있다. 아일랜드 사람들은 크리스마스이브 때 집 안의 창문이 있는 곳마다 촛불을 켜놓고 창을 조금씩 열어둔다. 이것은 가정에서 뿐만 아니라 호텔이나 빌딩에서도 마찬가지다. 이렇게 촛불을 켜서 창을 열어두는 것은 아기 예수를 낳기 위하여 마구간을 찾아 헤매는 일이 다시는 없도록 하기 위함이다.

아침에 메리 또는 마리아라는 이름을 가진 소녀나 여인이 촛불을 끄도록 되어 있다.

복싱데이

크리스마스 다음날로 이 날 사람들은 상자에 포장한 선물을 서로 교환한다고 하여 복싱데이(boxing day)라고 한다. 아일랜드에서는 성 스티븐스 데이(St. Stephen' s day)라고 불린다.

UNITED KINGDOM 영국

공식 명칭 | 그레이트 브리튼 북아일랜드 연합왕국 또는 영국 연합왕국

인구 | 6,094만 3,912명 **면적** | 24만 4,820km^2 **수도** | 런던

언어 | 영어 **정체** | 입헌군주제 **화폐단위** | 파운드 **국화** | 장미

역사적 배경

런던은 BC 6세기경 켈트족이 선주민을 정복하고 정착하면서 시작되었다. BC 55년 로마가 켈트족을 공격하고 BC 80년에 스코틀랜드 지방을 점령하면서 약 350년 동안 영국을 지배하였는데, 이때 로마식 알파벳이 들어오고 상 · 공업발전의 기틀이 마련되었다. 그러나 게르만 민족이 대이동하면서 로마군은 410년 브리타니아로 축출당하고 만다.

이후 앵글로 색슨족이 켈트족을 정복하였으며, 828년 최초의 통일국가인 잉글랜드왕국이 성립되었다. 1016년 데인족이 침입하고, 1066년 프랑스계의 노르만족이 들어와 중앙집권시대를 시작하였으며, 이후 14~15세기 백년전쟁과 장미전쟁을 거치며 봉건세력이 쇠퇴하고 왕권이 신장되며 중앙집권국가로 성장하였다.

1486년 튜더왕조가 수립되며 웨일스가 잉글랜드에 통합되었다. 영국은 헨리 8세에서 엘리자베스 1세 시대에 모직물공업을 비롯한 산업을 발전시키고 국민문예의 황금시대를 이루었다.

엘리자베스 여왕 이후 스튜어트 왕조가 수립되어 스코틀랜드가 잉글랜드로 통합되었으며, 후기 스튜어트 왕조는 1707년 그레이트 브리튼(Great Britain)을 성립하였다.

하노버왕조는 빅토리아여왕시대에 이르러 근대화정책, 산업부흥, 식민지확대 등의 대영제국의 절정을 이루었으며, 1801년에는 그레이트 브리튼과 아일랜드가 연합왕국을 성립하였다. 19세기 후반 경제대공항 및 제1차 세계대전으로 영국 제국주의는 붕괴되기 시작하였다.

지리적 특성 및 문화

유럽대륙의 서쪽에 위치하고 있으며, 북대서양과 북해에 면해 있다. 국토면적은 24만 4,820km^{2}로 우리나라보다 약간 크며, 잉글랜드, 스코틀랜드, 웨일스, 북아일랜드가 연합되어 이루어진 섬 국가이다.

인구는 잉글랜드 약 5,000만 명, 스코틀랜드 약 500만 명, 웨일스 약 300만 명, 기타 약 200만 명으로 총 약 6,000만 명이다.

수도 런던(London)은 정치 · 경제 · 문화 · 교통의 중심지일 뿐 아니라, 영국 연방의 사실상 중심도시로서 귀족적 고풍과 현대적 활기가 공존한다.

인종은 앵글로 색슨족이 주류이며, 켈트족의 후예와 소수민족인 아이리시족, 연영방에서 이주해 온 유색인종이 거주하고 있다.

언어는 영어를 사용하며, 종교는 국민 대부분이 성공회(영국 국교)를 믿고 소수의 국민이 로마 가톨릭과 개신교를 믿는다.

기후는 '하루 동안에 4계절이 있다' 는 유명한 말이 있듯이 변덕스러운 날씨가 특징이다. 여름에는 선선하고 겨울에 따뜻한 해양성 기후로, 스코틀랜드와 웨일스는 가을에서 겨울 사이에 비가 많이 오고 런던은 겨울에 안개가 많이 낀다.

잉글랜드의 가장 잘 알려진 전통의상은 버킹검궁의 왕실 근위대가 입는 빨간색 유니폼과 검은색의 높은 모자이다. 공적인 행사에 왕실일원과 정부 관료는 의례복을 입고, 시골의 노동절 같은 축제에는 전통의상을 입는다.

남자들은 다양한 색상의 천으로 된 얼룩덜룩한 외투와 무릎길이의 반바지를 입고, 흰색의 긴 양말을 신으며 다리 주위에 종모양의 장식을 단다.

은행원이나 공무원은 구식형태의 복장인 무거운 외투, 우비용 방수외투, 따뜻한 모직옷을 입는다.

웨일스는 여성들이 주로 전통의상을 입는데, 흰색칼라의 긴 드레스 위에 체크무늬 앞치마를 두르고 흰색 목도리를 매며, 검은색의 높은 모자를 쓴다. 남성들은 흰색셔츠에 줄무늬 조끼를 입으며 무릎길이의 반바지를 입고 흰색의 긴 양말은 덧신는다. 검은색의 기다란 비버모자와 웰시모자는 18세기 말에 프랑스에서 유래되었다고 한다.

북아일랜드의 의상은 고대 노르웨이와 게일릭 의상에 바탕을 두었으며, 초기의 드레스는 외투와 술이 달린 망토를 함께 입는 격자무늬의 남성복과, 술이 달린 망토와 함께 입는 남성용 · 여성용 튜닉으로 구성된다. 이 스타일은 16세기 사치금지법에 의해 금지되었는데, 잉글랜드에 대한 저항을 제압하기 위해 제정되었다고 한다.

스코틀랜드의 전통민속의상의 하나인 킬트는 무릎 길이로 세로로 주름이 잡혔으며 스커트 모양의 옷으로 남자들이 입는다. 신분이나 집안을 나타내는 체크무늬로 타탄을 만들어 군인과 고지인(高地人)이 착용하였으며 킬트의상은 주머니가 없어서 스포란이라고 하는 둥그런 가죽주머니를 앞부분에 착용하였다.

영국의 가옥형태는 잉글랜드에서는 대부분 단독주택이며 20%가 아파트에 산다. 스코틀랜드는 작은 정원이 있는 단층의 작은 석조가옥이 많으며 인구의 절반 이상이 지방당국이 지은 저렴한 아파트식 공영주택에 살고 있다.

음식문화

영국의 음식문화는 프랑스인들이 '혀에 대한 테러'라고 표현했을 만큼 빈약하고 화려함과는 거리가 먼 비교적 단순한 요리형태를 가지고 있다. 조리법으로는 삶거나 오븐을 사용하는 것이 많으며, 조미료를 거의 사용하지 않고 먹을 때에 소금이나 후추 등의 향신료나 머스터드를 기호에 맞게 사용한다.

일반적 특징

영국식 아침식사는 푸짐하다

하루 식사 중 아침과 오후 티타임을 매우 중요시하며 시리얼, 과일주스, 소시지와 달걀프라이 혹은 베이컨과 달걀, 훈제청어와 토마토 등의 음식을 먹는다. 커피나 홍차는 우유를 넣어서 밀크 티로 마시며, 스코틀랜드 지방은 포리지라고 하는 오트밀을 우유나 물에 조리하여 먹는다. 아침식사로 많은 종류의 음식을 많은 양 먹음으로 인해 '영국식 조반(English breakfast)'이라는 말이 유래되었다.

조리방식이 자연스러움을 강조한다

식재료 자체의 맛과 향을 중요하게 여기므로 향신료를 적게 사용한다. 육류는 알맞은 크기로 썰어서 가볍게 양념한 후 굽거나 지지는 조리법을 이용하며 우스터소스를 뿌려 먹는다.

빵은 베이킹파우더를 이용하여 부풀린다

빵을 만들 때 베이킹소다를 넣어 부풀림으로써 비교적 공정이 간단하며, 영국에서는 빵이나 케이크, 쿠키, 크래커 등을 통칭하여 비스킷이라 한다. 스코틀랜드식의 버터가 많이 들어간 비스킷으로 쇼트브레드가 유명하다.

감자의 생산이 많아서 다양한 감자요리가 발달하였다

기후가 서늘하여 감자농사가 발달하였으며, 팬케이크와 스튜, 파이, 으깬 감자, 튀김 등의 요리법이 발달하였다.

차를 즐기는 문화이다

티타임을 정해 놓고 차를 마실 정도로 영국의 음식문화에서 빼놓을 수 없는 부분이다. 1839년 인도 아삼지역에서 차를 발견하여 중상류층을 중심으로 발달하기 시작하였으며, 다아즐링, 닐기리, 아삼 등의 인도산 차를 주로 마시며 고급의 중국산 차는 상류층에서 마신다.

하루 여섯 번의 티타임이 있으며 시간대별로 조반 전의 차(early morning tea), 아침 차(breakfast tea), 11시 차(eleventh tea), 오후 차(afternoon tea), 하이 티(high tea ; 저녁부터 밤에 걸쳐 편안하게 즐기는 차), 저녁식사 후 차(afterdinner tea)로 나뉜다.

일상식

아침식사

과일주스나 커피로 시작하며 소시지, 베이컨, 달걀요리, 토스트 등이 기본으로 나오는데, 토마토와 송이버섯을 구워서 곁들이기도 한다. 홍차나 커피에 우유를 타 먹는 밀크티를 마시면서 식사를 마친다.

점심식사

간단하게 샌드위치나 파스타 등으로 하며, 전통적 일요일에는 아침과 같이 푸짐한 로스트런치(roast lunch)를 먹는다. 로스트런치는 로스트비프와 그레비, 요크셔푸딩, 구운 감자, 데친 채소(브로콜리, 당근, 콜리플라워) 등으로 구성되며, 한 주의 시작 전에 가족 혹은 친구들과 든든한 식사를 하고자 하는 의미가 담겨 있다.

저녁식사

에피타이저로 수프(soup), 샐러드(salad) 외에 훈제연어가 나오기도 하며, 주 요리로 흰살생선과 쇠고기, 돼지고기, 양고기, 닭고기 등의 고기요리가 있다. 후식으로 아이스크림, 간단한 케이크, 과일이나 푸딩 등이 있으며, 늦은 저녁은 샌드위치, 비스킷, 홍차 등으로 가볍게 먹는다.

대표적 음식

로스트비프

로스트비프(roast beef)는 영국의 대표적 전통요리로 커다란 쇠고기 덩어리를 통째로 구워낸 후 식탁에서 슬라이스하여 고추냉이처럼 매운맛이 나는 홀스래디시소스와 고기육즙으로 만든 그래비소스와 같이 먹으며 식혔다가 차게 먹기도 한다.

로스트비프

요크셔푸딩

요크셔푸딩(yorkshire pudding)은 로스트비프에 함께 곁들여지는 음식으로 밀가루와 우유, 달걀을 혼합하여 반죽하고, 로스트비프를 만드는 과정에서 얻어지는 육즙의 기름을 사용하여 구워낸 푸딩이다.

요크셔푸딩

피시 앤 칩스

흰살생선인 대구와 명태, 가자미를 조각이나 통째로 밀가루, 달걀, 우유로 만든 튀김옷을 입혀 튀겨낸 음식으로 길게 채 썬 감자를 튀겨서 곁들여 내는 것을 피시 앤 칩스(fish and chips)라 하며 소금이나 비네가 식초를 뿌려 먹는다.

샌드위치
샌드위치(sandwich)는 여러 종류의 빵을 이용하여 치즈, 고기, 햄, 각종 채소 등의 재료를 빵 사이에 끼워먹는 것으로, 18세기 중반 샌드위치백작이 카드놀이에 열중하느라 밥 먹는 시간마저 아까워 고기를 빵 사이에 끼워 먹은 것에서 유래했다고 한다.

스테이크와 키드니파이
스테이크와 키드니파이(steak and kidney pie)는 쇠고기와 소의 콩팥을 넣어 패스트리로 덮어서 구운 것으로 독특한 맛이 난다.

푸딩과 타르트
후식이나 간식용으로 사용되는데, 패스트리에 고기, 양파, 감자, 과일 등을 넣어 반으로 접어 오븐에 구운 코니시패스트리(cornish pastry)와 케이크에 브랜디나 포도주를 넣어 촉촉하게 한 후 크림이나 잼, 초콜릿을 켜켜로 얹어 만든 프리플래(frifle) 등이 있다.

하기스
동물의 내장(간, 염통, 허파)을 저민 후에 오트밀과 양고기의 지방을 양의 위에 같이 채워서 오래 끓인 것으로, 그 즙에 조리한 채소를 곁들이는데, 하기스(haggis)는 스코틀랜드의 설날에 주로 먹는다.

피클과 처트니
역사가 오래된 저장음식이다. 피클은 다양한 채소와 과일을 식초와 향신료에 담아 저장하며, 릴리시(relish)는 피클액에 설탕을 첨가해서 새콤달콤한 맛을 만들어 채소를 다져서 넣은 것이다. 처트니(chutney)는 채소와 과일을 섞어서 졸인 것이다.

명절음식

부활절
초콜릿 에그를 예쁘게 포장하여 나눠 가지며 경사진 곳에서 달걀을 빨리 굴리는 놀이를 한다. 또한 평소엔 육류로 쇠고기를 많이 먹지만, 부활절에는 예수님을 양과 연결시켜 양고기를 먹는 풍습이 있다.

크리스마스

거위나 칠면조를 내장을 꺼내고 깨끗이 씻어 한쪽에는 소시지, 한쪽에는 밤을 삶아서 으깬 것을 넣고 통째로 구워서 크렌베리소스를 곁들인다. 후식으로 부푼 패스트리 안에 다진 고기와 브랜디를 넣어 구운 민스파이(mince pie)와 최소 3주 전부터 말린 과일, 견과류, 밀가루, 달걀, 버터, 향신료 위스키나 브랜디 등을 준비하여 여러 시간을 찜통에 쪄서 브랜디 버터나 하드소스를 곁들이는 플럼푸딩이 있다.

차문화

영국인들의 생활에서 흔히 접할 수 있는 관습 중의 하나가 '홍차를 마시는 시간(tea time)' 이다. 영국에 차문화가 시작된 것은 1662년 포르투갈 캐서린 여왕이 영국의 찰스 2세와 결혼하면서 중국의 차와 브라질산의 설탕을 지참물로 가지고 가면서부터이다. 1840년 베드포드 공작부인 안나 마리아가 오후의 배고픔을 달래기 위해 오후 2~3시경 차와 케이크, 과자 등 가벼운 식사를 들기 시작한 것이 19세기에 꽃핀 영국 스타일의 사교파티인 '애프터눈 티(afternoon tea)' 의 시작이었다. 애프터눈 티의 차의 종류로는 다즐링, 얼 그레이, 핑크퀄리티 등이 있으며, 스콘, 타르트, 샌드위치, 시폰케이크, 쿠키, 과일 등을 곁들인다. 처음 중국에서 홍차와 사기찻잔이 들어왔을 때만 해도 영국인들은 금속으로 만들어진 찻잔을 사용하고 있었다. 그래서 처음 사기잔을 받아 보았을 때 잔이 약하고 쉽게 깨질 것 같은 두려움이 있었고 뜨거운 홍차를 직접 부어 마시면 찻잔이 깨져 버릴까봐 먼저 우유를 조금 넣은 후에 홍차를 따랐던 것이 오늘날의 'milk-in-first white tea' 의 유래가 되었다.

펍문화

영국의 선술집이라고 할 수 있는 펍(pub)은 '퍼블릭 하우스(public house)' 의 약칭으로 영국 서민의 휴식처 및 사교클럽이다.

맥주와 위스키는 영국인들이 즐겨 마시는 음료이다. 펍에서 마실 수 있는 맥주로는 흑색으로 호프 냄새가 강하며 쓴맛이 나는 비터(bitters)와 흑색으로 알코올 도수가 높고 농후하며 열량이 많은 스타우트(stout), 맛이 순한 마일드(mild), 색은 연하며 알코올 도수가 높고 탄산이 많이 들어 있는 페일에일(pale ale), 알코올 도수가 높고 개성적인 맛을 내는 스트롱 에일(strong ale) 등이 있다.

위스키로는 보리를 발효시켜 만든 아이리시 위스키와 보리 싹을 틔워 발효시켜 만든 스코치 위스키가 있다. 그 외에 진과 스페인에서 온 포도주인 세리주와 포르투갈에서 만든 브랜디를 섞은 포도주 포트 등을 즐겨 마신다.

전통 축제

영국은 1년 내내 다양하고 특별한 축제가 열린다. 수천 년의 역사를 지닌 전통 관례와 의식을 행하는 곳도 있으며, 매주 장터가 열리는 작은 마을도 있다.

1월의 호그마니(Homanay)는 최고의 신년맞이 축제로 에딘버러에서 개최된다. 런던 보트쇼는 다양한 보트에 관한 모든 것을 볼 수 있는 전시회로 런던에서 개최된다.

2월의 요빅바이킹축제는 전투재현과 경주, 거리 마켓 등으로 살아 있는 역사를 경험할 수 있으며 요크에서 개최된다.

3월의 와이트 섬 스프링 블루스 페스티벌은 와이트 섬의 봄맞이 블루스 페스티벌이다.

4월의 부활절은 아침 일찍 정원에 초콜릿으로 만든 토끼나 달걀 같은 단 과자와 사탕을 숨겨놓고 남녀노소 모두 이것을 찾아 모은다. 점심에는 양고기에 박하소스를 곁들인다.

5월의 브라이튼 페스티벌은 잉글랜드 최대 규모의 축제로 브라이튼의 해변가에서 개최된다. 첼시플라워쇼는 세계의 대규모 꽃 전시회로 런던 왕립원예협회의 주관으로 개최된다.

6월의 윔블던 테니스 챔피언십은 세계 최고의 테니스 경기 대회로 런던 윔블던지역에서 개최된다. 글래스톤베리 페스티벌은 세계 최대의 음악 및 댄스 등의 예술 축제로서 글래스톤베리의 넓은 평원에서 개최된다.

7월의 인터내셔널 보그너 버드맨 대회는 참여자들이 상금을 타기 위해 스스로 만든 갖가지 비행수단을 이용하여 하늘을 나는 대회로 보그너에서 개최된다.

8월의 에든버러 인터내셔널 페스티벌은 세계 최대 규모의 예술 축제로 에든버러 페스티벌 프린지, 밀리터리 타투, 책, 영화, 재즈 페스티벌 등의 축제와 함께 에든버러에서 개최된다. 국제 비틀스 주간 페스티벌은 전 세계에서 200여 개의 밴드가 리버풀로 모이며 세계에서 가장 큰 비틀스 음악 축제이다. 노팅힐 페스티벌은 세계의 3대 축제 중 하나로 매년 8월 마지막 주말에 런던에서 개최되는 유럽 최대의 거리 축제이다.

9월의 템스 페스티벌은 템스강을 따라 리버사이드 마켓이 열리며 세계음식을 맛볼 수 있는 영국 연례행사 중의 하나이다.

10월의 거위시장은 1000년의 역사를 가진 행사로 원래는 거위를 팔기 위해서 생겼지만 지금은 주민 모두가 즐기는 행사로 노팅엄에서 3일 동안 열린다.

11월의 로드 메이어 쇼는 런던시장 취임 기념 거리행렬로 13세기부터 시작된 방대한 규모의 화려한 연례행사이며 800여 년의 전통을 가지고 있다.

12월의 크리스마스는 거리의 아름다운 트리장식이 다양한 볼거리를 제공하며 다음날은 복싱데이(boxing day)로 가까운 친구나 이웃에게 선물하는 날이다.

ITALY 이탈리아

공식 명칭 | 이탈리아공화국 **인구** | 5,814만 5,321명 **면적** | 30만 1,230km^2

수도 | 로마 **언어** | 이탈리아어 **정체** | 공화제 **화폐단위** | 유로화

국화 | 데이지

역사적 배경

BC 7세기경 테베레강 하류에서 일어난 로마인은 남이탈리아의 그리스 식민도시를 정복하여 BC 270년경까지 반도의 대부분을 지배하였다. 그 뒤 북쪽과 동쪽으로 세력을 확대해 BC 27년경에는 북쪽은 영국, 남쪽은 사하라, 서쪽은 이베리아반도, 동쪽은 이란에 이르는 대제국을 건설하였다. 하지만 속주의 경제, 군사력의 상승에 따라 본토의 지위는 상대적으로 저하되다 395년 동 · 서 로마로 분열하게 된다. 476년 게르만 용병대장 오도아케르에 의해 서로마제국은 몰락하고 그 뒤 동로마 황제 지배하에 놓이게 되면서 비잔틴 제국이 되었으나 롬바르드족, 프랑크족, 사라센족, 게르만족의 침입으로 중앙권력이 상실되고, 프랑크 왕국과 신성로마제국의 지배를 받으며 소도시 국가들이 형성되었다.

13~16세기 베네치아, 피렌체, 밀라노 등에서 상업도시의 번영은 서구의 문화적 중심지를 이룬다. 도시의 발전과 동방의 높은 문화와의 접촉에 의한 시야의 확대 및 상인의 현세적 합리적인 의식을 기초로 하여 메디치가를 비롯한 지배자의 궁정이나 가톨릭교의 영향을 받아 르네상스 문화가 탄생하였다.

16세기에는 외국세력의 싸움터가 되고, 신대륙 발견과 오스만투르크의 진출에 따른 상업로의 변화에 의해 17세기 이탈리아는 경제적으로 정체되었다.

프랑스 혁명과 나폴레옹의 영향을 받아 북동부와 교황의 영향 아래 있는 로마를 제외하고, 1861년 비오 에마누엘레 2세를 국왕으로 하는 이탈리아 왕국을 세우며 이탈리아를 통일하였다. 이후 1870년 로마섬에 이어, 1871년 로마를 수도로 정하였다.

제1차 세계대전 패전 후 전쟁 채무로 인한 경제적 타격과 빈곤, 실업이 인플레이션과 더불어 가중되었다. 1920년 이후 무솔리니가 이끄는 파시즘당이 세력을 키우게 되고 무솔리니에 의한 좌익세력으로 대립되면서 제2차 세계대전이 시작되었으나 연합국 측의 승리로 끝나자 파시즘은 종말을 고하게 되었다. 그 이후 이탈리아의 정치는 레지스탕스 운동을 담당한 기독교 민주당, 공산당, 사회당을 주체로 하여 전개되었다.

1946년 6월 국민투표와 헌법제정의회 선거 결과 이탈리아는 왕정제를 폐지하고 공화제를 채택하여 기독교민주당의 데 가스페리를 수반으로 연립내각을 탄생시켰다.

지리적 특성 및 문화

이탈리아는 유럽 중남부에 위치하여 지중해를 향해 남동 방향으로 뻗어 있으며, 시칠리아 섬과 사르데냐 섬을 포함한다.

북쪽으로는 프랑스, 스위스, 오스트리아, 슬로베니아 등과 이웃하고 동쪽으로는 아드리아 해를 사이에 두고 발칸 반도와 남쪽으로는 지중해를 사이에 두고 북아프리카와 마주 보고 있다.

이탈리아는 산지가 많은 편이어서 700m 이상의 산지가 35%를 차지하며 구릉지대가 42%, 나머지 23% 정도가 평지를 이루고 있다. 북쪽 국경 지역, 즉 제노바 만의 사보나 부근 카디보나 고개에서 시작해 아드리아 해의 트리에스테 북쪽까지 동서방향으로 길게 알프스 산맥이 뻗어 있고 이탈리아 반도 전체와 시칠리아 섬에는 아펜니노 산맥이 그 골격을 이루고 있으며 반도의 서쪽에 있는 사르데냐 섬과 프랑스령 코르시카 섬에도 다른 산맥이 형성되어 있다.

이탈리아는 풍부한 문화유산을 가지고 있는 나라로 르네상스를 통해 단테, 복카치오, 레오나르도 다 빈치, 미켈란젤로 등을 배출한 이탈리아문화는 18세기까지 서양문명의 주류를 형성해 왔으며 오늘날에도 건축, 미술, 조각, 패션, 음악 등 세계문화 주류의 한 축을 이루고 있다. 언어는 라틴어에서 파생된 이탈리아어이고, 가톨릭의 본산인 바티칸이 있다. 그리고 인구의 90% 이상이 천주교도로서 사회문화 전반에 걸쳐 영향을 미치고 있다.

이탈리아인의 성향은 대체로 대범하고, 쾌활한 성격을 지니고 있으며, 특히 향토주의가 두드러지고, 각 지방마다의 독자적인 특징을 가지고 있다.

음식문화

이탈리아는 지중해 중앙에 위치한 반도국가로 겨울에는 온난 다습하고 여름에는 고온 건조한 지중해성 기후를 띠고 있다. 밀, 옥수수, 쌀, 감자, 포도, 올리브, 오렌지 등이 많이 생산된다. 이 중 쌀이나 밀 등의 주요 식량은 북부에서 생산되며 과일이나 올리브, 오렌지 등은 주로 남부에서 생산된다.

이탈리아 요리는 크게 북부, 중부, 남부 등으로 나눌 수 있다. 북부요리는 알프스의 산과 지중해 바다로 둘러싸여 있어 식재료가 풍부하고 낙농제품이 많이 생산되어 크림소스가 많이 발달했으며 요리에 버터를 주로 많이 쓴다. 반면 남부지역은 밀가루를 이용한 파스타가 발달했고, 해산물이 풍부해 해산물의 다양한 조리법이 발달했다. 또한 올리브와 토마토가 많이 생산되어 올리브유와 토마토를 이용한 요리가 많다. 중부요리는 북부요리와 남부요리의 절충요리로 매운맛을 좋아하고, 마늘도 즐겨 먹는 편이다.

코스별로 보는 대표적 음식

안티파스토

'파스타의 앞에' 라는 의미로, 에피타이저, 전채요리에 해당한다. 에피타이저로 해물절임, 햄과 소시지(살라미), 채소를 식초나 올리브유에 절인 것 등 단시간에 만들 수 있는 것이 중심이다. 빵에 올리브유를 바르고 마늘과 토마토 등 다양한 토핑을 얹어 구운 부스케타와 멜론 위에 햄을 넣은 프로쇼토(prosciutto), 육회의 일종인 카르파치오(carpaccio) 등이 유명하다. 보통 한 가지 에피타이저를 제공하는 것과는 달리 안티파스토(anti pasto)는 두세 가지에서 많게는 열 가지가 제공되기도 한다.

프로쇼토

프리모피아토

프리모피아토(primo piatto)는 '첫 번째 접시' 라는 뜻이다. 수프류, 리조또, 파스타 뇨끼가 여기에 해당하며 일반적으로 가장 많이 파스타가 쓰인다. 쌀을 채소, 버섯, 고기, 생선 등을 이용해 볶아 먹는 리조또와 감자와 치즈를 이용하여 반죽한 다음 먹

프리모피아토

기 좋게 떼어 삶은 후 버터나 육수 등에 볶아 치즈를 곁들이는 한국의 수제비 형태의 뇨끼를 먹는다.

tip 파스타

이탈리아어에서 파스타란 밀가루를 사용하여 만든 모든 요리를 총칭하는 말이며 애피타이저와 메인 사이에 먹는다. 파스타의 종류는 150여 가지나 되며 형태는 약 600여 가지나 된다. 파스타는 시중에서 파는 건조 파스타와 바로 만들어 삶는 프레시파스타 두 종류로 나눌 수 있으며 또 다르게는 롱파스타와 숏파스타로 나눌 수 있다.

- 페델리니(fedelini) : 1.3mm로 스파게티보다 약간 가늘다.
- 스파게티 (spaghetti) : 1.8mm로 일반적으로 가장 많이 먹는 파스타이다.
- 링귀니(linguine) : 1.8mm로 동글납작한 느낌이 많이 난다.
- 페투칠레(fettuccelle) : 우리나라 칼국수 면발과 비슷하게 넓적하다.
- 탈리아텔리(tagliatelle) : 얇은 누들 형태로 삶아내 수프 등에 넣어 먹는 경우가 많다.
- 라자냐(lasagna dopia riccia) : 폭이 넓은 판상으로 생긴 파스타로 끓는 물에 소금을 넣어 삶은 후 캐서롤에 소스와 치즈를 얹어 오븐에 구워내는 요리이다.
- 라이올리(ravioli) : 일명 또텔리니(tortelloni), 또텔리(totelli)라 부르며 도우 양면 사이에 내용물을 넣는 방식으로 만두와 비슷하다.
- 뇨끼(gnocchi) : 감자와 밀가루 또는 호박을 넣어 만든 것으로 작은 수제비 모양이다.

세콘도피아토

'두 번째 접시' 라는 뜻이며 주요리에 속한다. 대부분 생선이나 육류요리가 나오며 이탈리아에서 육류요리가 주요리로 취급되지 않는다는 점을 감안하면, 이탈리아 코스요리에서는 대부분 이 세콘도피아토(secondo piatto)를 양이나 칼로리 면에서 주요리로 본다.

콘토르노

콘토르노(contorno)는 세콘도피아토에 곁들이는 채소요리이다. 샐러드와 로스트포테이토, 강낭콩 등이 나온다. 풍성한 채소에 드레싱과 파르메산치즈를 곁들인 시저(caeser)샐러드와, 토마토와 모차렐라치즈로 만든 카프레제(caprese) 등이 유명하다.

카프레제

tip 치즈

이탈리아의 치즈 제조 역사는 매우 오래되었다. 치즈하면 스위스를 연상할 수도 있지만 프랑스와 스위스의 치즈는 로마제국에 의해 전해진 것이다.

- 고르곤졸라(gorgonzola) : 푸른곰팡이치즈를 말한다.
- 리코타(ricotta) : 비숙성 연질치즈를 말한다.
- 모차렐라(mozzarella) : 연질치즈로 치대어서 만든다.
- 파마산(parmesan) : 경질 치즈를 가온 압착해 만들며, 갈아서 쓰는 데 적합하다.
- 페코리노(pecorino) : 양유치즈를 총칭한다.
- 벨 파에제(bel paese) : 연질치즈를 말한다.
- 프로볼로네(provolone) : 경질 플라스틱 커드 치즈를 말한다.

포르마조

다양한 치즈가 제공된다. 곰팡이치즈로 유명한 고르곤졸라와 아시아고 치즈 등을 많이 먹는다.

돌 체

식후의 디저트를 돌체(dolce)라 하며 젤라토, 그라티나, 티라미수 등의 차가운 디저트에서부터 커스터드, 패스트리, 크레이프, 타르트까지 매우 다양하다.

식후주, 커피

식후주(liguore)로는 그라빠(grappa), 아모르(amoro), 레몬 맛이 강한 레몬첼로(limoncello) 등을 주로 마신다. 커피로는 에스프레소를 즐겨 마신다. 에스프레소는 소주잔 정도 크기의 잔에 1/2 정도만 뽑아 마시는데, 맛과 향이 무척 강하고 진하다.

지역별 음식의 특징

이탈리아는 유럽에서 가장 역사가 깊은 곳이지만 국가로서의 역사는 짧다. 1870년 국가가 통일되기 전 로마, 베네치아, 나폴리, 제노바, 밀라노 등을 중심으로 왕국이나 공국으로 나뉘어져 있었다. 그래서 오늘날에도 지방자치제가 강력하게 실시되고 있다. 이런 지형적 · 역사적 특징으로 인해 이탈리아는 지역에 따른 다양한 요리가 발달되었다.

피렌체

이탈리아 중부 토스카나 지방의 수도로 오랜 역사를 가지고 있으며 이탈리아에서는 미식의 도시로 손꼽힌다. 음식 맛이 담백하고 올리브기름이 기본을 이룬다. 버터와 파르메산치즈가 곁들여진 시금치파스타와 독특한 병모양과 보릿짚으로 병을 감싸놓은 유명한 키안티 와인이 유명하다.

tip 올리브유의 분류

- 압착올리브유 : 압착법으로 채유하고 녹황색의 독특한 맛과 향이 있다. 이를 버진올리브유(virgin olive oil)라 하기도 하며, 여기서 버진(virgin)이란 열을 가하거나 화학적으로 정제하지 않고, 오직 압착과정만으로 추출한다는 의미이다. 압착올리브유 중 처음 얻어지는 최상품의 올리브유를 엑스트라버진 올리브유(extra virgin olive oil)라고 한다. 엑스트라버진 올리브유는 샐러드드레싱이나 빵을 찍어 먹는 등 열을 가하지 않고 그대로 먹는 요리에 사용한다.
- 정제올리브유 : 품질이 나쁜 압착올리브유를 열만 가해 추출한 다음 정제한 것을 정제올리브유라 한다. 정제올리브유는 압착올리브유처럼 맛과 향이 전혀 없다.
- 퓨어(혼합)올리브유 : 압착올리브유와 정제올리브유를 혼합한 것으로 퓨어 또는 혼합올리브유라 한다. 보통 퓨어올리브유는 압착올리브유에 정제된 올리브유를 80~90% 혼합한다. 퓨어 올리브유는 비교적 발연점이 높고, 올리브의 특유 향이 거의 없어 튀김, 부침, 볶음요리 등에 사용한다.

나폴리

피자의 고향인 나폴리는 지중해성 기후로 연중 따뜻하며 오렌지, 올리브, 토마토 등 과실이 많이 산출된다. 음식조리 시 올리브오일과 마늘을 많이 이용하며 나폴리는 피자가 발생된 곳으로 우리가 일상적으로 먹는 피자와는 달리 피자 도우는 얇고 토마토와 치즈, 약간의 향풀만을 이용하여 화덕에서 굽는데, 맛이 담백하다. 또한 나폴리는 바다에 접해 있어 특히 해산물로 만든 요리가 발달하였다.

시실리

이탈리아 최남부에 위치한 시실리는 지역적 위치로 인해 아랍식 영향을 많이 받았고 북아프리카 요리인 쿠스쿠스가 향토요리로 자리 잡고 있다. 또한 이 섬을 통해 파스타, 와인, 설탕이 전해져 이탈리아 요리의 고향이라고 불리기도 한다.

tip 이탈리아 와인의 등급

- DOCG : 이탈리아 포도재배 지역에서 나오는 최고급 품질의 와인에만 부여되고 병목에 분홍색 띠가 둘러져 있으며, 정부의 승인 표시가 있는 DOCG가 찍혀 있다.
- DOC : 프랑스의 AOC와 유사한 와인 등급으로 포도의 재배지역, 포도의 품종, 와인의 제조방법, 수확량 등을 규제하고 있다. 전체 와인 중 10~12%만이 속한다.
- Vino Tipico : 이탈리아에서 보통의 와인을 말한다.
- Vino da Tavola : 이탈리아 전역에서 생산되는 대중적 와인을 말한다.

베니스

물의 도시인만큼 육류보다는 해산물을 이용한 요리가 많다. 특히 마늘과 양파, 허브 등의 향신료를 음식에 많이 쓴다.

밀라노

이탈리아 북동부의 중심도시이고 낙농업이 발달하여 버터, 생크림, 치즈 등이 많이 생산되며, 특히 버터와 생크림을 많이 사용한다. 벼농사가 성하여 쌀로 만든 음식이 많으며 리조또나 쌀이 들어간 수프인 미네스트론 등이 유명하다.

tip 발사믹식초

이탈리아 북부에서 만들며 단맛이 강한 포도 종자의 포도즙을 나무통에 숙성시켜 만든 것으로 암갈색을 띠며 단맛과 신맛이 어우러진 맛을 낸다. 올리브유에 발사믹식초를 섞어 빵을 찍어 먹기도 하고 샐러드드레싱으로도 사용한다.

전통 축제

시에나의 팔리오 축제

팔리오 축제란 안상 없이 말을 타고 캄포광장을 달리는 독특한 경주로서 어원은 라틴어에서 나왔고 경주 우승자에게는 '팔리오'라는 깃발이 수여된다. 채 1분도 안 되는 말 경주가 유명해진 이유는 경주 전 열리는 화려한 식전행사 때문이다. 이 행사에는 각 지역을 나타내는 15세기 중세 복장과 깃발을 든 아름다운 퍼레이드가 이어지고, 좁은 캄포광장이 이탈리아 및 전 세계에서 온 관광객들로 열광의 도가니로 변하기 때문이다.

베네치아 카니발

베네치아의 카니발은 사순절, 부활절과 깊은 관련이 있다. 카니발은 사순절 금욕기간 전에 즐기는 여흥으로, 사순절이란 그리스도의 부활을 위해 자신의 기독교적 신앙을 각성하고자 40일간의 절제기간을 갖는 것을 말한다. 이 기간 동안 육식을 금하고 사순절이 되기 전에 집에 있는 육식을 다 먹어치운다는 의미에서 사육제라 불린다.

축제 기간에는 민속오락, 황소사냥, 곡예사의 묘기, 폭죽 따위가 포함되어 있다. 현재 베네치아의 카니발은 전 세계적으로 가장 유명한 축제 중의 하나이며 산마르코 광장은 기괴하고 화려한 가면과 의상을 입은 사람들로 넘친다. 특히 가면무도회는 관광객들에게 큰 즐거움을 선사한다.

베로나 오페라 축제

이탈리아가 자랑하는 세계적인 야외 오페라 축제로 매년 여름마다 개최하고 실내극장에서의 오페라 시즌이 마감되는 시기이기도 하다. 오페라 공연장인 아레나 원형경기장은 AD 1세기경에 만들어져 지금까지 원형 그대로의 모습을 완벽하게 보존하고 있을 뿐만 아니라 2만여 명이 넘는 관객을 수용할 수 있는 유명한 곳이다. 공연 시작 전 모든 관객들에게 촛불을 들게 하는 의식으로도 유명한 오페라 축제는 이탈리아가 낳은 세계적 오페라 작곡가 베르디와 푸치니의 작품들을 중심으로 짜여져 라트라비아타, 마농레스코 등의 공연이 있으며 또한 베로나가 셰익스피어의 로미오와 줄리엣의 무대로 설정되어 있다.

MEMO

FRANCE 프랑스

공식 명칭 | 프랑스공화국 **인구** | 6,405만 7,790명 **면적** | 54만 7,030km^2

수도 | 파리 **언어** | 프랑스어 **정체** | 공화제 **화폐단위** | 유로화(Euro)

국화 | 백합

역사적 배경

기원전 600년경 프랑스에 켈트족이 정착하여 갈리아(Gallia, 불어명으로는 골(Gaule))를 형성하였고, 기원전 58년 로마의 갈리아 정복으로 로마 문명과 만나게 되었다. 5세기를 전후하여 게르만족의 대이동으로 갈리아가 붕괴되었는데, 게르만계 프랑크족이 프랑크 왕국을 창립하여 중세 봉건시대가 시작되었고, 메르빙거 왕조, 카롤링거 왕조를 거쳐 카페 왕조시대에 '프랑스 왕국'이 탄생하였다.

이후 영국과의 백년전쟁 후 중앙집권화가 진행되고, 절대 왕정시대인 부르봉 왕조시대가 도래하면서 귀족을 중심으로 프랑스 르네상스의 전성기가 형성되었다. 특히 루이 14세는 베르사유궁을 중심으로 화려한 궁중문화를 꽃피웠으나 이러한 사치와 부패 왕실은 프랑스 대혁명의 도화선이 되었다. 프랑스 대혁명은 왕을 상징하는 봉건제를 대신하여 시민의 대표가 나라를 운영하는 민주주의와 인간 평등, 개인의 자유를 전 세계에 선포했다. 이러한 프랑스 혁명의 주도자들은 경제적 힘을 키운 부르주아 계층이었으므로 프랑스 혁명 이후 처음에 일반 노동자, 농민, 여성 등은 자유와 평등을 누릴 수 없었다. 유명한 파리의 에펠탑은 이 프랑스 대혁명 100주년을 기념하기 위해 세워진 기념물이다.

이후에도 공포 정치와 테러가 이어졌으며 나폴레옹 3세의 패전 이후 파리 시민이 '파리 코뮌'이라는 최초의 노동자 정권을 이루었으나 72일만에 무너지고, 이후 제3공화제 출범부터 제5공화제에 이르면서 현재까지 발전을 계속하고 있다.

17~18세기 유럽 다른 나라들과 마찬가지로 프랑스도 아시아와 아프리카 식민지 개척에 박차를 가해 인도차이나 일대, 남태평양의 섬들, 북아프리카 대부분을 식민지화했으며, 이때 프랑스문화에 익숙해진 알제리인들이 프랑스로 이주하여 현재 프랑스에는 흑인이 많다.

지리적 특성 및 문화

서유럽 최대의 국가인 프랑스의 국토는 정육각형 모양으로 3면은 대서양, 지중해, 영불

해협에 면하여 있고, 3면은 독일, 스위스, 이탈리아, 스페인, 벨기에, 룩셈부르크 등 다른 나라와 접하고 있다.

산맥이 많지 않고 완만한 평야와 낮은 구릉이 많은데, 국토의 60% 이상이 농경지, 25% 정도가 목초지일 만큼 농업 및 목축이 발달하였고, 대양에서 건져 올리는 어패류, 갑각류 등 수산자원도 풍부하다.

대표 곡물은 밀, 옥수수, 포도, 과일, 채소 등이며, 세계 제1의 와인생산국이기도 하다.

프랑스는 대륙성 · 해양성 · 지중해성 기후가 모두 나타나며, 대서양과 지중해를 끼고 있어 위도가 높은데도 온난다습하다. 국토가 넓으므로 지역에 따라 다양한 기후가 나타나는데, 남쪽은 고온 건조하며 북쪽은 일조량이 적고 10월~5월 사이에 비가 많다. 연평균 강수량은 600~2,000mm 정도이다.

음식문화

일반적 특징

미식가의 나라, 식도락 국가인 프랑스의 요리는 중국요리와 함께 세계 2대 요리로 간주되며, 화려함과 아름다움, 고급요리로 대표된다.

프랑스는 다른 나라 문화의 영향을 받아 음식문화도 발달하였는데, 특히 1533년 이탈리아 메디치가의 카트린이 프랑스의 앙리 2세에게 출가하면서 이탈리아요리가 프랑스에 전해졌다. 따라서 음식 사치는 이탈리아에서 프랑스로 넘어갔으며, 프랑스에 설탕 소비를 중개하였고 최초로 파리에 리큐르 술을 소개하기도 했다. 이 외에 프랑스의 식민지였던 많은 나라들로부터도 조리법과 식재료를 도입하였다.

프랑스음식은 맛뿐만 아니라 시각적인 효과도 중요시하며, 포도주, 향신료, 소스를 이용한 요리가 발달되었다. 특히 소스는 어육류 및 향신료를 오래 고아 만든 스톡을 기본으로 하여 만들어지며 프랑스 음식 맛의 기본이 될 만큼 중요하다.

프랑스인들은 보통 아침은 빵, 버터, 카페오레 등으로 간단히 먹지만 저녁식사는 2~4시간에 걸쳐 푸짐하고 다양하게 즐긴다.

대표적 음식

빵

빵은 프랑스인들이 매끼 식탁에서 먹을 만큼 빼놓을 수 없는 식품이다. 대표적으로 아침에는 바게트(baguette), 시골빵(pain campagne), 크로와상(croissant), 브리오슈(brioche) 등에 버터나 잼을 발라 먹는다.

프랑스인들의 주식이라 할 수 있는 바게트는 겉이 바삭하고 고소하며 속은 부드러운 것이 특징으로 강력분, 이스트, 물, 소금만을 써서 중량 250g이 되도록 만든 빵이다. 샐러드, 치즈와 함께 먹거나 홍차, 핫초코에 곁들여 먹기도 하며, 버터, 햄, 채소 등으로 샌드위치를 만들어 먹기도 하고, 식사 후 접시를 깨끗이 닦아먹기도 한다. 시골빵은 흑밀빵으로, 맛이 고소하고 건강에 좋다. 프랑스어로 초승달을 뜻하는 크로와상은 밀가루 반죽 사이에 지방층이 형성되게 만든 빵으로, 버터를 사용한 초승달형과 마가린이나 쇼트닝을 이용한 유선형이 있으며 부드럽고 고소해서 아침식사 때 주로 먹는다. 브리오슈의 재료는 우유, 버터, 설탕, 달걀, 바닐라향 등으로 부드럽고 고소한 맛을 내며, 아침식사로 즐겨먹는다.

바게트

크로와상

푸아그라

캐비어(철갑상어알 요리), 트루플(송로버섯요리)과 함께 세계 3대 진미에 속하는 푸아그라(foie gras)는 거위나 오리의 간으로 만들며, 주로 전채요리로 쓰거나 크리스마스와 연

푸아그라

에스카르고

초에 먹는 특별식이다.

거위를 좁은 상자에 가두어 운동시키지 않고 기계적으로 먹이를 먹여 강제로 살을 찌움으로써 지방이 쌓이게 해 원래 크기의 5~10배가 되도록 하는 것으로 거위의 간을 불에 익혀서 차갑게 식힌 음식이다. 그대로 구워먹기도 하지만 파테나 테린을 만들어 먹으며 빵과 함께 먹기도 한다.

에스카르고

프랑스의 3대 요리 중 하나인 에스카르고(escargot)는 부르고뉴 특산의 민물달팽이를 데쳐 껍질 속에 넣고 마늘과 파슬리로 향을 낸 버터를 얹어 오븐에 구운 요리이다. 전채요리로 이용되며, 차가운 화이트와인을 곁들이면 특히 맛이 좋다.

캐비어

캐비어(caviar)는 소금에 절인 철갑상어알 요리이다.

트루플

트루플(truffle)은 식탁 위의 검은 다이아몬드라 불리는 흑갈색 송로버섯을 재료로 한 최고급 버섯요리로서, 물에 끓여 보관해도 사라지지 않을 만큼 향기가 매우 좋다. 송로버섯은 인공재배가 안 되며 떡갈나무 숲의 땅 속에서 자란다. 프랑스 페리고 지방의 흑 트루플은 1~3월 사이에 개나 돼지의 후각을 이용하여 채취하는데, 수프를 끓이거나 거위 간페이스트, 송아지요리, 바닷가재요리 등에 이용한다.

꼬꼬벵

부야베스

프랑스어로 수탉을 뜻하는 코크(coq)에 레드와인, 여러 가지 채소와 버섯 등을 넣고 끓인 음식을 꼬꼬뱅(coq au vin)이라 한다.

부야베스

지중해 연안의 생선수프로 바닷가에서 쉽게 잡을 수 있는 아귀, 장어, 오징어, 돔 등의 생선과 토마토, 양파, 감자, 마늘, 대파 등을 섞어 끓인 일종의 생선탕을 부야베스(bouillabaisse)라 한다.

뫼니에르

뫼니에르

뫼니에르(meuniere)는 부드럽고 담백한 가자미에 밀가루와 버터를 발라 구운 요리로서, 버터소스와 레몬을 곁들여 먹는다.

치 즈

프랑스의 치즈 종류는 400여 종 이상이며, 주로 소젖과 양젖을 재료로 한다. 프랑스인들은 생치즈를 즐겨 먹으며, 지방마다 서로 다른 치즈가 출하되는데, 대표적인 종류로는 카망베르(camembert), 로크포트(roc fort), 염소치즈(fromage de chevre), 브리(brie), 에

카망베르

에멘탈

멘탈(emmental), 그뤼에르(gruyere), 고다(gouda)치즈 등이 있다.

치즈는 샌드위치나 샐러드에 넣어 먹거나 그라탱의 재료로 쓰기도 하며 식사 후 후식으로 먹기도 한다.

부케 가르니

프랑스어로 '향신료 다발' 이란 뜻의 부케 가르니(bouquet garni)는 파슬리, 타임, 월계수잎(베이) 등의 기본 재료에 셀러리, 세이지, 로즈마리, 대파, 정향 등 여러 가지 향신료를 조합하여 꽃다발처럼 묶거나 치즈클로스 백에 넣은 것을 말한다. 수프나 스톡, 스튜, 소스를 만들 때 풍미를 더해 주기 위해 국물에 넣어 우려낸 후 건어낸다.

프랑스의 식단 구성

프랑스의 전통적인 식사 코스는 차가운 전채요리 → 수프 → 뜨거운 전채요리 → 생선요리 → 주요리 → 뜨거운 앙트레 → 셔벗 → 토스트와 샐러드 → 채소 → 달콤한 요리 → 사브레(savoureux) → 디저트의 열두 가지 순이었으나, 현대에는 전채요리 → 수프 → 생선요리 → 앙트레 → 로스트 → 채소요리 → 디저트 → 음료의 순으로 간단해졌다.

전채요리(hors-d' œ uvre, 오르되브르)는 식욕을 촉진하기 위해 짜거나 신맛을 내는 것이 일반적이며, 생굴요리, 푸아그라나 에스카르고 등과 식전주인 아테리티프를 함께 먹는다.

수프로는 콩소메(consomme, 맑은 수프)와 포타주(potage, 건더기 수프)가 있다. 생선요리는 생선뿐 아니라 갑각류나 조개 등의 다양한 식재료를 사용하며, 식용 개구리를 제공하기도 한다. 보통 신맛이 나는 소스와 함께 낸다.

다음으로 제공되는 앙트레(entré)로는 소스를 곁들인 더운 음식이나 차가운 음식이 나오며, 쇠고기 안심의 부드러운 부분을 두껍게 썰어 만든 샤토브리앙, 등심 뒤에 붙은 고기로 만드는 설로인스테이크 등이 있다.

로스트요리는 육류를 구울 때 나오는 육즙으로 만든 소스를 제공하는 특징이 있는데, 포도주를 넣어 찐 쇠고기나 양고기요리 등을 들 수 있다.

채소요리는 양상추, 엔다이브, 케비지, 오이 등의 채소를 샐러드로 시원하게 내거나 삶은 감자를 드레싱과 함께 내기도 한다.

디저트는 달콤한 맛이 나는 케이크나 사부레와 같은 치즈요리, 무스 등 찬 디저트와

크레프, 푸딩과 같은 더운 디저트 등 매우 다양하다.

마지막 코스인 음료로는 보통 카페오레, 에스프레소, 블랙이나 아이스커피 등의 커피가 제공되나 홍차, 코코아 등을 선택할 수도 있다. 소화를 돕기 위해 '디제스티브' 라고 하는 강한 브랜디를 마시기도 한다.

대표적 술

와 인

전 세계적으로 와인(wine) 생산량이 가장 많은 국가는 이탈리아지만, 고급와인이 가장 많이 생산되는 나라는 프랑스이다.

프랑스의 주요 와인 산지

프랑스 와인의 종류

구 분	주요 생산지	특 징	대표 상표명
레드 와인	보르도 (Bordeaux)	'여성형 포도주'라고 하는데, 색은 붉은빛이 강하고 불투명하며 맛은 단맛이 적고 부드럽다.	매독, 생테밀리옹, 그라브, 코트 드 보르도
	부르고뉴 (Bourgogne)	'남성형 포도주'라고 한다. 선명한 붉은색이며 풍부한 과일향이 있다.	샤블리, 코트 도르, 마코네, 보졸레
화이트 와인	루와르 강변 (Val de Loire)	색은 금빛을 띠며, 맛은 약간 달고 과일향과 청량감이 있다.	뮈스카데, 쉬네블랑, 소비뇽 블랑, 소뮈르
	알자스 (Alsace)	단맛은 적고 담백하며, 과일향이 느껴진다.	리슬링, 게뷔르츠트라미너, 피노 그리, 실바너, 피노 느와, 크레망달자스
로제 와인	상파뉴 (Champagne)	약간의 단맛이 나며, 병을 딸 때 거품이 나므로 스파클링 와인이라고 한다.	브뤼 레제르브, 상파뉴 브뤼코트 드 프로방스, 타벨
	론느, 프로방스 (Rhône, Provence)	색은 연한 붉은색으로 투명하고 맛은 순하다.	

프랑스의 주된 와인 산지는 보르도(Bordeaux), 부르고뉴(Bourgogne), 론느(Rhone), 프로방스(Provence), 루와르(Loire), 알자스(Alsace), 상파뉴(Champagne) 등이며, 지역에 따라 맛과 향이 다르다.

색깔에 따라서는 레드와인, 화이트와인, 로제와인으로 나누어지는데, 레드와인은 주로 상온에서 육류요리와, 화이트와인은 차게 하여 생선요리에 곁들여 마시며 로제와인은 시원하게 마시는 것이 일반적이다.

보졸레누보(Beaujolais nouveau)는 포도를 수확하여 4~5일의 빠른 발효와 4~5주의 숙성을 거친 그 해의 첫 번째 와인이다. 처음에는 와인 생산을 축하하는 보졸레지방의 자축 행사였으나, 1985년부터 그 출하 시기를 11월 셋째 주 목요일로 정하였다.

브랜디

브랜디(brandy)는 17세기 코냑 지방 와인을 네덜란드 선박으로 운송하던 중 부피를 줄이기 위해 증류한 데서 비롯되었다. 네덜란드어로 '구운 와인'의 의미인 브랜디는 와인을 증류한 것으로서, 코냑과 아르마냑지방의 브랜디가 대표적이다.

프랑스 와인 라벨 읽는 법

사과, 체리, 자두 등 원료의 종류도 다양하다.

코 냑

프랑스 법률에 의해 프랑스 남서부의 코냑(Cognac)지방에서 나오는 브랜디만을 코냑이라고 부를 수 있으며, 코냑지방의 백포도주를 증류하여 오크통에 저장한 것이다.

전통 축제

프랑스는 1년 내내 축제가 열리는 나라이다. 프랑스의 모든 지방에서 500개 이상의 페스티벌이 열리는데, 특히 여름철은 페스티벌을 열기에 최적의 계절이며, 매년 비슷한 시기에 열린다. 고전 음악에서부터 바로크 음악, 서정 음악, 재즈, 현대 음악에 이르는 모든 장르의 음악 페스티벌, 댄스 페스티벌, 연극 축제 등 종류를 헤아릴 수 없을 정도의 다양한 행사가 있다.

망통의 레몬 축제

1934년에 창안되어 매년 만화의 재미있는 주인공을 주제로 수많은 귤과 레몬들로 이루어진 거대한 행렬이 다채롭게 펼쳐진다.

레몬 축제의 행렬이 준비되기까지는 오렌지 · 레몬 재배자를 비롯하여 정원사, 화가, 금속 가공업자 등 다양한 업종에 종사하는 사람들이 참여하고 자그마치 50만 개의 고무줄과 130톤에 달하는 오렌지와 레몬이 이 축제에 소요된다고 한다. 주변의 이탈리아나 스페인, 그리고 코르시카의 레몬과는 현격히 구별된다는 그들의 확고한 자부심 밑에는 숨은 정성이 깔려 있다. 한참 쇠퇴일로를 걷다 최근에 회복기를 맞게 된 이 지역 레몬시장에는 전문 재배자들이 연구 기술개발을 거듭하여 질 좋은 레몬 생산에 주력하고 있다. 그런 뜻에서 매해 2월의 따사로운 햇살 아래 지중해의 해변에서 열리는 망통 축제는 이 지역 사람들은 물론이고 신선한 경험을 맛보고자 하는 모든 이들에게 좋은 추억거리를 제공해 줄 것이다.

니스의 카니발

해마다 2월 중순이면 프랑스 남부는 축제의 흥겨움으로 들뜬다.

남부 특유의 눈부신 햇살과 따사로움이 지중해에 반사되는 니스의 카니발은 니스의 축제를 사랑하는 모든 이들에게 항상 신비롭고 친근하게 다가오는 큰 축제이며 매년 각기 다른 주제로 15일간에 걸쳐 열린다. 갖가지 꽃들로 장식된 꽃마차의 행렬과 다양한 가장행렬을 비롯하여 총 일곱 개의 대형쇼가 주된 내용이며 마지막 날 낮에는 '그랜드 퍼레이드(grand parade)' 가 진행되는데, 모든 참가자들이 함께 모이는 거대한 꽃마차 행렬이 약 2.5km에 걸쳐 진행된다.

밤이 되면 전통에 따라 가장 행렬 속의 왕이 마지막으로 행렬을 끝낸 후 바다에서 행해지는 모의 화형식을 거행하게 되고 불꽃놀이가 성대하게 펼쳐짐으로써 축제의 마지막을 장식하게 된다.

축제가 진행되는 동안 재미를 한층 더해주는 것은 거리 가득 쏟아져 내리는 여러 가지 색종이 조각들이다. 원래 이 색종이 조각들의 유래는 설탕이 입혀진 각종 씨앗이었다고 한다. 이는 19세기 초반부터 쓰이기 시작했는데, 그 후 많은 카니발의 변천을 통해 오늘날의 색종이 조각으로 정착된 것이다. 화려한 행렬과 아이들의 함박 웃음, 그리고 거리 가득 덮여 있는 색종이의 물결이 장관이다.

부활절

부활절은 예수의 부활을 기리는 종교 축제일이며 3월 25일에서 4월 22일 사이로 날짜는 유동적이다.

프랑스에서는 부활절 전날 집의 곳곳에 둥지를 만들어 예쁜 색으로 칠한 달걀을 숨겨 놓고, 다음날 어린이들이 이를 찾아내는 놀이를 하기도 한다. 달걀은 새로운 생명의 탄생을 의미한다.

부활절은 나라에 따라 봄의 도래를 축하하는 축제일이기도 하다. 부활절의 상징으로 토끼가 등장하는 이유는 토끼가 봄에 사랑을 나누는 동물이고 다산의 동물로서 풍요의 상징이기 때문이다. 또한 예수가 토끼로 상징되기도 하는데, 귀를 쫑긋 세운 채 신의 말을 귀 기울여 듣고 실천한다는 의미에서 그렇다고 한다.

만우절

유럽에서 그레고리 달력을 최초로 사용한 나라는 프랑스인데, 샤를 9세(Charles IX, 1550~1574)는 1564년에 현재의 1월 1일부터 신년이 시작되는 것으로 정하였다. 그러나 소수의 사람들이 구습을 버리지 못하고 4월 1일에 농담반으로 신년의 선물을 보내거나 신년 인사를 해서 남을 놀리거나 놀라게 만들기도 하였다.

만우절은 1712년경에 최초로 행해졌다는 기록이 있는데, 이 습관은 처음에 프랑스에서 시작되어 17세기 후반이나 18세기 초에 영국에 전파된 것으로 알려져 있다. 또 4월의 물고기(April fish)는 만우절에 하는 거짓말이나 장난, 거짓 심부름 등을 뜻한다. 그 이유는 4월에 물고기는 어려서 잡기가 쉽기 때문에 거짓말을 물고기에 비유하고 이 악의 없는 만우절 거짓말을 '4월의 물고기' 라고 표현한 것이다.

이러한 습관이 발전해서 다른 나라에서도 4월 1일을 만우절로 정하고 긴장을 푸는 의미에서 이 날 하루를 바보짓을 하는 날로 보내게 되었다고 한다.

혁명기념일

7월 13일부터 시작되는 프랑스 혁명기념일은 프랑스 최대의 국경일이다. 이 축제는 프랑스어로는 7월 14일을 뜻하는 '카토르즈 쥐예(Quatorze Juillet)' 또는 '페트 나시오(Fête nationale)' 라고 불리며 13, 14일 이틀에 걸쳐 전국에서 도시 단위로 성대하게 치러진다. 프랑스혁명 기념일은 1789년 7월 13일 밤 성난 군중들이 바스티유 감옥을 부수고 정치범들을 석방시켰던 역사적 사건을 기념하기 위한 축제일이며, 이제는 세계인이 공유하는 보편적 이념이 되어 버린 자유, 평등, 박애의 정신을 기리는 경건한 날이다. 이 날을 가장 중요한 국경일로 생각하고 있는 것은 100여 년 전인 1889년에 프랑스 혁명 100주년을 기념해 거대한 에펠탑을 세웠고, 1989년에 사회당 정부가 혁명 200주년을 기념하여 국립 바스티유 오페라관을 건립한 데서도 잘 드러난다. 정작 화려한 축제나 구경거리는 14일 당일이 아니라 13일 저녁에 집중되어 있다. 혁명기념일 전야, 프랑스 전역의 모든 거리는 뜨거운 축제장으로 변해 버린다. 곳곳에 대형 콘서트와 구경거리가 준비되어 있어 이 날의 프로그램 안내서를 보고 있노라면 무엇을 선택해야 할지 모를 정도로 다채롭다. 거리에서 한판의 거대한 음악 축제가 벌어지는 것을 시작으로 해서 밤늦게까지 거리 곳곳에서 사람들은 춤추고 노래하고 술을 마신다.

물론 가장 뜨거운 축제의 열기를 느낄 수 있는 곳은 혁명의 현장인 바스티유 광장에서다. 언쟁하기 좋아하는 프랑스 사람들에게 적어도 이 날 만큼은 좌파도 우파도 없다. 파리를 처음 찾는 외국인 관광객 중에는 아무나 보면 끌어안고 '비주(뺨을 서로 비비는 프랑스 특유의 인사법)' 를 하려고 다가오는 프랑스 사람들을 피해 도망치는 촌극을 빚는 경우도 왕왕 있다. 그들이 파리 거리거리를 누비고 다니면서 밤늦게까지도 귀가하지 않는 것은 자정 때쯤 있는 화려한 불꽃놀이를 보기 위해서이다. 파리의 경우 에펠탑 맞은편의 트로카데로에서 쏘는 화려한 불꽃을 구경하려고 에펠탑 앞 광장이나 근처의 샹 드 마르스에 운집한 군중은 수만 명을 헤아린다. 각 지방에서는 또한 나름대로 지방 예산에 맞춰 알판 스펙터클과 불꽃놀이를 준비하는데, 어느 도시이든 프랑스 불꽃놀이만큼은 화려함이 보장된 장관 중의 장관이다.

14일 당일의 공식적인 행사로는 세계 각국의 국가 원수들이 참관하는 가운데 샹젤리제 대로에서 벌어지는 초대형 군사 퍼레이드가 있고, 무명용사를 추모하는 헌화식이 거행된다. 외국 주재 프랑스 대사관이나 영사관에서도 이 날 만큼은 예산을 아끼지 않고 화려한 리셉션을 갖는다. 또한 어떤 도시에서는 시청에서 포도주나 고급 샴페인을 무료로 나눠 주기도 한다. 그리고 이 날은 정치적으로도 중요한 의미를 지니는데, 그것은 매년 의례적으로 상반기 정치 평가와 향후 국정 기조를 담은 대통령 특별 담화가 발표되기 때문이다.

아비뇽 페스티벌

7월 중순부터 8월 중순까지 약 한 달 동안은 아비뇽이 관광지나 유적지로서가 아닌 이유로 전 세계에 명성을 떨치는 기간이다. 이유는 바로 프랑스에서 가장 큰 축제인 아비뇽 연극 페스티벌 때문이다. 이 기간 동안에는 전 세계에서 모여 든 극단이나 예술인들이 아비뇽 시민극장 외에도 도시 어느 곳에서나 매 시간 쉬지 않고 축제라는 이름하에 각종 다양한 공연을 펼친다.

축제는 발레와 드라마 및 고전적인 콘서트 등으로 꾸며지는데, 오프(off) 페스티벌은 노천극장에서 행해지며 민속 음악에서 재즈에 이르기까지 모든 종류의 음악들을 선보인다. 세계 각국에서 모여든 연극을 비롯한 음악, 무대장식 미술 등 모든 예술인과 방문객들로 도시 전체가 설레이는 술렁임을 가지고 살아 숨쉰다. 매일 한 편 이상씩을 관람한다 하더라도 행사기간 중 공연되는 모든 작품을 다 보지 못할 정도로 행사가 크고 다양하다.

아비뇽은 구 교황청(Palais des Papes)을 비롯한 많은 유물들로 가득찬 곳이다. 구 교황청은 50m가 넘는 열 개의 탑이 벽으로 세워져 있는 방어용 요새를 생각나게 할 정도로 웅장하고 방대하게 만들어져 있다. 또한 생 베네제 다리 종루에서 바라보는 론 강의 모습은 어스름해질 녘이 일품으로 꼽힌다. 더구나 이곳에서 갖가지 조명으로 반짝이는 공연장을 바라보는 것만으로도 흥겨워지고 즐거워지는 기분은 페스티벌 기간에 맞춰 힘들게 찾아온 값어치를 한다.

누보(Beaujolais Nouveau) 축제 '레 사르망뗄(Les Samentelles)'

프랑스 전역이 포도주의 산지이지만 그 중에서도 론 지방의 보졸레(Beaujolais)는 해마다 출시를 축하하는 축제를 여는 것으로 유명하다. 보졸레는 550m의 포도밭과 평균 고도 300m의 언덕으로 이루어진 고장이다. 마꽁(Macon)과 리용(Lyon) 사이에 위치한 보졸레는 2만 2,000헥타르에 달하는 포도밭에서 포도를 생산해 내고 있다. 보졸레 포도주는 세 가지로 분류되는데, 보졸레(Beaujolais)와 보졸레 빌라쥬(Beaujolais Village), 그리고 열 개의 그랑 크뤼(10 Grands Crus) 등으로 나뉜다. 해마다 11월 셋째 주 목요일이면 프랑스 대부분의 레스토랑 곳곳에 '보졸레 누보 상륙' 이라는 포스터가 붙어 있으며 사람들은 온통 축제 분위기에 흠뻑 젖어 막 도착한 보졸레 포도주를 시음한다. 연도가 오래될수록 맛이 좋다는 보통 포도주와는 달리, 해마다 수확한 직후에 마시는 이 보졸레 포도주는 그 맛 또한 독특하여 애주가들의 많은 사랑을 받고 있다.

크리스마스

크리스마스는 초기 그리스도교와 이교도 사이에서 행해지고 있던 봄의 광명에 대한 기대를 불러일으키는 동지(冬至)의 축일, 다시 말하면 태양숭배의 습속을 이용하여 그리스도 탄생을 기념한 것으로 보인다.

12월 25일은 동지가 지난 다음으로 태양이 소생하는 날이라고 하여 특히 기념되었다.

초대 그리스도교의 지도자들이 이러한 농경력(農耕曆)상의 성대한 제일에 예수 그리스도의 탄신을 결합시킨 것이 크리스마스이다.

그리고 중세의 크리스마스에서는 교회에서의 의식과 농신제(農神祭)에 따르는 가장(假裝)행렬이나 소요가 뒤섞여 행해졌다. 그것은 카니발의 요소도 있고, 일종의 혼성적 종교행사, 싱크리티즘이었다. 교회 내에서의 그리스도 탄생의 예배를 별도로 하는 크리스마스의 민간행사에는 민족이나 지역에 따라 차이는 있다고 하더라도 비(非)그리스도교적인 많은 풍습이 현재까지 전승되어 오고 있다. 미사는 초기부터 그리스도 교회에서 한밤중에 장중하게 행해졌다. 가톨릭국인 프랑스 등지에서는 크리스마스는 반드시 행해지지 않으면 안 되는 축일이며, 특히 어린이들이나 가족 중심의 축일이었다. '크리스마스의 할아버지', 즉 산타클로스의 민속에 따라, 차차 세속화하여 보급되기에 이르렀다.

크리스마스 기간의 중심적인 장식물은 크리스마스 트리이다. 이것은 프랑스, 이탈리아, 에스파냐 등지에서도 교회 앞에 높이 세워지는 겨울의 미관이다. 집집마다 가지가 곧은 푸른 나무를 잘 손질하여 통 같은 데 꽂아 양초, 완구, 인형, 종이로 만든 종, 과자 따위를 달아매고, 또 가지나 뿌리 위에는 눈송이를 본떠 솜을 얹는다. 그리고 어린이들이 방 안에 들어설 때에 양초에 불을 붙인다. 최근에는 여러 가지 전구가 쓰인다. 나무도 플라스틱을 재료로 한 인조제품들이 많이 사용된다. 또한 크리스마스와 결부하여 산타클로스의 설화와 전승이 있다. 이것은 3세기 말, 어린이를 보호하는 소아시아의 성 니콜라스 이름이 네덜란드어로 성 클라우스로 발음된 것이, 네덜란드인이 미국으로 이주하면서부터 잘못 불려져 성녀(聖女, 산타)를 뜻하는 것 같은 산타클로스라는 애칭이 되었다고 한다.

여덟 마리의 순록이 끄는 썰매를 타고 붉은 모자, 붉은 옷에 장화를 신은 흰 수염의 산타클로스가 북국에서 찾아와 큰 자루를 등에 메고, 집집마다 굴뚝을 타고 슬그머니 들어와 착한 어린이에게는 양말주머니에 여러 가지 선물을 넣어 준다는 이야기와 행사는 오래된 기원(起源)이 아니라 19세기 초부터 시작되었다고 한다.

Chapter

3

아메리카 · 아프리카 오세아니아

MEXICO 멕시코

공식 명칭 | 멕시코 합중국 **인구** | 1억 995만 5,400명 **면적** | 197만 2,550km^2
수도 | 멕시코시티 **언어** | 에스파냐어(스페인어) **정체** | 연방공화제
화폐단위 | 페소(Peso) **국화** | 달리아

역사적 배경

멕시코는 고대와 현대가 공존하며, 스페인의 라틴문화와 토착의 인디오문화가 혼합된 독특한 나라이다. 한때 마야 · 아스텍 · 자포텍문화를 꽃피웠으나 1519년 스페인의 탐험가 에르난 코르테스가 이끄는 스페인 군사들의 뛰어난 무기와 처음 접해보는 유럽의 질병에 무너져 1521년부터 300년간 스페인의 지배를 받았다. 현재 멕시코인 열 명 중 여덟 명은 인디오와 백인의 혼혈인 메스티소이며, 인디오 원주민인 인디헤나 외에 소수 민족 집단인 흑인과 유럽계 이민자들도 있다. 수도이며 인구 2,000만 명의 고원도시인 멕시코시티는 스페인 침입으로 아스텍 제국의 수도였던 테노치티틀란이 폐허가 된 후 건설된 도시로, 중세의 모습이 그대로 남은 구역과 근대적 시가가 공존하고 있다. 멕시코 국기의 가운데 문장에는 '독수리가 뱀을 물고 앉아 있는 호숫가의 선인장이 있는 곳에 도읍을 세워라' 라는 아스텍 건국 전설이 담겨 있다.

멕시코의 세계문화유산으로는 시에라 데 샌프란시스코 암벽화, 포포카테페틀의 16세기 수도원, 과달라하라의 호스피시오 카바나스와 자카테카스 역사지구, 엘 비즈카이노 고래보호 지역, 소치칼코 고고학 기념지역 등이 있다.

지리적 특성 및 문화

멕시코는 북쪽으로 미국, 남쪽으로는 과테말라와 국경을 접하고, 서쪽은 태평양, 동쪽은 멕시코만과 닿아 있다.

국토의 대부분이 해발 1,000m 이상의 고원지대이고, 또한 이 중 3/4은 황무지이다. 멕시코는 지역에 따라 다양한 기후를 나타내는데, 북부는 건조기후, 중부고원지대는 건조하며 우리나라 가을과 비슷한 기후, 남부 해안과 동부는 열대성의 고온 다습한 기후이다. 전반적으로 6~9월 사이는 우기라서 계속되는 무더위와 많은 비가 내리고, 11월~5월 중순까지는 건기에 속한다. 멕시코는 3~6월이 가장 덥고, 11월~1월이 가장 추운데 월별 차이는 적으나 일교차는 크다.

기후대가 다양함에 따라 식재료의 분포 또한 다양하다. 해발 800m 지역의 대초원과 관목림지대에서는 면화, 사탕수수, 열대성 과일인 바나나, 오렌지, 파파야, 망고, 파인애플 등이 재배되고, 냉대지역에서는 옥수수, 콩 등이, 해발 2,500m 이상의 고원에서는 옥수수 대신 밀, 보리, 감자, 용설란 등을 볼 수 있다.

음식문화

일반적 특징

오늘날 멕시코의 음식은 고유의 원주민 음식문화와 스페인 정복기의 스페인 음식문화, 스페인으로부터 해방된 이후 프랑스 점령자들의 음식문화와 그 후 세계 여러 곳에서 온 이민자들의 음식문화가 어우러져 완성되었다고 할 수 있다.

멕시코요리의 3대 재료라면 옥수수와 콩, 다양한 종류의 고추를 들 수 있다. 멕시코 음식문화를 '옥수수문화'라고도 하는데, 기원전 7000년경부터 재배한 것으로 알려지고 있으며 신화에도 자주 등장할 정도로 멕시코 원주민의 가장 기본적인 식량이었다. 고추는 대부분의 요리에 들어갈 뿐만 아니라 구운 옥수수에도 뿌려 먹는다. 이 외에 토마토, 라임 등도 많이 사용하며, 향신료로는 실란트로와 오레가노가 있다. 이러한 곡물과 채소 중심이었던 멕시코 요리는 스페인이 멕시코를 정복함에 따라 보리, 쌀, 밀, 포도, 올리브, 인도의 향신료 등 새로운 식품을 들여오면서 조리방법이 다양해졌고, 밀의 경작으로 옥수수와 함께 빵을 주식으로 이용하게 되었다.

멕시코는 옥수수, 고추 외에 카카오, 감자, 고구마, 토마토, 아보카도, 껌의 재료가 되는 치클레, 선인장 등의 원산지로도 유명하다.

멕시코의 식생활은 지역에 따라 약간의 차이가 있는데, 목축이 이루어지는 북부지역은 밀가루 토르티야를 사용하고 양고기나 쇠고기를 직접 불에 구워서 먹는 등 육식을 많이 하는 편이며, 중부지역에서는 닭고기, 돼지고기 등의 육류를 재료로 한 스튜와 함께 옥수수, 양념된 채소를 삶아서 먹는다. 특히 중앙 동부지역은 유명한 '몰레(mole)'의 원산지인데, 몰레는 삶은 닭고기나 칠면조 고기에 소스를 얹은 것으로, 소스는 20여 가지의 재료를 다리가 셋 달린 접시 모양의 맷돌 같은 돌판인 '메따떼'라는 돌로 만든 기구에 넣고 돌공이인 '마노'로 갈아서 닭고기 육수를 혼합하여 만든 것이다.

멕시코 고유의 에스닉 푸드를 맛볼 수 있는 남부지역은 생선, 해산물과 함께 채소와 열대과일이 풍부한 곳이다.

태평양 연안의 동부 해안가는 새우, 조개, 굴, 생선을 재료로 한 다양한 해물요리가 많으며, 열대과일도 풍부하다. 특히, 생굴 칵테일인 '부엘베 알 라 비다'와 레몬즙에 절인 여러 가지 해물에 양파, 토마토, 고추 등을 곁들인 '쎄비체'가 유명하다.

또한 선인장을 이용한 요리도 있는데, '노빨(nopal)'은 멕시코에서 흔한 둥근 선인장과 오뿐디아의 어린 순으로, 가시를 모두 긁어내고 껍질을 벗긴 후 양파 등의 채소와 함께 볶은 것이다.

멕시코음식은 풍성함과 다양한 맛, 시각적인 아름다움으로 전 세계적으로 사랑을 받을 뿐만 아니라 국내에는 1990년대 초 미국계 패밀리레스토랑을 통해 소개된 이후 매콤한 맛을 즐기는 우리나라 사람들의 입맛과 잘 맞아 현재는 우리나라 사람들의 외식 메뉴 중의 하나로 자리 잡고 있다.

대표적 음식

토르티야

멕시코인들의 주식인 토르티야(tortilla)는 옥수수나 밀로 만들며, 우리나라의 빈대떡과 비슷하다. 말린 옥수수를 밤새 물에 불린 후 잘 으깨서 '마사'라는 옥수수 단자를 만들고 이를 동그랗고 얇은 전병 모양으로 눌러서 '코말'이라는 쟁반 모양의 도자기에 굽는다.

토르티야의 응용 범위는 상당히 넓은데, 멕시코인들은 토르티야만을 하나의 음식으로 먹는 것이 아니고, 타코, 타코 샐러드, 나초, 엔칠라다, 퀘사디야, 부리토, 화이타, 치미창가 등을 만들어 먹는다.

타코(tacos)는 옥수수 토르티야를 U자형으로 만들어 튀긴 후 그 속에 고기, 내장, 치즈, 소시지, 채소, 콩 등을 싸서 먹는 것이며, 기호에 따라 '살사멕시카나(멕시칸소스)'라는 타코용 소스를 끼얹어 먹는다.

조개모양의 옥수수 토르티야볼을 뜨거운 기름에서 바삭하게 튀겨내고, 여기에 볶은 고기와 콩을 깔고 그 위에 양파, 양상추, 토마토 등의 싱싱한 채소와 잘게 썬 체다치즈 및 매콤한 칠리소스를 얹은 것이 타코 샐러드이며, 토르티야까지 다 먹는다.

토르티야

맥주를 비롯한 술안주로 즐겨 먹는 나초(nacho)는 '토토포(totopo)'라는 튀긴 토르티야 칩에 노란 치즈를 녹여 부어 먹거나 튀긴 조각을 구아카몰 소스에 찍어 먹기도 한다.

엔칠라다(enchilada)는 옥수수 토르티야에 고기, 해산물 등으로 만든 소를 넣고 둥글게 말아 소스를 바른 후 구워낸 것으로 그 위에 치즈를 얹어 먹기도 한다.

퀘사디야(quesadilas)는 넓은 밀가루 토르티야에 치즈, 고기, 소시지, 채소 등의 내용물을 넣고 반으로 접어 굽거나 바삭바삭하게 튀기고, 부채꼴 모양으로 3~4등분하여 먹는다.

북멕시코인들이 즐겨먹는 부리토(burrito)는 타코에 비해 얇고 큰데, 콩과 고기를 잘 버무려 밀가루 토르티야에 넣고 네모지게 싸서 먹으며, 살사소스를 얹어 먹기도 한다.

멕시코음식 중 국내에서 인기가 높은 화이타(fajita)는 구운 쇠고기나 치킨을 볶은 양파, 샐러드와 함께 밀가루 토르티야에 싸서 먹는다.

치미창가(chimichangos)는 밀가루 토르티야에 소를 넣고 접거나 돌돌 말아서 바삭하게 튀겨내는 것이다.

타말(tamales)은 토르티야에 고기, 채소 등 여러 가지 소를 넣고 모양을 만든 후 옥수수 잎이나 바나나 잎에 싸서 굽거나 쪄내는 것이다.

코요타(koyota)

코요타는 일종의 멕시코식 전통 호떡으로, 참깨 반죽에 흑설탕과 꿀을 넣고 오븐에서 구워낸 것이다.

멕시코음식의 소스

① 살사멕시카나(salsa mexicana)

토르티야 요리에 빠지지 않는 매콤한 살사(스페인어로 '소스'라는 뜻), 살사멕시카나는 잘게 썬 토마토에 양파, 고추, 실란트로(고추의 생 잎), 오레가노 등을 잘게 다져서 소금과 올리브유를 섞은 붉은색의 매운 소스로, 멕시코 국기의 색인 빨간색, 흰색, 초록색을 가지고 있기 때문에 붙여진 이름이다. 색이 아름다워 장식용으로도 많이 사용하며, 사용하기 직전에 만들어 먹어야 한다.

② 몰레소스(mole sauce)

고추, 초콜릿, 참깨, 아몬드, 건포도, 후추, 계피, 마늘, 양파, 토마토 등을 갈아 익혀서 만든 소스이다. 몰레(mole)란 스페인어로 '갈다', '방아를 찧다' 라는 의미로, 멕시코 푸에플라 지방의 작은 수도원에 대주교가 갑자기 방문을 했을 때 특별히 대접할 음식이 없어 부엌에 있는 온갖 재료를 모두 넣고 갈아서 소스를 만든 후 삶은 칠면조 위에 얹어낸 데서 그 이름이 유래되었다고 한다.

③ 구아카몰소스(guacamole sauce)

아보카도 소스라고도 하는 구아카몰 소스는 멕시코인들이 좋아하는 과일 아보카도를 갈아서 토마토, 양파, 풋고추 등과 혼합한 초록색의 생소스이다.

④ 사우어크림소스(sour cream sauce)

사우어크림소스는 사우어크림으로 만든 흰 크림소스로서 새콤한 맛이 특징이다.

멕시코의 술

폴 케

폴케(pulque)는 2000년 이상의 역사를 지닌 멕시코의 민속주로 우리나라의 막걸리와 비슷하다. 마게이라는 선인장을 돌로 눌러 받아낸 단맛 나는 액체를 하루 정도 발효시킨 서민적인 술로서, 테킬라와 달리 알코올 도수가 낮다.

메스깔

아가베 선인장으로만 제조하며 수액을 약 4~30일 동안 발효시킨 후 증류한 것을 메스깔(mezcal)이라 하며 비교적 알코올 도수가 높고 폴케나 테킬라보다 향이 강하다.

테킬라

브랜디의 일종으로 사막에서 자란 마게이라는 푸른색 용설란이 9년 정도 자라면 잎을 모두 자르고 구형의 포기를 쪄서 고구마엿 같은 수액을 짜내 설탕을 잘 섞어 발효시킨 다음 증류시킨 맑은 술이 테킬라(tequila)이다. 알코올 도수가 40~60° 되는 독한 술이지만 냄새가 없고 맛이 산뜻하다.

멕시코 사람들이 테킬라를 마시는 방법으로는 이 술을 한모금 마신 뒤 손등에 바른 라임즙과 소금을 핥아먹는 '쿠엘보슈터' 란 음주법이 있다. '슬래머(slammer)' 란 음주법도 있는데, 잔에 술을 반쯤 담은 다음 소다수로 나머지를 채워 냅킨으로 잔을 덮은 뒤 우노, 도스, 트래스(스페인어로 하나, 둘, 셋)라고 소리치며 테이블에 내리쳐 거품이 생길 때 한꺼번에 마시는 방법이다. 마지막 잔을 따를 때 병의 바닥에 있던 선인장에서 나온 애벌레를 먹는 사람에게는 행운이 있다고도 한다. 테킬라에 어울리는 안주 중 하나는 '구사노스 데 마게이(gusanos de maguey)' 로 용설란 뿌리 밑둥에 사는 우사노스 더아카라라는 벌레를 튀긴 것인데, 바삭해서 소금만 치고도 먹을 수 있다. 또한 돼지 껍질을 튀긴 치차론(chicharon)도 있다.

마게이

맥 주

대중적인 술로서, 가장 인기 있는 것은 '보헤미아(bohemia)' 이다. 이 맥주는 독일 뮌헨의 세계 맥주 콘테스트에서 우승했던 맛과 향이 좋은 맥주이다. 또한 우리나라에 잘 알려진 '코로나' 는 마개를 따고 얇은 레몬 또는 라임 조각을 넣어 마시는데, 상큼한 레몬 향이 곁들여진 부드러운 맛이 특징이다. 그 밖에 캔맥주인 '테카테(tecata)' 는 가장자리에 라임즙을 짜고 소금을 뿌려 먹는다.

전통음료

멕시코인들은 전통음료로서 열대 과일이나 선인장 열매인 투나를 갈아서 설탕을 넣거나 또는 하마이카라는 꽃을 갈거나 쌀을 불려서 갈아 만드는 '오르차타(horchata)' 를 마신다. 또한 마메이, 바나나, 파인애플, 파파야, 망고 등의 열대성 과일로 만든 전통음료를 이용하기도 하고 옥수수로 만든 '아토레' 라는 음료도 있다.

일상식

멕시코인의 식사패턴은 하루 5회 정도이다. 아침식사는 빵, 우유, 커피, 신선한 오렌지주스 등이 기본이고 달걀을 여러 가지 방법으로 요리해 먹으며 타말, 퀘사디야, 고기류, 치즈, 소시지를 먹는다. 현재는 커피나 주스만으로 대신하기도 한다.

'알무에르소' 는 아침과 점심 사이, 즉 10시 30분~11시경에 먹는 식사로 샌드위치, 퀘사디야 등을 간단히 먹는다.

정식 점심식사(꼬미다)는 오후 3시경 먹는데, 보통 국물이 있는 요리와 국물이 없는 요리를 한 가지씩 먹는다. 점심식사는 직장에서 먹지 않고 집에서 푸짐하게 먹으며, 두 시간 정도 낮잠을 잔 다음 오후 5시경 직장에 복귀해서 저녁식사를 8시경 먹는 것이 보통이다. 점심식사를 많이 했을 경우 저녁 식사는 비교적 가볍게 먹는다.

전통 축제

태양과 선인장, 축제의 나라 멕시코에서는 1년에 총 680여 개의 축제가 열리며, 이때는 독특한 음식을 만들어 먹는다.

동방박사의 날(1월 6일)

'로스카빵(rosca de reyes)' 이라는 빵을 만들고 그 속에 조그마한 인형을 넣어 이것을 발견하는 사람에게 행운이 있다고 한다.

국기의 날(2월 5일)

멕시코 국기의 세 가지 색을 상징하기 위해 옥수수, 아보카도, 빨간 피망을 주재료로 하여 삼색 샐러드를 만들어 먹는다.

부활절(4월)

부활절 주간에는 '에스카베체' 라고 하는 소스에 익힌 새우요리와 같은 해물요리와 생선요리를 먹는다.

독립기념일(9월 7일)

스페인으로부터의 독립을 기념하며, '폰체(ponche)' 나 '포솔레(pozole)' 를 만들어 먹는다. 폰체는 수박 등 각종 과일을 삶은 음료이며, 포솔레는 우리나라의 감자탕과 비슷한 형태로 옥수수와 돼지고기 등뼈, 고기를 넣고 푹 끓이다가 고춧가루와 소금으로 간을 한 것이다.

인종의 날(10월 12일)

콜럼버스데이라고도 하는데, 베이컨, 밀가루, 여러 가지 채소를 재료로 만든 채소죽을 먹는다.

여러 성자의 날(11월 2일)

우리나라의 추석에 해당하며, 해골모양의 장식을 한 빵(pan de muertos)과 사탕, 초콜릿을 먹는다. 멕시코인들은 죽은 자의 영혼이 이 날 돌아온다고 믿고 영혼이 제단을 쉽게 찾을 수 있도록 집 앞까지 꽃길을 만들거나 집 앞에 촛불을 세워 둔다. 또한 성묘를 가서 그곳에서 노래를 부르고 술을 마시며 하룻밤을 보내는데, 이는 멕시코인들이 죽음을 삶의 한 부분으로 생각하며 하나의 놀이로 간주하는 것으로 볼 수 있다.

크리스마스(12월 25일)

크리스마스에는 '피나타'와 '부넬로'를 주로 먹는데, 피나타는 아이들을 위해 캔디를 동물 그림이 새겨진 종이에 싼 것이며, 부넬로는 애니스향이 나는 얇게 튀긴 과자로서 시럽에 담가 먹는다. 또한 사과와 복숭아즙으로 요리한 멕시코식 칠면조요리를 먹기도 한다.

UNITED STATES OF AMERICA

미국

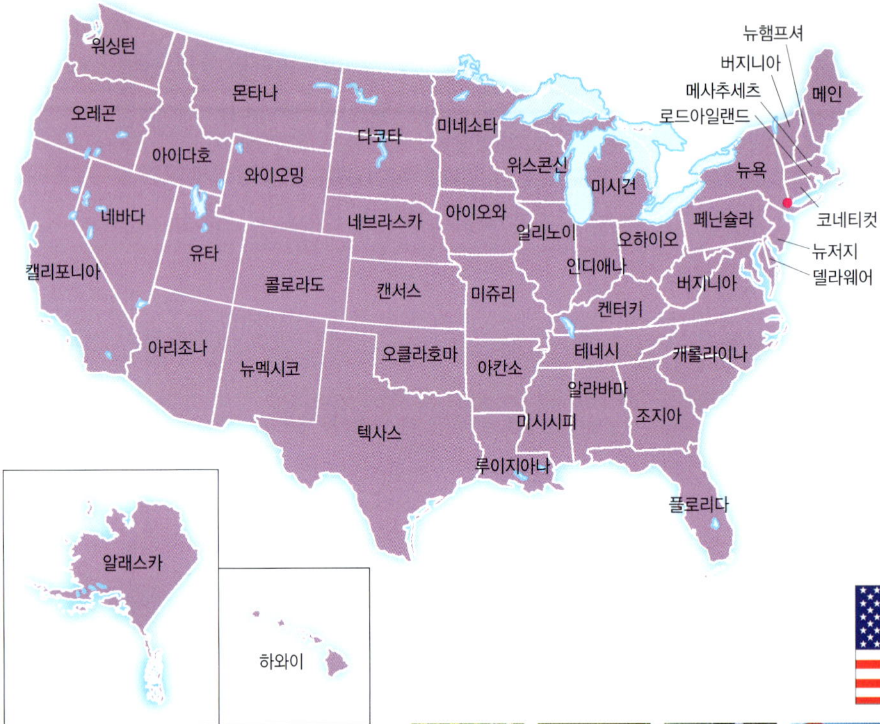

공식 명칭 | 아메리카합중국 **인구** | 3억 382만 4,646명 **면적** | 982만 6,630km²

수도 | 워싱턴 D.C **언어** | 영어 **정체** | 연방공화제 **화폐단위** | 달러(USD, $)

국화 | 인디애나 주 : 튤립, 캘리포니아 주 : 캘리포니아포피, 버지니아 주 : 미국산딸나무, 하와이 주 : 하이비스커스, 미주리 주 : 산사나무

역사적 배경

지금의 미국 땅에 제일 먼저 살고 있었던 사람들은 흔히 인디언이라고 불리는 먼 몽골에서 이주해 온 아메리카 원주민들이었다. 유럽 사람들은 처음에는 아메리카 대륙의 존재를 몰랐으나 1498년 콜럼버스가 아메리카 대륙을 발견하면서 스페인, 프랑스, 영국 등 유럽인들이 식민지를 설립하게 되었다. 처음에는 탐험가들이, 그 다음에는 부를 좇거나 자신의 종교를 지키고 싶은 사람들과 자유를 찾는 사람들이 하나 둘 풍요로운 아메리카 땅에 모여들었다.

그리고 마침내 1776년 7월 4일 13개 주가 영국식민통치로부터 독립을 선언하여 미합중국이라는 나라를 세우게 되었다. 그 후 급속한 영토 확장과 서부개척시대가 열렸으며, 노예제도 문제로 인한 남북전쟁을 거쳐 단일국가로서 발전하게 되었고, 전후 경제발전을 통하여 세계최강의 자본주의 국가로 성장하게 되었다. 이 과정에서 다수의 아메리카 원주민들이 병과 전쟁으로 죽고 지금은 아주 적은 숫자만이 남아서 좁은 인디언 보호구역 안에서 살아가고 있다.

지리적 특성 및 문화

미국 뉴욕의 월스트리트는 세계 경제를, 워싱턴의 백악관은 세계 정치를, 로스엔젤레스의 할리우드는 세계 문화를 좌우한다. 땅이 아주 넓어서 풍요로운 곡창지대도 있고, 선인장이 자라는 사막도 있으며, 눈 덮인 알래스카도 있고, 마음껏 수영하고 요트를 탈 수 있는 수백km의 해안가도 있다. 그러나 무엇보다 미국은 지구상의 모든 인종이 함께 살아가는 다문화 사회이다.

동부지역은 미국 정치, 경제, 사회, 문화의 중심부로, 대서양 연안의 습윤한 기후가 나타나지만 겨울에는 몹시 춥다. 특산물은 블루베리, 칠면조, 옥수수, 감자, 토마토, 고추, 오크라 등이 있다.

중서부지역은 대평원으로 알려져 있고 곡물과 과일이 풍부하다. 서부지역에는 로키, 시에라네바다 등 큰 산맥과 그 사이에 고원, 분지가 분포하여 농사에는 적합하지 않고 목장이 발달하였다. 아이다호의 감자, 캘리포니아 소노마 지역의 포도와 하와이의 파인애플을 비롯한 열대과일 등이 유명하며, 알래스카에서는 연어와 게가 많이 생산된다.

남부지역은 습기가 많은 아열대지방으로, 대농장이 형성되어 채소와 청과물이 생산되고, 대서양에 면한 지방에서는 해산물이 풍부하다. 특히 케이준요리는 캐나다 아카디아에 이주해 살던 프랑스인이 영국인에 의해 미국 루이지애나 지방으로 강제 이주된 후 발전시킨 요리이다.

음식문화

일반적 특징

현재의 미국음식은 고유 원주민의 식생활문화를 기초로 하여 초기 식민 세력이었던 스페인과 프랑스의 식생활문화, 그 후 미국의 지배 세력이었던 앵글로 색슨계 영국식 생활문화에 미국을 구성하는 다민족들의 식생활문화가 혼합된 형태이다. 역사가 짧은 미국음식은 뚜렷한 특징이 없으나 전 세계의 음식문화를 융합하여 새로운 음식문화를 만들어 내게 되었다.

미국 음식문화의 일반적인 특징이라면 육류 위주의 식생활, 단맛이 강한 후식과 음료의 선호, 전 세계의 음식과 퓨전음식의 공존, 실용성과 간편성을 중요시하는 식사 등을 들 수 있다.

스테이크

대표적 음식

스테이크

미국인들은 쇠고기를 두껍게 썰어 직접 구워 먹는데, 고기는 굽는 정도에 따라 다음과 같이 구분되며 미디움 래어(medium rare)도 있다.

래어(rare) : 스테이크의 위와 아래만 살짝 익힌 정도로, 고기의 겉은 분홍색이나 고기를 잘랐을 때 속은 빨갛고 익지 않은 생고기의 상태이다.

미디움(medium) : 스테이크의 위아래를 익혀 고기 겉은 갈색이나 회색이고, 고기를 잘랐을 때 속은 가운데만 약간 분홍색이다.

웰던(well-done) : 스테이크의 속까지 완전히 익힌 것으로, 거의 탄 것처럼 보이며 고기 속에서는 분홍색을 발견할 수 없다.

햄버거

대표적인 미국요리라면 대규모 생산이 가능하고 편의성이 강조된 햄버거와 핫도그가 있다. 가족이나 친지들과의 식사모임에서 많이 먹는 햄버거는 빵 사이에 쇠고기를 갈아서 두툼하게 만들고 그릴에서 구운 고기(패티)와 채소, 치즈 등을 함께 넣고 만들어 먹는다.

핫도그

휴일에 가족의 점심으로 간단하게 만들어 먹는 핫도그는 보통 롤빵에 소시지를 넣고 머스터드와 토마토케첩을 뿌린 다음 그 위에 다진 양파와 오이피클을 얹어 먹는다.

샌드위치

미국인들이 즐겨먹는 종류로는 햄, 치즈 및 참치통조림 등과 양상추와 토마토로 구성된 샌드위치이다.

햄버거

핫도그

샐러드

샐러드에 주로 이용하는 채소는 신선한 상추, 오이, 토마토, 버섯, 식물의 어린 싹 등이며, 샐러드에 들어가는 당근, 시금치, 완두콩, 브로콜리, 컬리플라워, 아스파라거스, 그린빈즈 등은 익혀서 육류나 생선음식에 곁들여 먹는다.

최근에는 각종 채소에 육류, 육가공품, 달걀, 치즈, 과일 등을 첨가하여 만든 샐러드를 한 끼 식사 대용으로 먹기도 한다.

후식류

미국인들이 식후 먹는 후식으로는 주로 달콤한 케이크, 파이, 쿠키, 푸딩, 젤라틴과 과즙으로 만든 젤리 등이 있다. 또한 아주 연한 커피나 청량음료(특히 콜라)를 마시기도 하며, 여름에는 시원한 레모네이드나 아이스티를 많이 먹는다. 최근 우리가 즐겨찾는 스타벅스 커피는 시애틀의 파이크 플래이스라는 전통 시장에 있는 스타벅스 1호점에서 출발된 것이다.

일상식

미국인들은 아침과 점심은 일터 근처의 식당에서 가볍게 먹지만 저녁에는 비중을 두는 편이다.

아침식사

미국인 아침식사의 주류를 이루는 것이라면 콘플레이크와 스크램블드 에그, 토스트나 오트밀, 우유 그리고 잼을 바른 토스트나 베이글이라고 할 수 있다. 가벼운 아침식사로는 과일 또는 과일주스, 토스트, 음료를 먹지만 보통의 아침식사를 할 때에는 과일이나 과일주스, 곡류, 달걀과 베이컨, 빵류, 음료를 먹는다.

① 아침식사용 곡류 가공품

시리얼류 : 간편하게 먹으면서 영양공급도 할 수 있도록 옥수수, 보리, 쌀 등의 곡류를 가공한 것이다. 먹을 때는 시리얼에 과일이나 우유를 넣어서 먹는다.

오트밀 : 눌린 납작보리처럼 생겼는데, 물을 부어 풀어지면 우유를 넣고 농도를 맞추어 죽

처럼 끓이고 소금으로 간을 맞춘다.

식빵 : 주로 토스트의 형태로 버터나 잼을 발라서 먹는다.

팬케이크와 와플 : 시판 가루에 우유를 넣고 팬에 구워 만들거나 냉동되어 있는 완제품을 전자레인지에 데워서 먹는다.

베이글 : 원래 유대인들이 먹는 빵으로, 유대인들이 많이 사는 뉴욕에서 발전된 것이다. 링 모양의 베이글은 담백하고 쫄깃하게 씹히는 것이 특징으로, 주로 반으로 잘라서 크림치즈나 잼을 발라서 먹거나 샌드위치형으로 만들어 먹는다.

기타 : 머핀, 모닝롤, 도넛 등도 아침에 간단하게 즐겨먹는다.

② 아침식사용 달걀요리와 육가공품

바쁜 아침에는 달걀프라이(fried egg), 스크램블드 에그(scrambled egg), 삶은 달걀, 햄, 베이컨, 소시지 등 짧은 시간에 준비되는 음식을 한두 가지 먹는다. 크림드 에그(creamed egg), 오믈렛(omelets) 등은 시간이 걸리는 음식이므로 공휴일 등 한가할 때 만들어 먹는다.

점심식사

점심식사로 즐겨먹는 메뉴는 주로 햄버거, 핫도그, 샌드위치 등이다. 샌드위치로 점심식사를 할 경우는 샌드위치에 샐러드, 커피 등을 곁들이며, 정찬을 먹을 경우는 수프, 육류요리나 생선요리, 샐러드, 후식, 음료 등을 먹는다. 그 밖에 프라이드치킨, 타코, 피자, 크레이프, 중국음식, 일본음식을 다양하게 즐기기도 하며, 마카로니와 치즈를 간단히 먹기도 한다.

저녁식사

저녁식사는 가벼운 서퍼(supper)와 형식을 갖춘 디너(dinner)가 있다. 즐겨먹는 메뉴는 비프스테이크이며, 해물요리를 먹기도 한다. 디너를 먹을 때는 수프, 생선 또는 육류요리, 샐러드, 빵, 후식, 음료 등을 갖추어 먹는다. 디저트로는 주로 쿠키나 초콜릿케이크 등을 먹는다.

전통 축제

부활절(Easter, 3월 22일~4월 25일 사이의 하루)

춘분(3월 21일) 후의 보름달 뒤에 오는 일요일로 해마다 달라지는데, 예수그리스도의 부활을 기념하는 작은 명절이다. 축제 전날 밤 달걀을 먹으며, 여러 가지 색칠을 하여 뜰에 숨긴 달걀을 아이들이 찾는 부활절 달걀 찾기(Easter egg hunt) 놀이를 한다. 요즈음은 많은 미국인들이 종교적인 의미를 떠나 삶은 달걀을 색칠하거나 아이들에게 사탕바구니를 주는 것으로 즐긴다.

벚꽃축제(cherry blossom festival, 3월 말~4월 말)

초대 대통령인 위싱턴이 살았던 버지니아 주는 벚나무가 많고 4월이면 아름다운 벚꽃이 피어 4월 상순에 성대한 축제가 열린다.

메이데이(May day)

1886년 5월 1일 미국 노동자들의 스트라이크와 시위운동이 발단이 되어 정해진 노동자의 축제일이다.

할로윈(Halloween)

할로윈은 10월 31일로, 특히 어린이들을 위한 축제이다. 이때는 가정마다 속을 파낸 둥근 주황색 호박을 도깨비 얼굴로 만든 무서운 호박등을 켜서 도깨비가 집 안에 들어오지 못하게 한다. 아이들은 무서운 도깨비, 마녀, 해적 등 요괴의 탈과 옷으로 변장하고 이웃집 문을 두드리며 트릭 또는 트리트(trick or treat) 라고 외친다. 이는 나를 놀라게 하든가 대접하라는 뜻으로, 이웃들은 대부분 미리 준비해 둔 사탕이나 초콜릿을 아이들에게 주는 것으로 대접한다.

추수감사절(Thanksgiving day)

추수감사절은 11월 넷째 주 목요일로, 하나님의 은혜가 있었음을 감사하는 큰 명절이다. 역사적으로는 1620년 종교적 자유를 찾아 영국에서 건너온 청교도들이 거친 자연과 싸우면서 이듬해 맞게 된 풍성한 가을 수확을 하느님께 감사하는 3일간의 감사제였다. 추수감사절 저녁음식으로는 빵으로 속을 채운 후 구운 칠면조, 크랜베리소스, 감자, 펌프킨파이 등을 준비한다. 추수감사절에는 많은 미국인들이 멀리 떨어져 있는 가족과 친지를 방문한다.

BRAZIL 브라질

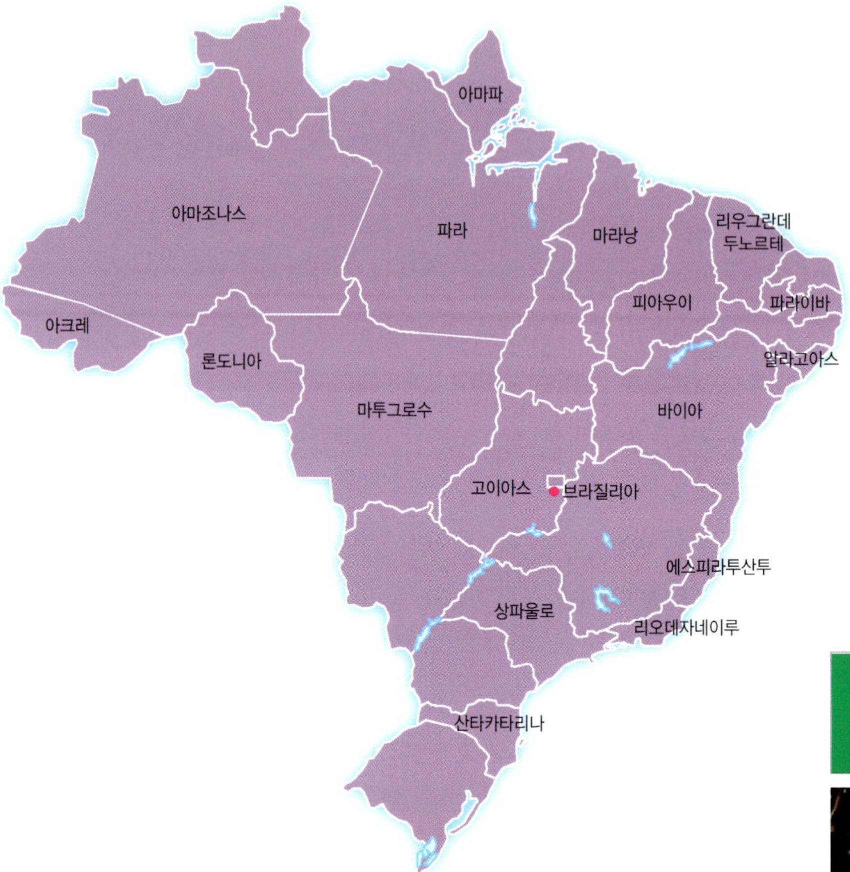

공식 명칭 | 브라질연방공화국 **인구** | 1억 9,190만 8,598명 **면적** | 851만 1,965km^2
수도 | 브라질리아 **언어** | 포르투갈어 **정체** | 연방공화제
화폐단위 | 레알(Real) **국화** | 카틀레야

역사적 배경

16세기 이전의 유럽 경제는 봉건경제였다. 이후 십자군 원정을 통해 동방문물이 전해지면서 무역을 통한 부의 축적이 이루어져 유럽의 중세사회는 무너지고, 국제무역의 활성화와 더불어 항해술이 급격히 증가하였다. 포르투갈도 주변국가와 마찬가지로 해외무역과 해외 영토 확장에 깊은 관심을 가지면서 1500년, 인도로 가는 무역로를 탐험하던 포르투갈의 페드로 알바리스 카브랄(Pedro Alvares Cabral)에 의해서 광대한 브라질이 발견되었다. 포르투갈의 해외 영토 확장의 배경은 아프리카의 곡물과 금, 노예무역으로 인한 재산축적에 있었다. 식민지인 브라질에서의 금광발견으로 채굴작업을 위해 많은 포르투갈인들이 브라질로 이주해 왔으며 노동력 제공을 위한 노예무역이 활성화되었다. 1822년 오랜 식민시대를 종식시키고 포르투갈로부터 독립된 브라질은 1888년 '레이 아우레아(Lei Aurea 황금율)' 라는 법안에 의해 노예제가 폐지되면서 노예무역이 금지되었고, 설탕, 목화, 광산에 기반을 두었던 브라질 경제는 커피 생산을 증가시켜 많은 수출을 하게 된다. 이를 위한 철도망 건설 등 경제 도약을 위한 급격한 변화가 일어나 커피생산이 브라질 경제에 지대한 영향을 미치게 되었다.

19세기 중반 무렵 공화정부가 들어서면서 브라질의 근대화가 시작되었으며, 20세기 중반 이후에 민주주의의 서광이 비치기 시작하였고, 1960년 새로운 수도 계획도시인 '브라질리아' 가 완공되었다. 하지만 1990년 초반까지 브라질 국민들은 경기침체와 인플레이션 발생, 군부통치로 인한 정치적 격변으로 많은 어려움을 겪었으나 이러한 어려움 속에서 변화를 모색하여 1994년 경제계획 프로그램의 실시로 새로운 화폐인 레알(real)이 도입되었고, 예산 축소, 민영화, 경제개방 등의 안정화 정책을 실현하면서 실효를 거두어 현재에 이르고 있다.

지리적 특성 및 문화

브라질은 세계에서 다섯 번째로 큰 나라로, 남미 대륙의 거의 반을 차지하고 있으며 칠레와 에콰도르를 제외한 남아메리카령 국가와 국경을 접하고 있고 세계 제2의 강인 아마존 강이 흐르고 있다.

남아메리카에서 유일하게 포르투갈의 지배를 받은 나라로서 원래 인디오 원주민들이 살고 있던 터전을 포르투갈 사람들이 점령했고, 사탕수수 재배를 위해 아프리카 흑인노예를 대거 브라질로 이주시켰으며, 이어 독일, 이탈리아 등 유럽 여러 나라의 백인들이 이주해 오면서 원주민인 인디오와 유럽, 아프리카문화가 함께 어우러져 브라질의 독특한 문화를 형성하였다. 이러한 다민족 사회를 형성하면서 친화력과 동화력, 낙천적이며 쾌활한 국민성은 카니발과 축구에서 잘 표현되고 있으며, 지역적으로 보면 북부지역은 인디오 원주민과 흑인의 영향을 많이 받아 전통적인 문화를 유지하는 반면, 남부지방은 백인의 유럽문화와 비슷하다.

광대한 영토를 차지하고 있는 브라질의 기후는 열대, 온대, 아열대 등 여러 기후대로 형성되어 있다. 계절 구분은 뚜렷하지 않지만 남쪽으로 갈수록 시원하고 북쪽으로 갈수록 더우며 지역별로 다양한 기후를 나타내어 옥수수, 쌀, 밀, 과일, 채소, 특산물 등 식재료가 풍부한 농업국임과 동시에 목축국가로 다양한 요리들이 발달하게 된 근간이 되었다. 또한 다민족 국가답게 다양한 음식문화를 선보이고 있다.

브라질을 진한 커피향이 가득한 나라라고 표현할 정도로 커피가 주요 농산물 중의 하나이다. 브라질의 커피 생산량은 세계 생산량의 약 50~60%로 세계 1위를 차지하고 있으며, 카카오는 세계 4위의 생산량으로, 이들이 브라질의 경제적인 바탕을 이루고 있다고 할 수 있다. 그 외에도 목화, 오렌지, 담배, 사탕수수 등이 다량 생산되고 있다.

음식문화

브라질의 식문화는 원주민인 인디오, 흑인 그리고 유럽인의 식문화가 혼합된 것으로, 광활한 영토만큼이나 지역적으로 다양한 식문화가 발달되었다.

민족별 식문화 특징

인디오의 식문화

인디오의 식문화는 가장 오래된 역사를 지니고 있으며, 브라질의 북부와 북동부 지역에서 발달했다. 고온 다습한 열대기후로 풍부한 천연 자원을 가지고 있기 때문에 원주민들은 곡식을 재배하거나 동물 사육 또는 음식물 저장의 필요성 없이 수렵, 채집 등을 통하여 자연의 식품을 그대로 먹고 생활했다. 식물의 뿌리나 줄기, 열대과일 등을 그대로 먹다가 차차 삶거나 구워먹기도 했다. 특히 바나나를 가장 많이 이용하였는데, 바나나를 말린 다음 얇게 썰어서 달걀과 설탕을 넣고 삶아서 만든 바나나파이가 유명하다. 식물의 뿌리를 먹는 것으로는 마니오카가 유명하다. 마니오카 가루를 생선에 묻혀 튀긴 후 고추기름을 발라 먹는 피렁을 가장 즐겨 먹는다. 사냥한 짐승이나 아마존 강에서 잡은 물고기를 꼬챙이에 꿰어서 소금, 올리브, 고추, 후추, 계피 등의 양념을 사용하여 구워 먹는 요리가 전해지고 있다. 인디오의 음식은 허브를 많이 이용하고 당밀로 단맛을 낸다.

흑인의 식문화

16세기, 브라질의 사탕수수 밭의 노동력을 제공하기 위해 아프리카의 세네갈, 가봉, 모잠비크 등에서 이주해 온 흑인들은 음식에 소금과 마늘을 많이 사용하였다. 소금은 더운 지방에서 힘든 일을 하면서 많은 땀을 흘리는 사람들에게 염분을 보충하기 위해서 사용하였고, 마늘은 열병을 막아준다고 생각하여 많이 사용하였다. 흑인들이 아프리카에서 가져온 '덴데(dende)' 라는 야자수는 그 열매에서 기름을 짜서 음식을 튀길 때 사용한다. 덴데유는 풍부한 지방을 함유하고 있어 많은 노동을 하는 이들에게 열량을 제공하는 매우 귀중한 식품이었다.

흑인음식 중에서 가장 대표적인 음식은 페이조아다(feijoada)와 쿠스쿠스(cuscuz)이다.

유럽인의 식문화

인구의 절반을 차지하는 유럽인들의 식문화는 각 지역에 거주하는 유럽인의 특성에 따라 영향을 받았다. 북부지방과 원주민인 인디오나 흑인의 영향으로 브라질 고유의 문화를 간직하고 있는 반면, 남부지방은 유럽과 비슷한 문화를 형성하고 있다. 특히 포르투갈 사람들이 많이 사는 상파울로나 리오 데 자네이루에서는 포르투갈의 전통음식인 대구를 이용한 음식이 발달하여 '해산물 대구요리' 와 '달걀 감자 대구요리' 가 유명하다. 이탈리아 사람이 사는 지역에서는 스파게티가 발달하였으며, 독일인 지역에서는 버터, 치즈와 같은 유가공품을 이용한 음식이 많이 발달하였다.

지역별 식문화의 특징

북부지역

아마존, 아마파지역으로 인디언들이 많이 살고 있는 지역이다. 과일과 수산물이 풍부하여 과일과 생선을 이용한 요리가 발달되어 있다. 말린 새우와 양파, 토마토, 실란트로, 오크라를 한 냄비에 넣고 끓인 요리가 주요리이다.

북동부지역

리오그란데가 있는 건조지역으로 소를 많이 키우며, 바닷가가 인접해 있어서 해산물이 풍부하다.

중서부지역

건조 사바나 기후로 강에서 잡히는 물고기와 넓은 목축지에서 키우는 소와 돼지, 작물로는 마니오카와 쌀, 옥수수 등이 많이 생산된다.

남부지역

리오 데 자네이루와 상파울로 등의 대도시가 있는 곳으로 브라질의 대표적인 음식인 페이조아다가 유래되었으며, 유럽의 이민들이 이주해 와서 정착한 이후로 다양한 음식문화가 발달되어 왔다. 리오 데 자네이루에서는 대구볼요리와 야자수 잎을 넣어 만든 새우요리가 대표적이며, 상파울로에서는 엠파다, 호박파이, 브라질식 칠면조요리가 유명하다.

대표적 식재료

마니오카

인디오들이 주식으로 이용하는 것으로 카사바라고도 한다. 검은색 껍질을 가지고 있으며 단단하고 감자와 비슷한 작물이다. 마니오카(manioca)는 녹말처럼 가루를 내어 죽을 만들어 먹거나 볶아서 마시기도 하고 커피에도 넣어 먹는다. 생 마니오카는 갈아서 즙을 내 쓰기도 한다. 마니오카의 뿌리에서 얻은 녹말을 '마니오카 녹말(manioca flour)' 이라고 하는데, 빵이나 음료에 이용한다.

덴데유

브라질에서 많이 이용하는 기름으로 특히 흑인들이 거주하는 지역에서 덴데유(dende oil, red palm oil)를 더 많이 이용한다. 덴데유는 야자수의 일종인 '덴데(dende)' 라는 식물의 열매에서 기름을 짜서 음식에 이용했다. 아무 맛이 없는 덴데유는 끓이면 독특한 향미가 난다. 아프리카에서 흑인들이 주로 많이 이용하는 것으로, 브라질 이주 당시 아프리카 흑인들에 의해 전해졌다.

덴데유

투쿠피

생 마니오카 즙을 하루 정도 끓이면 노란색의 투쿠피(tucupi)가 된다. 거의 모든 인디오 음식에 쓰인다.

야자나무 심

야자나무 심(heart of palm)은 떡가래 모양으로 흰색이며 씹는 맛이 죽순과 비슷하며, 샐러드에 이용한다.

카차카

카차카(cachaca)는 핑가(pinga)라고도 하며 브라질 사람들이 가장 즐기는 술이다. 바비큐, 마리네이드, 고추 절일 때 사용한다.

코코넛밀크

코코넛밀크(coconut milk)는 야자나무 열매인 코코넛에서 짜낸 즙으로 흑인들의 음식에 많이 이용한다. 코코넛의 과육을 말린 것을 '코프라(copra)' 라고 하며, 잘게 자르거나 부수어 케이크 토핑 등으로 이용한다.

카챠카

코코넛

라 임

라임(lime)은 레몬과 비슷한 모양의 초록색 껍질 과일로서 브라질에서는 레몬을 사용하지 않고 라임을 이용한다.

부리티

아마존지역에서 자라는 야자수의 일종으로 부채모양의 껍질이 자두 크기의 열매를 덮고 있다. 브리티(buriti) 열매에서 추출한 기름으로 요리를 하고, 열매의 즙을 발효시켜 술을 만들며, 사탕을 만들기도 한다.

대표적 음식

페이조아다

페이조아다(Feijoada)는 원래 백인들이 먹다 남은 허드레고기인 돼지꼬리, 족발, 귀 등을 콩과 함께 큰 냄비에 끓여 먹던 흑인노예의 음식이었다. 오늘날 브라질을 대표하는 음식으로, 칼로리가 워낙 높고 소화되는 데 오랜 시간이 걸려 리오 데 자네이로의 토요일 점심식사로 정착하게 되었다. 요즈음은 쓰고 남은 재료 대신 다양한 건조식품, 돼지고기, 갈비살, 카르네세카(소금에 절인 고기), 링기사(살코기 순대), 돼지의 코와 귀, 혓바닥 등과 소시지, 베이컨 등의 훈제고기를 사용한다.

페이조아다는 페이존이라는 콩에 고기를 넣어 조리한 것으로 물에 불린 콩을 하루 종일 삶다가 도중에 고기 등을 넣고 끓이다 월계수잎, 마늘, 양파 등을 넣고 다시 끓인다. 페이조아다는 아로즈(arroz)라고 하는 브라질식 흰 쌀밥과 파로파(farofa), 버터에 살짝 볶은 케일, 핫소스 등을 곁들이고 오렌지를 얇게 잘라 함께 먹는다.

슈하스코

슈하스코(churrasco)는 수세기 동안 브라질 남부의 카우보이나 가우쵸들이 즐겨먹던 브라질식 바비큐요리다. 1m 길이의 긴 쇠꼬치인 에스페토에 칠면조, 양고기, 오리고기, 돼지고기 등 다양한 고기를 부위별로 꿰어 특별한 양념 없이 알갱이가 굵은 돌소금을 뿌려가며 숯불에 구운 요리로 소금이 굵어 간이 서서히 배고, 또 숯불에서 구워 기름기가 빠지며 숯불향이 배어 담백하고 고소한 고기 맛을 느낄 수 있으며 토마토소스와 양파소스를 곁들여 먹는다. 슈하스코는 양식이 떨어지면 가축 중에 소나 돼지를 현지에서 잡아 쇠꼬치에 꿰어 구워먹었던 데서 유래한 것으로, 최근에는 결혼식이나 생일 등의 행사에 빠져서는 안 되는 브라질의 대표음식이 되었다.

오늘날 슈하스코 전문점에 가면 종업원들이 에스페토에 잘 구워진 각기 다른 종류의 부위와 고기를 들고 식탁을 돌면서 원하는 양만큼 고기를 썰어 준다. 식탁에 빨간색과 초록색의 막대를 놓아두는데, 고기를 계속 먹고 싶으면 초록색 부분을 위로, 먹고 싶지 않으면 빨간색 부분을 위로 두면 된다.

쿠스쿠스

쿠스쿠스(cuscuz)는 옥수수를 찧어 가루를 내어 반죽한 후 소금을 친 다음 삶아서 야자

페이조아다

슈하스코

수 기름을 발라 먹는다. 최근에는 제빵회사에서 만들어 판매되는 서민적인 음식으로 아침에 커피나 우유와 함께 먹기도 하고 저녁식사에도 즐겨 찾는 음식이다. 상파울루식은 반죽에 새우, 올리브유, 마늘, 향료, 야자수즙, 삶은 달걀 등을 추가하여 맛을 내며, 미나스제라스식은 새우 대신에 닭이나 정어리를 사용한다.

모께카

덴데유와 코코넛 우유로 향을 낸 해산물 스튜를 모께카(moqueca)라 한다.

상파울루의 요리

① 엠파다

밀가루 반죽을 익혀 토마토, 야자수 열매, 양파, 파슬리, 올리브 등을 넣어 찐 파이를 엠파다(empada)라 한다.

② 호박파이

밀가루를 반죽하여 얇게 썬 호박, 양파, 마늘, 올리브유를 넣어 만든 파이이다.

③ 브라질식 칠면조요리

브라질식 칠면조는 칠면조에 양파, 마늘, 당근, 월계수잎, 말린 후추 열매, 파슬리 등을 넣고 찜통에 찐 후 마늘, 올리브유, 백포도주, 카샤카를 넣어서 요리한다.

리오 데 자네이루의 요리

① 대구볼요리

대구볼요리는 대구를 삶아 으깨어 양파와 마늘 등 양념을 섞은 후 삶은 으깬 감자와 밀가루를 뿌려 섞는다. 여기에 달걀흰자에 간을 하여 거품을 내고 저어 반죽한 후 호두만한 크기로 만들어 빵가루를 살짝 묻혀 랩으로 싸서 냉장고에 한 시간 이상 넣어 두었다가 꺼낸 후 끓는 기름에 노릇노릇하게 튀겨낸다.

② 야자수 잎으로 만든 새우요리

새우에 양파, 마늘, 당근, 월계수 잎 등을 넣고 물을 부어 낮은 온도로 40여 분간 끓이면서 새우국물을 만들고 이 국물에 밀가루를 넣고 계속 저으면서 노릇노릇하게 익힌다. 야자수 열매와 고추, 파슬리, 부추 등을 잘게 썰어 넣고 저어주면 요리가 완성되며, 이 요리는 쌀밥과 함께 먹는다.

바이아주의 요리

바이아주지역의 특색음식은 사탕수수를 재배하던 흑인노예의 영향을 많이 받았다. 당시 밀가루와 고기가 귀하여 해산물, 마니오카, 고구마, 코코넛, 파인애플, 야자유 등 지역 특산물을 많이 사용했는데, 조미료는 아프리카에서 나는 양념을 주로 쓰고, 바이아주 음식은 덴데유와 코코넛 가루의 독특한 맛을 내는 것이 특징이다. 바이아주의 대표 음식은 아카라제를 들 수 있다.

① 바타파

바타파(vatapa)는 생선과 새우, 생강 및 야자즙으로 만든 스튜의 일종으로 음식에 곁들여서 나오는 것으로 어떤 음식에도 발라 먹으면 잘 어울린다. 땅콩, 양파, 마늘, 생강, 새우를 코코넛 과즙을 부은 식빵과 함께 갈면 노란색의 반죽이 만들어지는데, 이것을 덴데유에 넣고 끓이다가 닭고기국물에 넣고 끓여 걸쭉하게 한 것이다.

② 카루루

새우와 매운 고추 등의 소스로 만든 카루루(caruru)는 튀긴 새우를 고추와 작은 오크라로 만든 자극적인 소스와 함께 낸다.

③ 아카리제

바이아주 지역의 특색음식으로 아카리제(acaraje)는 이 지역에서 가장 즐겨먹는 케이크의 일종이다.

콩을 불려 양파와 함께 갈고 소금, 후추로 간을 하여 묽은 반죽을 만들어 놓은 다음 덴데유를 팬에 두르고 타원형으로 구워낸 후 말린 새우를 얹는다. 콩과 양파로 만든 묽은 반죽을 새우에 살짝 덮으면 된다.

투쿠피의 요리

인디오의 전통이 많이 지켜져 내려온 아마존 하류지방의 요리이다. 이것은 마니오카를 갈아 즙을 내어 하루 정도 끓인 것을 말하는데, 그 대표적인 음식은 다음과 같다.

① 파투누투쿠피

파투누투쿠피(pato no turupi)는 아마존 지역의 대표 음식으로, 집오리 투쿠피조림이다. 오븐에 구운 오리를 먹기 좋게 잘라 장부, 삐멘타 같은 채소를 넣은 투쿠피 국물에 끓여 낸 것으로 장부가 오리 냄새를 제거하고 향을 내는 역할을 한다.

② 타카카

타카카(tacaga)는 노란색의 걸쭉한 수프로 마니오카 가루를 끓인 것에 장부와 말린 새우, 고추를 넣어 톡 쏘는 아린 맛을 낸다.

③ 마니쇼바

훈제된 소의 혀, 돼지머리, 순대, 햄, 소시지 등 각종 고기를 마니오카 국물에 넣어 하루에 걸쳐 끓여 고기의 형태를 알아볼 수 없을 정도로 졸인 것으로, 조리한 이 음식은 15일간 두고 먹을 수 있다.

마니쇼바(manisoba)는 장기보존을 위한 인디오의 음식으로, 열대지역은 음식의 부패가 쉽게 일어나는데, 이 음식을 통해 육류를 저장해 두어 인디오들이 매일 사냥하지 않아도 언제나 적절한 단백질을 섭취할 수 있었다.

미나스제라이스의 요리 : 키아부 닭고기요리

키아부 닭고기요리는 미나스제라이스 주의 대표적 음식이다. 미나스제라이스는 넓은 초원으로 목축업이 발달하여 육류와 채소를 이용한 요리가 발달하였다. 키아부 닭고기요리는 닭고기를 토막 내어 마늘, 소금, 후추에 버무려 한 시간 정도 냉장시킨 후 올리브오일을 이용하여 튀겨낸다. 튀긴 닭고기에 양파와 소스를 넣고 익힌 다음 기름과 키아부를 잘라 넣고 저어준다. 키아부에서 나온 점액이 팬에 달라붙으면서 키아부가 오돌도돌하게 되면 잘게 잘라 튀겨낸 닭고기와 함께 소금과 후추로 간을 하면 된다.

대표적 음료

카이피링야

카이피링야(caipirinaha)는 슈하스코와 함께 즐겨 마시는 음료수로, 사탕수수를 발효시킨 알코올인 카샤카에 잘게 부순 라임, 설탕, 얼음을 갈아 낸 칵테일이다. 레몬향이 진해 알코올 냄새가 거의 나지 않기 때문에 브라질 사람들에게 매우 인기가 높다.

구아라나

구아라나(guarana)는 아마존에서 나는 과일로 만든 음료로 브라질 사람들이 즐겨 마시는 음료 중의 하나이다. 구아라나는 카페인 함량이 많아 각성효과를 준다.

구아라나

카샤카

카샤카(cachaca)는 사탕수수를 발효시켜 만든 브라질을 대표하는 민속주이다. 카샤카는 보드카처럼 투명하고 맑으며 오크통에서 숙성시키면 누렇게 변해 질이 떨어지기도 한다. 4,000여 종류의 카샤카 브랜드는 작은 글라스에 스트레이트로 마시거나 바티다, 카이피링야, 람바다, 나이트보트 등 다양한 카샤카 칵테일의 재료로 사용되기도 한다. 브라질 사람들이 가장 즐겨 마시는 것은 카이피링야이다.

뮤제 드 마리쿠자

뮤제 열매를 분쇄기에 넣고 갈아 즙을 만든 후 농축우유나 설탕을 넣고, 달걀흰자를 거품을 내어 섞은 것을 시원하게 해서 마시는 청량음료를 뮤제 드 마리쿠자(mousse de maracuza)라 한다.

와 인

브라질 포도주는 남부지역에서 생산되는 것이 질이 좋으며, 블란코(화이트와인), 로제(분홍빛 와인), 틴트(레드와인) 등의 포도주 종류가 있다. 블란코가 브라질 사람들에게 가장 인기 있는 포도주이다.

남부지역에서 생산되는 와인 중 대표적인 것으로 카사 발두가(Casa Valduga), 메이손 포레스티얼(Maison Forestier), 페테르롱고(Peterlongo)를 들 수 있다.

맥 주

생수 값보다 더 싼 브라질 맥주는 다민족 사회를 이루고 있는 브라질의 특수성에서 갈등을 해소시키는 맛 외에도 브라질 사람들의 숨김없이 투명한 삶의 모습과 그들의 지칠 줄 모르는 낭만에의 사랑을 여실히 보여 주는 중요한 역할을 하고 있다.

커 피

세계 최대의 커피 생산국으로 전 세계 총 생산량의 30%를 차지하고 있다. 브라질 커피는 커피나무가 자라는 데 최상의 조건을 갖추고 있는 자연환경과 노동력, 남아메리카의 거의 절반을 차지하는 광활한 토지와 커피가 생산·재배되는 조건인 토양, 생산지역의 고도차, 기후, 재배방법 등에 따라 다양한 종류의 커피가 생산되고 있으며 각 지역마다 특유의 향미(香味)를 가지고 있다. 브라질 커피는 브라질 자체의 기준에 의하여 품질평가를 하고 있다. 브라질 커피 생산지는 상파울루, 파라나, 리오 데 자네이루, 미나스 등이며, 브라질에서 재배되고 있는 커피의 종류는 질이 우수한 고급 품종인 아라비카종이 가장 많고 약간의 로브스타종과 유기농(organic) 커피, 자메이카 블루마운틴의 변종이 재배되기도 한다. 아라비카종은 부드럽고 향기가 있으며 로브스타종에 비해 카페인이 적게 함유되어 있다. 아라비카종은 품질에 따라 산토스(Santos), 미나스(Minas), 리오(Rio) 등으로 나누어진다.

① 산토스

브라질을 대표하는 최상품의 커피로 상파울루 주의 산토스에서 생산된다. 원두는 조금 작고 빨간 줄무늬가 있으며 약한 신맛이 있으나 부드럽고 향기가 풍부하다.

② 미나스

브라질 최대 커피 생산지인 미나스 제라이스(Minas Gerais)에서 생산되는 커피이다.

③ 리 오

리오 데 자네이루 지방에서 생산되는 카페 리오테(Cafe Riote) 커피는 요오드 성분을 다량 함유하고 있어 쓰디쓴 약용의 맛으로 유명하다.

또한 브라질 커피는 중후한 쓴맛과 신맛의 조화가 특징이다. 브라질의 국민 커피인

'크레올로' 와 서리와 바람에 민감하면서도 섬세한 맛을 내는 '브르봉', 카페인이 풍부하고 열매가 노란색을 띠고 있는 '보투카투' 와 '옐로' 가 있다.

tip 카페징요(cafezinho)

브라질 사람들은 '카페징요' 라는 좀 특이한 방식으로 추출된 커피를 마신다. 냄비에 물과 설탕을 넣고 가열하여 끓기 시작하면 커피분말을 넣고 잘 저어준 다음 불을 끄고 여과 천(quador)에 부어 커피 알맹이는 걸러내고 마시는 것이다. 이때 커피는 강하게 로스팅한 것을 사용한다. 이렇게 만든 커피는 데미타스(demitasse)컵(매우 작은 에스프레소용 커피 잔)으로 단숨에 마신다.

전통 축제

리오 카니발-삼바 축제

가톨릭교 사순절 직전, 3일에서 일주일간에 걸친 '삼바 축제일' 로 브라질의 옛 수도이며 자연미와 인공미의 조화로 세계 3대 미항(美港)의 하나인 리오 데 자네이루(Rio de Janeiro)에서 가장 성대하게 벌어지고 있는 리오 카니발은 '광란의 제전' 이라고 불리듯 화려함의 극치와 광란에 가까운 삼바춤으로 남국의 한여름인 2월의 태양 아래에서 펼쳐지는 브라질의 대표 축제이며 세계 최대의 축제이다.

삼바의 유래는 브라질의 목화밭에서 목화재배에 경작을 위해 아프리카로부터 노동인력으로 수입된 노예들이 노동에 혹사를 당하면서 겪는 고통을 잊으려고 그들의 원시적인 특유의 노랫가락에 맞추어 율동하였던 몸의 움직임에서 발생하였다고 한다. 이러한 삼바는 시간의 흐름에 따라서 아프리카의 기원인 흑인들 특유의 리듬 바꾸께(batuque)와 춤, 포르투갈의 엔트루도(entrudo) 등 두 댄스가 혼합되어 발전하였으며 여기에 갖가지 형태의 민속극이 서로 혼합되면서 오늘의 브라질 카니발로 발전되었다.

카니발은 시대에 따라 브라질 특유의 삼바 리듬을 형성했고, 그 시대를 반영하는 풍자의 도구이기도 하고, 때로는 민중적 유머가 분출하는 놀이도 되며, 때로는 종교적 면모를 갖춘 의식이 되기도 한다.

브라질 사람들은 고기를 즐겨 먹는데, 특히 이러한 축제를 즐기기 위해서는 많은 에너지가 필요하게 되어 스태미나를 위한 슈하스코라는 긴 쇠꼬치에 갖가지 고기를 꿰어서 천연양념으로 간을 맞춰 구워낸 바비큐 요리를 먹으며 소진되는 체력을 보강하였으며, 슈하스코와 함께 즐겨 마시는 음료수인 까이삐리냐는 브라질 사람들에게 매우 인기가 높다.

진흙 축제

브라질의 리오 데 자네이루 근교의 파라티(Paraty)에서는 매년 2월 거리 카니발 'Bloco da Lama'라는 진흙 축제가 열린다. 이 축제에 참가한 사람들은 진흙이 피부를 매끄럽게 한다고 하여 전신에 진흙을 바르고 원시인 등으로 분장한 채 가두행진을 하는 형식으로 진행한다.

6월의 축제

브라질 민속 축제에 속하는 6월의 축제(Festa Junina)는 6세기 때 유럽에서 시작된 전통 축제이다. 6세기경 당시 바티칸에서는 예수에게 세례를 준 요한의 탄생을 축하하기 위해 6월 24일을 그리스도인들의 기념일로 택하였다. 그리고 13세기에 와서 포르투갈에서는 2일을 더 추가하여 싼뚜 안또니우 데 빠두아(Santo Antonio de Padua)의 탄생과 성 베드로(S. Pedro)의 죽음을 기념하였다. 이렇게 하여 만들어진 6월의 축제는 포르투갈 사람들에 의해 브라질에 유입되었고 농촌에서는 태양신에게 풍년을 기원하는 행사로 성행하였다.

매년 성 요한 축제가 열리면 해가 진 뒤 모닥불을 피워 놓고 음악에 맞춰 콰드릴라(quadrilha) 춤을 추며 카차카향이 가미된 뜨거운 음료인 쿠엔탕(quentao)을 마신다. 다른 지역에서는 커다란 돛대를 세워 놓고 젊은이들이 이를 떼어내는 행사를 하기도 하고, 종이에 소망하는 내용을 적어 종이풍선을 만들어 하늘에 날리는 전통 행사를 하기도 한다.

또한 학교에서는 페스타 주니나 어린이 축제를 연다. 축제에 참가하는 어린이들의 전통 복장은 옷을 최대한 촌스럽게, 시골 농부의 상징으로 체크무늬 옷을 입는다. 얼굴에는 빨간 볼터치와 주근깨를, 그리고 밀짚모자를 쓰며 부츠를 신고 춤을 추고 노래를 부른다. 먹을거리로는 닭고기와 쇠고기로 만든 꼬치구이와 솜사탕, 음료 등을 먹으며 축제를 즐긴다.

MEMO

FOOD CULTURE & COORDINATE

CANADA 캐나다

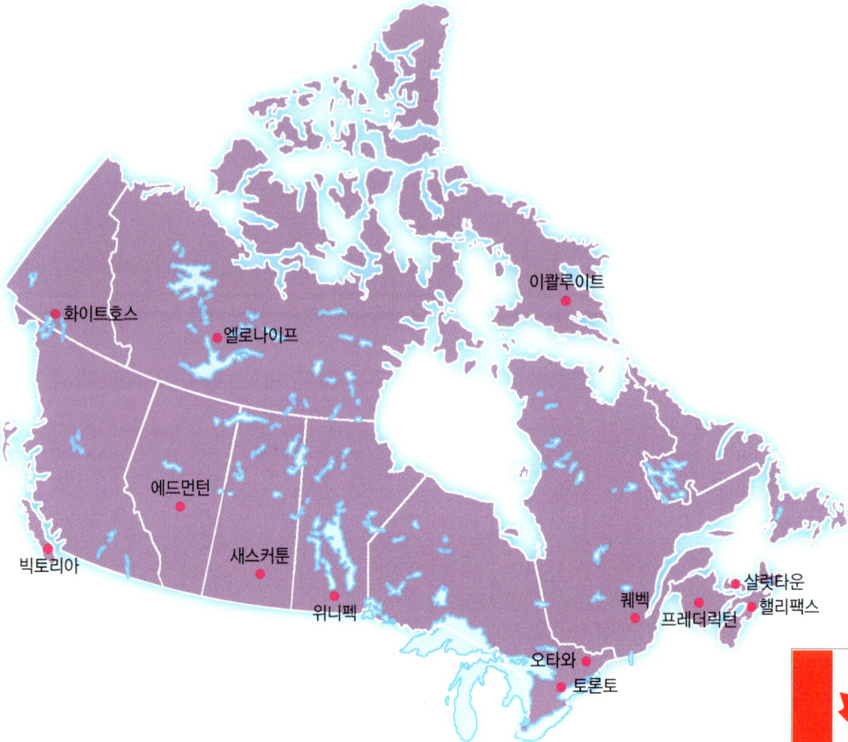

공식 명칭 | 캐나다 **인구** | 3,314만 3,610명 **면적** | 998만 4,670km²

수도 | 오타와 **언어** | 프랑스어, 영어 **정체** | 입헌군주제

화폐단위 | 캐나다 달러(CAD) **국화** | 단풍

역사적 배경

캐나다는 대서양을 건너온 유럽인들에 의해 세워진 나라이다. 캐나다라는 이름은 원주민이었던 이로코이족의 말로 부족이라는 뜻을 지닌 '카나타(Kanata)' 에서 비롯되었다고 한다.

15세기 말에 유럽의 탐험가들이 북미대륙을 찾았을 때만 하더라도 이곳의 주인은 에스키모인(이누이트)과 원주민이었다. 그 후 영국과 프랑스가 캐나다를 차지하기 위해 경쟁을 벌였고 결국 영국이 승리함으로써 1867년 캐나다는 영국연방국가가 되었으며 1931년에 영국연방의 자치령으로 독립하였다. 그러나 캐나다에서는 영어뿐 아니라 프랑스어도 공용어로 사용하는데, 이는 주민의 81%가 프랑스계로 이루어진 퀘벡 주 때문이다. 퀘벡 주에서는 영어가 거의 통하지 않으며 프랑스어를 공식 언어로 채택하고 있다.

영국과 프랑스의 식민지 개척 이래 정부의 이민 장려책에 따라 유럽과 아시아로부터의 지속적인 이민으로 주민의 구성도 다양한데, 전체 인구의 약 50%는 영국계, 30%는 프랑스계로 구성되어 있으며 이외 독일계, 이탈리아계, 네덜란드계 등도 있다. 인구의 대부분은 미국과의 국경지대를 따라 오대호지역에 띠 모양으로 뻗어 있는 한정된 지역에 거주하고 있다.

지리적 특성 및 문화

북아메리카에서 대륙 북부에 위치한 캐나다는 러시아 연방 다음으로 면적이 넓은 나라이다. 세계에서 두 번째로 넓은 땅과 풍부한 자원을 지닌 캐나다는 국토가 넓으므로 크게 12기후구로 나뉠 만큼 지역에 따른 기온차가 크다. 높은 위도 탓에 겨울에는 영하 20~30℃로 추위가 심하나 서부 태평양 연안 지방은 해류의 영향으로 기후가 따뜻하고 비가 많이 오는 편이다. 중앙 평원은 대륙성 기후로 건조하나 치누크라는 남서풍으로 인해 기온이 높아진다. 동부 일대는 한류의 영향으로 다른 지방보다 춥지만 동남부지역은 서안 해양성 기후로 과수 재배에 알맞다.

미국 국경 근처의 광활한 농토와 국토의 37% 이상을 덮고 있는 침엽수림에서는 다양한 농산물과 임산물이 풍부하게 생산된다.

음식문화

일반적 특징

세계적인 농업국 및 임업국인 캐나다는 음식 재료에 있어서도 풍성함을 나타낸다. 특히 밴쿠버 주의 연어, 프린스 에드워드 섬이나 뉴펀들랜드 섬의 바닷가재와 새우, 게, 서쪽 내륙에 있는 사스케체완 주의 넓은 평원지대의 풍부한 곡물로 사육된 육류 등은 캐나다의 유명한 식재료들이다.

캐나다는 영국과 프랑스의 문화가 공존하므로 아직도 미국보다는 유럽에 가까운 정취를 가지고 있다. 퀘벡은 프랑스계 캐나다인이 많은 곳으로 음식에 프랑스적인 특성이 많고, 빅토리아에는 영국계가 많다. 캐나다에는 프랑스 음식문화가 우세하고, 신생이민국이어서 이민을 온 국가 또는 민족의 전통음식이 공존하고 있다. 또한 대도시에서는 프랑스, 그리스, 멕시코 등을 비롯하여 중국, 한국과 같은 여러 나라들의 음식도 접할 수 있고, 여러 국적의 요리들이 혼합된 콤비네이션 형태도 있다.

지리적으로는 북미 대륙에 위치하고 있으나 그 뿌리는 유럽에서 찾을 수 있고 또한 문화 · 경제적으로는 아시아와 연관을 맺고 있음으로써 이들이 융합하여 캐나다의 질 높은 음식문화를 창조해 내게 되었다.

대표적 음식

해산물

캐나다는 세계 5대 어류 및 해산물 수출국인 만큼 동서로 바다가 있고 호수나 강이 많아 새우, 게, 연어 등 해산물과 농어, 송어, 빙어류 등의 담수어도 풍성하다.

서해안의 밴쿠버에서는 맛있는 훈제연어나 연어구이를 만날 수 있으며, 풍성하고 신선한 어패류로 유명하여 '생선요리라면 밴쿠버에서' 라고 말할 정도이다. 또한 다랑어나 민물가재, 조개류도 종류가 많고 맛이 좋다.

동해안의 프린스 에드워드 섬이나 뉴펀들랜드 섬은 바닷가재, 새우, 게요리가 유명하며, 대서양 연안의 세인트로렌스 강 하구는 세계 제일의 새우맛으로 알려져 있다.

축산물

캐나다 중앙 내륙 지방에서는 넓은 평원지대의 풍성한 곡물로 인해 목축업이 발달하여 최상의 고기를 사용한 스테이크나 바비큐를 맛볼 수 있으며 특히 세계적 육우 산지로 꼽히는 앨버타 주의 비프스테이크가 유명하다.

이와 함께 온타리오나 퀘벡 등 중부 지역을 중심으로 낙농산업도 발달하여 양질의 우유로 만드는 다양한 치즈도 선보이고 있다.

메이플시럽

메이플시럽

단풍나무 수액으로 만드는 캐나다의 메이플시럽(maple syrup)은 세계 생산량의 78%를 차지하는 캐나다의 특산물이며, 그 중 90% 정도는 퀘벡지방에서 생산된다. 현재 북미 대륙 동북부지역에서만 생산되는 메이플시럽의 대표적인 산지라면 온타리오 주와 퀘벡 주를 들 수 있다. 끈끈한 호박색의 메이플시럽은 봄철 야생 단풍나무의 즙을 끓여서 만드는데, 단풍나무 수액은 매년 3월과 4월에만 채취한다. 메이플시럽의 제조법은 토착 인디언들에게서 배운 것이라고 하는데, 캐나다 남쪽의 숲에서는 봄이 되면 단풍나무에 V자형으로 칼자국을 내고 작은 관을 연결하여 이를 따라 흘러내린 수액을 받아 모아서 큰 가마에 넣고 사흘 밤낮으로 끓이면 달콤한 메이플시럽이 완성된다. 농축 정도에 따라 호박색에서부터 갈색까지 여러 종류가 생산되며, 캐나다요리에 다양하게 쓰인다. 메이플시럽은 열량이 설탕의 10% 정도로 적고, 꿀보다 부드러우며 섬세하고도 그을린 나무 같은 단풍나무의 독특한 향이 은은하게 배어 있어서 빵이나 핫케이크에 발라먹거나 홍차에 넣어 먹기도 한다.

또한 캐나다 어린이들은 메이플시럽을 이용해서 '티레' 라는 음식을 만들어 먹기도 하는데, 이것은 깨끗한 눈에 메이플시럽을 길게 뿌리고 적당히 식은 시럽을 나무 막대기에 돌돌 말아 완성하는 것이다.

야생미

야생미(wild rice)라고 부르지만 실제로 야생의 쌀은 아니며, 인디언들이 즐겨먹던 흑갈색의 곡물이다. 독특한 향기와 씹히는 맛이 특징이며, 육류요리에 곁들여 내기 위한 음

언 포도

식으로 활용되기도 한다.

아이스와인

캐나다에서는 추운 겨울 포도를 그대로 밭에서 얼린 상태로 수확하여 단맛이 강한 고품질의 백포도주를 만드는데, 이 단맛이 강한 포도주를 아이스와인(ice wine)이라고 한다.

원주민들의 토속음식

'세 자매(the three sisters)' 로 불리는 콩, 옥수수, 호박 등 세 가지 식품은 수세기에 걸쳐 형성된 캐나다 원주민음식의 기본 재료가 된다. 원주민들의 토속음식을 맛볼 수 있는 행사들이 있는데, 온타리오 주 브랜드포트에서 열리는 그랜드 리버 파우와우(Grand River Powwow)에서는 세 자매 수프, 버팔로버거, 사슴고기스튜, 딸기 드링크와 생선구이, 다양한 육포를 만날 수 있고, 알러트 만의 유미스타 문화센터(U'mista Cultural Center)에서는 말린 미역, 바비큐하거나 훈제한 생선, 생선을 발효시켜 얻은 기름 등이 제공된다.

전통 축제

월 아이스와인 페스티벌

오카나간에서 열리는 겨울 와인 축제(Okanagan wine festival)로, 1월, 5월, 10월의 세 차례에 걸쳐 열린다.

오타와 튤립 축제

캐나다와 네덜란드의 교류를 축하하는 축제로, 제2차 세계대전 중 캐나다에 망명한 율리아나 여왕으로부터 튤립 구근을 선물받은 것이 계기가 되어 매년 5월 하순경 열린다.

400만 송이의 튤립이 오타와를 장식하며 네덜란드의 음식을 실은 포장마차가 등장한다.

오타와 눈 축제

캐나다 수도 오타와에서 펼쳐지는 겨울 축제로 매년 2월에 약 2주간 개최된다. 리도 운하를 중심으로 얼음 조각전, 빙상 결혼식, 스케이트 레이스 등의 행사가 열린다.

토론토 국제영화제

토론토 국제영화제(Toronto international film festival)는 세계에서 두 번째 규모인 국제 영화제로, 매년 9월 중순에 10여 일 동안 250여 편의 영화가 상영된다.

메트로 토론토 국제 캐러밴

메트로 토론토 국제캐러밴(Metro Toronto international caravan)은 매년 6월 중순~하순에 걸쳐 펼쳐지는 토론토 최대의 축제라고 할 수 있으며, 50여 개국의 이민자들이 춤, 요리, 공예품 등 각 나라의 전통문화를 느낄 수 있는 전시나 판매를 한다.

NEW ZEALAND

뉴질랜드

공식 명칭 | 뉴질랜드 **인구** | 417만 3,460명 **면적** | 26만 8,680km^2

수도 | 웰링턴 **언어** | 영어, 마오리어 **정체** | 의회 민주주의

화폐단위 | 뉴질랜드 달러($NZ) **국화** | 회화나무

역사적 배경

뉴질랜드의 원주민은 지금으로부터 약 1000년 전 뉴질랜드로 건너온 마오리족으로 알려져 있다.

마오리 구전에 의하면, 최초로 항해를 통해 뉴질랜드로 온 사람은 쿠페(Kupe)라는 사람이며, 이들 마오리족은 별의 위치, 바람의 방향과 세기, 파도의 흐름을 보고 항해방향을 결정할 수 있는 뛰어난 항해술을 갖고 있었다. '아오테아로아(Aotearoa)' 는 마오리말로 '길고 하얀 구름의 나라' 라는 뜻으로, 초기 폴리네시아 항해사들의 시대에 붙여진 뉴질랜드의 또 다른 이름으로 현재까지 사용하고 있다.

뉴질랜드라는 이름은 17세기 최초의 유럽인 항해사 네덜란드의 아벨 타스만(Abel Tasman)이 고향 네덜란드 해안지방 젤란드의 이름을 따서 새로운 젤란드란 의미의 '노바젤란디아(Novo Zeelandia)' 라고 명명한 데서 유래되었다.

18세기 중반 무렵인 1769년에 영국인 항해사 제임스 쿡에 의해 뉴질랜드 해안지도가 만들어졌으며, 1790년부터 포경과 바다표범의 모피, 목재나 마 등의 자원을 얻기 위해 많은 유럽인들이 이주하기 시작했으며, 이후 유럽인과 마오리족과의 교류가 활발히 이루어졌다. 마오리족은 돼지고기와 감자 등의 식료품을 제공하였고 유럽인들은 망치와 낫 등의 철제품과 화약, 모포 등을 제공하는 물물교환이 이루어졌다. 유럽인과 마오리족 간의 교류가 활발히 이루어지면서 뉴질랜드 이민사업이 본격화되었는데, 이 사업을 전개하면서 영국 정부는 1840년 와이탕이 조약을 맺어 뉴질랜드를 식민지화했다. 이 조약 체결 이후 영국인과 마오리족 사이에 북섬을 중심으로 토지 매입으로 인한 대립이 격화되어 영국인이 병력을 동원하는 12년간의 전쟁이 일어나기도 했다. 19세기 후반 국가로서의 모습을 갖추기 시작하면서 영국 정부는 전쟁으로 황폐해진 수도 오클랜드에서 남섬과 북섬을 연결하는 위치에 있는 웰링턴으로 수도를 옮겨, 오클랜드는 경제적인 수도로, 웰링턴은 행정적인 수도로 역할 분담이 되어 오늘에 이르고 있다. 웰링턴으로 수도를 옮기면서 정당정치시대를 맞이하게 된다. 1890년에 최초의 총선거가 실시되었고, 세계 최초로 여성에게 참정권을 인정하였으며, 토지 개혁과 연금법 개정 등이 이루어져 사회 전반에 걸쳐 크나큰 변화를 맞이하면서 안정된 정권 아래 경제 호황을 누리고 있다.

지리적 특성 및 문화

뉴질랜드는 자연의 아름다움과 신비로움이 가득한, 지상에 남은 마지막 천국이라 일컬어질 만큼 자연환경이 그대로 보존되어 있는 남서태평양에 있는 섬나라로, 영국연방에 속한다. 남섬과 북섬의 본토와 여러 섬 및 제도로 이루어져 있으며, 기후는 사계절의 변화가 있으나 연교차가 적어 거의 온난한 기온이다. 남알프스의 만년설, 호수, 빙하계곡 등을 간직하고 있는 남섬과 넓은 평원이 있는 북섬의 풍부한 연은 육류와 어패류, 과일과 채소 등 풍부한 식생활을 영위할 수 있는 자원 공급의 보고이다.

뉴질랜드의 원주민인 마오리족은 기후가 온난하고 고향에 가까운 북섬을 기점으로 농경과 수렵 중심의 생활을 시작했다. 그 이후 영국을 중심으로 한 유럽인들이 이주해 오면서 원주민인 마오리문화와 유럽문화가 공존하게 되었으며, 음식문화도 마오리족의 음식문화와 유럽의 음식문화가 혼합된 형태를 이루고 있다.

뉴질랜드는 대륙이 분리되어 있는 지형적인 특성으로 인해 맹수와 야수가 없다. 넓은 국토에 양과 말, 소 등의 초식동물이 평화로운 먹이 사슬을 형성하고 있고 이런 생태계를 유지시켜 주는 것은 조류이다. 특히 뉴질랜드에는 특이한 새가 많은데, 국조인 키위(kiwi bird)의 경우 비행 능력을 상실하여 날아다니지 못하는 새이며, 세계에서 가장 큰 새인 카카포 등도 뉴질랜드에 서식한다. 뉴질랜드는 뉴질랜드 사람을 키위라 부르며, 가장 많이 생산되는 과일도 키위이다. 뉴질랜드에는 이렇게 세 종류의(kiwi bird) 키위가 있다.

뉴질랜드의 국조 키위

뉴질랜드인은 우호적이며 타인의 의견을 존중하지만 가정은 개인생활을 중시하는 철저한 핵가족제도로 되어 있다. 뉴질랜드에서의 요리는 온 가족이 함께하거나 가족이 순번을 정하여 식사를 준비하며, 뉴질랜드의 남자를 키위 허즈번즈라고 하여 가족과의 생활을 소중히 여기는 착실한 남편을 뜻한다. 이와 같이 뉴질랜드의 음식은 가족 간의 대화를 연결하는 가교적인 역할을 하고 있다.

음식문화

뉴질랜드는 남태평양 원주민인 마오리의 독특한 음식문화와 유럽 및 아시아의 이민자가 혼합되면서 자연에서 주어진 풍부한 식재료와 함께 다양한 음식문화가 존재한다.

일반적 특징

육류요리의 발달

목축업이 발달하여 양고기, 사슴고기, 쇠고기, 돼지고기의 주요 생산국으로 육류의 가공 수출은 물론, 고기의 질이 좋고 저렴하여 스테이크 또는 훈제를 이용한 조리법 등 다양한 육류요리가 유명하다. 램(lamb ; 새끼 양고기)과 트림포크(trim-pork ; 돼지고기를 이용한 요리), 사슴사육이 활발해지면서 사슴요리인 '베니손(venison)' 이 인기를 끌고 있다.

베니손

풍부한 해산물요리

뉴질랜드는 바다로 둘러싸인 섬나라로 어패류가 풍부하여 도미, 전복, 연어, 왕새우, 가재, 굴, 가리비, 참돔 등 고급 어패류를 이용한 해산물요리가 많다. 특히 크레이피시(crayfish)라는 굉장히 큰 바닷가재가 유명하다.

크레이피시

풍부한 과일과 채소

연중 온화한 기후 속에서도 4계절이 존재하는 뉴질랜드는 계절별로 다양한 과일을 즐길 수 있다. 특히 키위의 본고장으로 생육에 필요한 최상의 자연조건을 갖추고 있어 양질의 제품을 생산하고 있으며, 살구와 보이젠베리(boysenberry ; 딸기의 일종), 아보카도 등

보이젠베리

을 많이 생산한다.

또한 뉴질랜드의 고구마인 큐마라와 단호박, 감자 등 다양한 채소들이 생산되어 수출과 함께 다양한 음식이 개발되었다.

대표적 음식

항이음식

마오리족 전통음식으로 은근한 지열로 익힌 음식을 소스와 함께 먹는다. 땅 속에 구덩이를 파고 그 안에 나무를 쌓은 다음 돌(항이 스톤, hangi stone)을 올려놓는다. 나무에 불을 붙여 돌이 달궈지면 나뭇잎으로 싼 식품을 얹고 흙으로 덮는다. 그리고 어느 정도 시간이 흐르면 달궈진 돌의 열이 식품의 수분을 데우면서 익는 돌찜구이이다. 디저트로는 백인들의 음식문화가 가미된 듯 달콤한 휘핑크림(whipping cream)을 듬뿍 얹은 과일 및 케이크가 곁들여진다. 항이요리에 사용하는 식재료는 돼지고기, 쇠고기, 닭고기, 민물고기, 호박, 감자, 옥수수 등 다양하며, 이 요리는 향신료를 사용하지 않는다. 지금도 로토루아와 그 주변의 지열지대에서는 땅에서 올라오는 뜨거운 수증기를 이용하여 음식을 익히기도 한다.

이러한 항이음식은 마오리족의 마라이에서 집회할 때 재현되는데, 집회가 끝난 뒤 참가자 전원의 회식용으로 이용된다.

미트파이

미트파이(meat pie)는 진한 버터향이 나는 파이 껍질 속에 쇠고기나 닭고기 간 것을 듬뿍 넣어 만든 파이로 완두콩이나 그레비소스를 뿌려 먹는 대중적인 음식이다. 최근에는 전통적인 다진 미트파이 외에도 스테이크파이, 치킨파이, 양고기파이, 사슴고기파이 등도 있다.

피시 앤 칩스

피시 앤 칩스(fish & chips)는 흰살생선과 감자를 기름에 튀겨 함께 담은 요리로 케첩에 찍어 먹기도 한다. 값싸고 대중적인 음식이며, 흰살생선을 삶거나 회로 제공하기도 한다.

피시 앤 칩스

파블로바

토헤로아수프

토헤로아수프는 토헤로아라는 조개의 살을 으깨어 크림양념으로 만든 수프이다.

호카포키

호카포키는 작고 딱딱한 캐러멜이 들어 있는 바닐라아이스크림이다.

파블로바

파블로바(pavlova)는 달걀흰자와 설탕을 섞어 살짝 구운 머랭(meringue)과자에 휘핑크림을 듬뿍 얹고 신선한 과일로 장식한 대중적 디저트로, 겉은 바삭하고 안은 부드러운 케이크이다. 케이크 위에 얹는 과일은 딸기류가 가장 많이 사용되지만 키위나 귤, 그외 다른 과일을 사용해도 된다.

'파블로바' 라는 이름은 러시아의 전설적인 발레리나 안나 파블로바(Anna Pavlova)를 위해서 만든 것에서 유래된 것으로 알려져 있으며, 너무 단 것이 단점이다.

L & P

L & P(Lemon & Paeroa)는 뉴질랜드에서 가장 유명한 탄산음료이다. 이 음료는 1904년에 '파에로아' 라는 도시 근처에서 미네랄워터에 레몬을 섞어 신선한 음료를 만든 것이 유래가 되었으며, 파에로아지방은 물론 세계적인 음료로 발전하였다.

와 인

뉴질랜드는 여름과 겨울의 연교차가 크지 않은 대신, 낮과 밤의 일교차가 크다. 이러한 기후적 특성은 포도를 잘 숙성시키고 신맛을 적절히 유지시켜 맛있는 와인(wine)을 만들어 내는 천혜의 조건으로 자연친화적인 재배방법을 이용하는 것도 뉴질랜드 와인이 높은 평가를 받는 이유 중 하나이다.

뉴질랜드에서 와인용 포도가 재배되기 시작한 것은 1819년 북섬 베이 오브 아일랜드이며 1840년에 와이너리가 탄생했고 상업용 와인이 만들어지게 된 것은 1870년 이후부터이다. 현재 뉴질랜드 와인의 약 80%는 화이트와인이며, 15%가 레드와인, 5%가 스파클링와인이다. 뉴질랜드 와인은 우아하고 기품 있는 맛과 신맛이 적당하게 함유되어 있는 것이 특징이다. 또한 화이트와인인 샤르도네(Chardonnay)와 소비뇽 블랑(Sauvignon Blanc), 레드와인인 피노 누아르(Pinot Noir) 등이 국제적으로 명성이 높다. 해마다 뉴질랜드 최대의 와인 생산지인 말보로, 기스본 등지에서는 와인 축제가 개최된다.

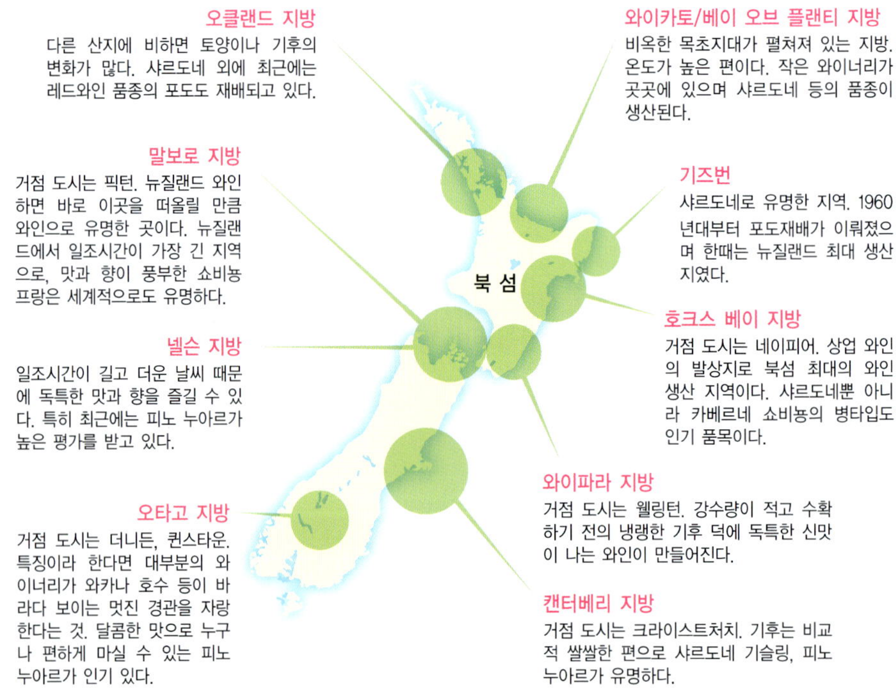

뉴질랜드의 주요 와인 산지

뉴질랜드 와인의 포도 품종

- 소비뇽 블랑(Sauvignon Blanc) : 뉴질랜드 와인을 대표하는 품종으로, 달콤한 과일 맛과 화려한 향이 특징이며, 6개월~2년 정도 되면 가장 맛있는 쌉쌀한 화이트와인이 된다. 발보로 지역이 세계적으로 유명하다.
- 샤르도네(Chardonnay) : 쌉쌀한 맛의 고급 화이트와인용 포도이다. 오크통에서 숙성되며 3~5년 된 것이 가장 맛있다.
- 리슬링(Riesling) : 독일 와인으로 유명한 품종이지만, 최근에는 뉴질랜드에서도 많이 재배되고 있으며 쌉쌀한 맛이 강한 편이다. 향과 맛의 균형이 잘 잡혀 있다.
- 피노 그리(Pinot Gris) : 뉴질랜드에서 최근에 재배하기 시작한 화이트와인용 품종으로 과일 맛이 나며 향과 맛이 풍부한 와인을 만들 수 있다. 가장 주목을 받고 있는 품종이다.
- 카베르네 소비뇽(Cabernet Sauvignon) : 타닌이 많이 함유되어 있으며 검은 포도의 강한 향이 특징이다. 3~7년 된 것이 가장 맛있다.
- 메를로(Merlot) : 단독으로 사용하면 부드러운 맛의 레드와인이 된다. 카베르네와 브랜딩을 많이 한다.
- 피노 누아르(Pinot Noir) : 프랑스 부르고뉴 지방의 대표적인 품종으로 우아한 레드와인을 만든다. 뉴질랜드산은 높은 평가를 받으며 세계적으로 주목을 받고 있다.

맥 주

뉴질랜드 사람들은 맥주를 즐겨 마신다. 물이 깨끗한 뉴질랜드 맥주는 브랜드별로 맛이 다양하며, 도시마다 상표가 있어서 그에 맞는 다양한 맥주를 즐길 수 있다. 오클랜드의 라이온 레드(Lion Red), 크라이스트처치의 캔터베리 드래프트(Canterbury Draft)가 최고 인기 브랜드이며, 스타인라거(Steinlarger)와 독특한 새의 이름을 딴 키위 라거(Kiwi Larger), 투이 라거(Tui Larger)가 대중적인 맥주이다.

일상식

뉴질랜드의 아침식사는 오트밀과 콘플레이크로 하고 점심식사는 샌드위치나 파이 등으로 간단히 한다. 하지만 저녁식사는 반드시 수프로 시작해서 채소를 곁들인 육류를 이용한 주요리를 먹고 디저트와 홍차로 식사를 마치는 풍성한 정식식사를 한다. 사용되는 육류는 양고기와 쇠고기이다.

전통 축제

한여름의 크리스마스

뉴질랜드에 크리스마스가 도입된 것은 파케하에 의해서이다. 원래 크리스마스는 전통적인 겨울 축제이지만 뉴질랜드에서는 크리스마스 시기가 한여름에 해당되어 여름에 즐기는 크리스마스 축제로 정착되었다.

일반적으로 유럽에서는 뜨거운 채소요리와 함께 나오는 구운 칠면조요리, 크리스마스 자두푸딩 등 크리스마스요리로 정찬을 즐기지만 춥지 않은 뉴질랜드에서는 크리스마스 정찬보다 간단하고 덜 기름진 음식으로 대체되고 있다. 또한 크리스마스에는 온 이웃이 한 집에 모여 음료나 바비큐 파티를 열어 이웃에게 크리스마스 축하 인사를 건네거나 동네 소식들을 이야기하면서 친밀한 관계를 유지하기도 한다.

와인 앤 푸드 페스티벌

와인 앤 푸드 페스티벌(wine and food festival)은 도시가 아닌 산지에서 열린다. 블렌하임(Blenheim)에서 말보로(Marlborough) 와인 앤 푸드 페스티벌이 열리고 마스터톤(Masterton)에서 와이라라파(Wairarapa) 와인 앤 푸드 페스티벌(wine and food festival)이 열리며, 이 축제에서는 다양한 음식과 음료를 맛볼 수 있다. 또한 신선한 음식재료도 구입할 수 있다.

안작쿠키

안작데이

안작은 '호주와 뉴질랜드의 연합군(Australia and New Zealand Army Corps)'의 약자로 안작데이는 제1차 세계대전에 호주와 뉴질랜드의 군인들이 '안작'이란 이름으로 연합군을 구성하여 참전했는데, 터키의 갈리폴리(Gallpoli) 반도에서 벌어진 전쟁 때 전사한 군인들과 살아 돌아온 참전자들을 추모하기 위한 날이다. 이 날 먹는 안작쿠키(Anzac cookie)는 '안작' 이란 연합군의 결성을 축하하고자 만든 쿠키로, 만들기 쉽고 경제적이며 영양가가 높고 저장이 용이하여 참전자의 가족들이 외국으로 보내는 구호 물품으로 많이 사용한 것에서 유래가 되었다.

SOUTHAFRICA

남아프리카공화국

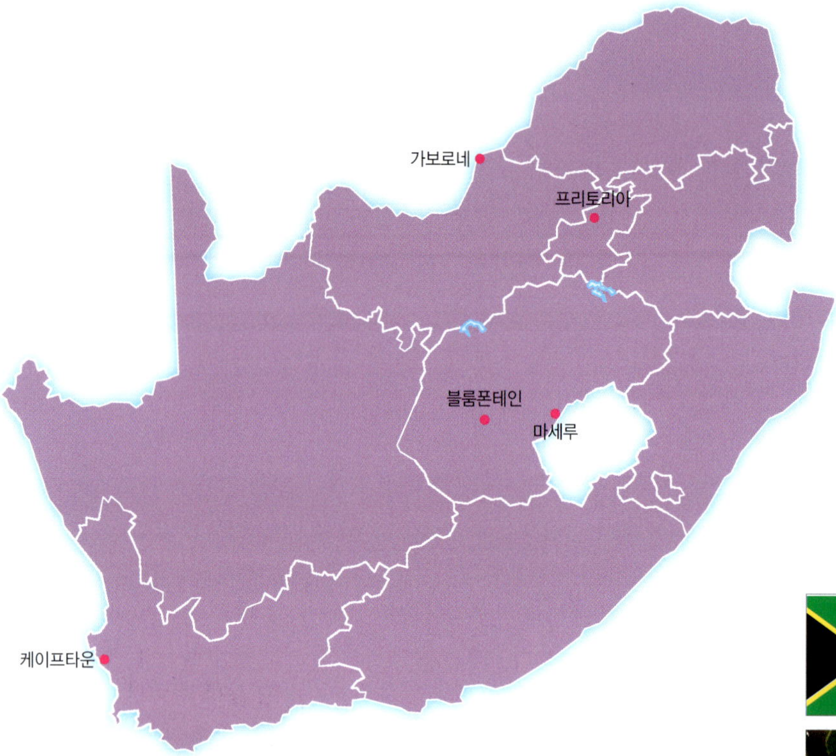

공식 명칭 | 남아프리카공화국 **인구** | 4,378만 6,115명 **면적** | 121만 9,912km^2
수도 | 행정수도 : 프리토리아, 입법수도 : 케이프타운, 사법수도 : 블룸폰테인
언어 | 영어 및 아프리칸스어 **정체** | 의회 민주주의
화폐단위 | 랜드(Rand) **국화** | 프로티아

역사적 배경

남아프리카공화국 원주민

백인이 정착하기 이전, 17세기경까지는 수렵과 채취 생활을 하던 부시먼족(Bushman)과 가축사육을 하던 텐토트족(Khoi-khoi)이 거주하였고, 그 후 철기문화로 무장한 반투족(Bantu)이 18세기 후반까지 남아프리카 전역에 진출하였다.

한편 15세기 오스만투르크가 아시아로 가는 육로를 차지함으로써 유럽 상인들이 아프리카를 돌아 아시아로 가는 바다의 실크로드를 찾던 중 1488년 포르투갈 선박이 대서양을 넘어 인도양으로 가는 '희망봉'을 발견하게 되었다. 그 후 1652년부터 귀금속과 노예 보급을 위해 네덜란드인(보어인)들의 동인도 회사가 케이프타운에 정박함으로써 최초로 백인이 거주하게 되었고, 이들의 식민기지가 만들어진 후 영국을 비롯한 유럽인들이 몰려들게 되었다. 금과 다이아몬드가 많이 나는 지역을 차지하기 위해 영국과 네덜란드가 벌인 '보어 전쟁'의 결과 1806년에는 영국이 케이프타운을 점령하여 1814년 정식으로 영국령 케이프로 편입하였다. 따라서 남아프리카공화국은 아프리카 대륙에서 백인이 가장 많이 살고 있으며, 사하라 이남의 블랙 아프리카와는 대조적으로 화이트 아프리카라고 한다. 현재 남아프리카공화국의 인구 비율은 흑인 75%, 백인 13%와 유색인종 9%, 인도인이 3%를 차지하고 있다.

1909년 남아프리카법의 통과로 남아프리카 연방을 수립하고, 오렌지 자치국, 트란스발공화국, 케이프 주(Cape Province), 나티우(Natal)의 네 개 주를 구성하였고, 1961년에는 영국에서 독립하게 되었다. 그러나 그 후에도 백인들은 백인과 흑인의 주거 구역, 버스 좌석, 화장실 등을 분리하는 '아파르트헤이트'라는 인종분리정책을 써서 흑인을 차별했으며, 이는 1994년 넬슨 만델라가 대통령으로 선출되면서 금지되었다.

케이프타운에서 배로 30~40분 거리에 있는 로벤섬은 17세기 초 흑인노예를 가두었고, 19세기 초에는 영국의 식민지 정치에 반대하는 흑인 추장들을 가두었으며, 1960년대부터는 넬슨 만델라 등 아파르트헤이트에 반대하는 흑인 지도자들을 가두는 감옥으로 사용되었던 곳이다.

남아프리카공화국에는 세 곳의 수도가 있는데, 행정수도인 프리토리아 외에 케이프타운은 입법수도의 역할을, 블룸폰테인은 사법수도의 역할을 나누어 하고 있다.

지리적 특성 및 문화

금과 다이아몬드로 유명한 남아프리카공화국의 지형은 드라켄스버그 산맥을 중심으로 크게 동부 산악지대와 서부 평야지대로 나눌 수 있다.

아프리카 대륙의 최남단에 위치한 남아프리카공화국의 기후는 지역에 따라 크게 차이가 있는데, 수도권은 대체로 청량한 기후, 남단의 케이프타운은 지중해성 기후를 유지하고, 동부지역이 서부지역보다 온난다습하다.

1년은 크게 11~3월의 여름, 6~9월의 겨울과 그 사이의 짧은 봄, 가을로 나누어지며, 여름은 우기로 비가 많고 겨울은 건기에 해당된다.

남아프리카공화국의 볼더스 비치는 아프리카에서 펭귄을 발견할 수 있는 곳이며, 스택폰테인, 스와트크란, 그롬드라이 화석, 호미니드지역은 오스트랄로피테쿠스의 화석이 무더기로 발견되면서 인류의 첫 조상이 밝혀지게 된 곳이기도 하다.

음식문화

일반적 특징

다양한 기후와 지형으로 인해 많은 종류의 동·식물이 존재하므로 다양한 식재료가 제공된다.

영국의 오랜 식민지였던 남아프리카공화국은 영국요리의 영향을 많이 받았으며, 이외에 이탈리아나 중국, 인도, 프랑스 등 다른 나라의 요리를 남아프리카공화국 식으로 개

량한 요리 및 이슬람 음식들도 많이 있다.

또한 케이프타운을 중심으로 한 와인생산지에서 양질의 와인도 생산하고 있다.

대표적 음식

곡류요리

밀리(mielies)와 팝(pap)은 옥수수를 볶은 후 갈아서 옥수수죽을 만들고 여기에 샤워밀크와 설탕을 곁들인 것으로, 주로 아침식사로 이용한다.

육류요리

① 빌통, 보어워즈

빌통(biltong)은 쇠고기나 타조, 사슴 등의 남은 고기를 오래 저장하기 위해 소금, 후추, 고수, 식초, 초석을 넣고 문지른 후 말려서 만들던 음식이 발전된 것으로, 프라이팬에 구우면 고기의 향긋한 맛과 고수의 향이 잘 어우러진다. 보어워즈(boerewors)는 치즈 등을 넣어 구운 굵은 소시지이다.

② 브리디, 브라이

브리디(bredie)는 양고기를 토마토 등의 채소와 함께 삶아낸 전통음식이며, 브라이(braai)는 양고기에 소스를 뿌려 구워낸 백인 전통음식이다.

③ 사모사, 보보티

사모사(samoosas)는 다진 고기에 칠리나 채소를 혼합해 속에 넣고 만든 삼각형의 패스트리로서 향긋하고 맛있다. 보보티(bobotie)는 밥 위에 간 고기나 말린 과일을 얹고 달걀을 덮어 익힌 음식이다.

④ 난도스

난도스(nando's)는 맛이 뛰어난 일종의 패스트푸드로서, 남아프리카공화국의 페리페리 치킨을 마리네이드에 절인 후 칠리, 마늘, 후추, 레몬주스, 허브로 만든 소스로 양념해 불에 구운 닭고기요리이며 담백하고 매콤하다.

⑤ 독특한 야생 동물요리

남아프리카공화국에서는 악어, 타조, 하마, 사슴, 기린, 염소, 멧돼지 등 야생 동물을 재료로 한 다양한 육식요리를 즐긴다. 악어스테이크, 타조스튜, 영양요리 등은 남아프리카공화국에서 맛볼 수 있는 이국적인 요리이다.

해산물요리

인도양과 대서양의 두 대양에 면하고 있으므로 전복, 바닷가재, 왕새우, 조개 등 신선한 해산물요리를 맛볼 수 있으며, 특히 살이 꽉 찬 생선으로 양념이 잘 배게 만든 킹클립(kingklip)은 유명하다.

스모스누크(smoorsnoek)는 스누크라는 생선을 잘게 썰어 채소와 향신료를 첨가하여 익힌 요리로, 밥에 곁들여 낸다. 기다란 생선요리인 라인피시(linefish), 튀긴 생선을 새콤한 즙에 담근 피클드 피시(pickled fish)도 있다.

초콜릿바

크런치(crunches), 페퍼민트(peppermint), 크리스프(crisps), 플레이크(flakes), 키캣(kit kats) 등 다양하고 엄청난 양의 초콜릿바를 생산하여 수출하고 있다.

술과 음료

와 인

남아프리카공화국이 처음 수출한 와인은 주로 슈넹 블랑(chenin blanc)을 재료로 한 화이트와인이었으며, 지나치게 떫고 시며 덜익은 탄맛을 지니고 있어 다른 신세계 국가들의 와인보다 질이 떨어졌었다.

그러나 20세기에 들어서면서 뛰어난 자연 조건을 이용, 케이프타운을 중심으로 유럽의 포도종을 재배하는 것 외에 토종 적포도 품종인 피노타주(pinotage)를 재료로 하여 다양하고 부드러운 와인을 생산하게 되었다.

현재 4,700개의 개인 소유 와인 농장이 있으며, 케이프타운 남쪽 콘스탄샤의 소비뇽과 샤르도네, 팔의 웰링턴, 중부지방 로버트슨의 샤르도네와 소비뇽, 스텔렌보스의 산기슭에서 생산되는 카베르네 소비뇽, 케이프타운 동쪽의 새로운 와인 생산지인 워커 베이의

남아프리카공화국의 주요 와인 산지

피노 누아르와 샤르도네, 엘진의 소비뇽 블랑, 샤르도네, 피노 누아르 등이 유명하다.

리퀴후르트와 세레스

리퀴후르트와 세레스(liquifruit and ceres)는 무방부제, 무설탕으로 만든 100% 과일주스로 과일의 참맛을 느낄 수 있는 건강음료이다.

애플타이저, 그래이프타이저

애플타이저(appletizer)와 그래이프타이저(grapetizer)는 100% 과일주스에 탄산가스를 첨가하여 거품을 낸 음료로, 와인을 대체하여 이용되기도 한다.

록셴디

록셴디(rock shandy)는 클럽 소다, 탄산 레모네이드로 쓴맛을 내는 앙고스투라 나무의 껍질에 얼음과 레몬 조각을 혼합하여 만든 음료이다. 주로 운동 선수들의 갈증 해소에 이용된다.

루이보스

루이보스(looibos)는 카페인이 없고 미네랄을 함유하는 건강음료로, 남아프리카공화국의 특산품이다.

식사 예절

남아프리카공화국의 식사 예절은 유럽과 유사하다. 포크는 왼손, 나이프는 오른손으로 잡으며, 음식을 씹고 있을 때는 커트러리를 그릇에 놓아둔다. 또한 음식을 입에 넣고 이야기를 하는 것은 실례이며, 음주 시에는 혼자 따라 마시는 것이 보통이다. 식사 시에는 실제 식사 시간보다 음료를 마시는 시간이 더 긴 경우가 많고, 공공장소에서의 흡연은 엄격히 제한되어 있는 편이다.

전통 축제

북해 재즈 페스티벌 : 케이프타운

네덜란드의 '북해 재즈 페스티벌'과 함께 열리는 재즈 축제이며, 매년 4월 케이프타운에서 이틀 동안 계속된다.

클레인카루 쿤스테피스

클레인카루 쿤스테피스(Klein Karoo Kunste Fees)는 매년 4월에 오우츠후른에서 열리는데, 아프리칸스 음악, 공연, 시 등의 문화와 함께 전통음식인 브레코스(boere-kos)를 함께 즐길 수 있는 축제이다.

스플래시펜

스플래시펜(Splashy Fen)은 콰줄루나탈의 드라켄스버그 산에서 4월에 열리는 오랜 전통을 가진 권위 있는 음악 축제이다.

오피코피

오피코피(Oppi Koppi)는 남아프리카공화국의 다양한 음악성을 확인할 수 있는 록페스티벌이다.

우드스톡

우드스톡(Woodstock)은 얼터너티브 록페스티벌인 동시에 스케이트보드, 모터크로스 등의 스포츠도 함께 소개되는 축제이다.

TABLE CONCEPT IMAGE

각국의 국기(國기)와 역사적 · 지리적 특성을 콘셉트 컬러로 선정하여 테이블클로스와 식기 등에 표현하였고, 국화(國花)를 활용한 센터피스와 각종 소품들은 국가별 이미지 연출과 축제의 다채로운 이야기를 만들어 주고 있다. 또한 그 나라를 대표하는 음식을 함께 소개함으로써 식환경 디자인을 통한 각국의 특색 있는 다양한 문화를 연출하였다.

PART TWO

테이블 콘셉트 이미지

대한민국
KOREA
1

작품 소개 책례(冊禮)는 아이가 서당에 다니면서 책 한 권을 다 떼었을 때 행하던 의례로, 어려운 책을 끝냈다는 축하와 격려 및 학업정진을 도모하는 것 외에 스승의 노고에 감사하는 뜻도 내재되어 있다.

책례의 옛느낌을 살리면서 현대적인 이미지를 나타내기 위해 흰색 테이블클로스에 검은색 사각칠기매트를 이용하여 흑백의 조화로 전체적인 컬러를 잡았으며, 한글문양 한지를 밝은 보랏빛 투명한 식기류와 배치하고, 여러 가지 색상의 책과 붓, 연필과 보리를 센터피스로 사용하여 한국적인 멋이 살아 있는 책례를 표현하였다.

테마 축하와 감사의 책씻이 '하늘천따지'

콘셉트 흰색의 테이블클로스에 검은색 계열의 칠기매트, 정사각칠기합, 둥근 접시를 스타일링 하여 예스러움을 표현하였다. 또한 한글문양의 한지 위에 밝은 보라색의 투명한 식기류를 배치하고, 센터피스로 여러 가지 색상의 책과 한글문양 볼펜, 붓, 보리를 사용하여 책례의 예스러움과 현대적인 이미지를 모두 연출하였다.

컬러 □ 흰색, ■ 검은색, ■ 연보라색, ■ 초록색, ■ 빨간색, ■ 파란색, ■ 주황색, ■ 노란색

코디네이트 요소

- 메뉴 : 매화꽃송편, 백설기, 술
- 테이블웨어 : 검은색 사각칠기매트, 연보라색 투명접시, 검은색 둥근 접시, 검은색 정사각칠기합, 검은색 칠기젓가락
- 글라스웨어 : 물잔, 술잔
- 리넨 : 흰색 테이블클로스, 연보라색 냅킨
- 형태 : 여러 가지 색상의 다양한 크기의 책, 한글문양의 볼펜, 붓, 술병, 한자모양의 한지

작품명 | 하늘천따지

Hanulchuntaji

1 개인용 세팅으로 검은색 사각칠기매트에 한글문양 한지와 투명하고 밝은 보라색의 접시를 매치하고, 연보라색 냅킨을 스타일링하여 현대적 책례의 이미지를 밝게 표현하였다.

2 여러 가지 색상으로 구성된 다양한 크기의 책과 한글 문양의 볼펜, 붓 등을 이용하여 문방사우(文房四友)의 느낌이 나도록 센터피스를 스타일링하였다.

3 검은색 정사각칠기합에 백설기와 매화꽃송편을 얹어 예스러움을 표현하였다. 송편은 속을 가득 채운 것과 비운 것 두 가지를 준비하는데, 소를 채운 송편은 학문을 가득 채우라는 의미이며 소를 채우지 않은 송편은 학동의 문리(文理)가 뚫리고 인성과 지성을 넉넉히 갖추라는 의미를 가진다.

4 스승님의 노고에 대한 답례로 술을 준비하여, 검은색 정사각칠기매트 위에 흰색의 술병과 술잔을 스타일링하였다. 옛 책례의 풍속으로 서당 훈장에게는 의복, 양식, 떡갈 등으로 감사의 뜻을 전하였다.

대한민국
KOREA
2

작품 소개 천연잔디의 테이블클로스와 전통옹기를 이용하여 내추럴한 분위기를 연출하였으며 팝콘 나뭇가지, 군용 식기, 군복지를 이용한 냅킨과 군용 식량의 메뉴로 상징적인 이미지를 표현하였다.

테마 영화 〈동막골〉에서의 봄의 이미지

콘셉트 영화 〈동막골〉의 배경인 조용한 강원도 산골마을에서 펼쳐지는 팽팽한 긴장감을 조금은 해학적으로 묘사하였다.

컬러 ■ 초록색, ■ 국방색, ■ 갈색

코디네이트 요소
- 메뉴 : 군용 식량
- 테이블웨어 : 옹기, 군용 식기
- 글라스웨어 : 옹기잔
- 리넨 : 천연잔디의 테이블클로스와 군복지의 냅킨
- 형태 : 군수통, 군식기, 군용 숟가락과 포크, 자연소재의 메뚜기

작품명 | 동막골의 봄

Spring of Dongmak-gol

1

1 자연의 천연 소재를 이용한 천연잔디 테이블클로스를 연출하였다.

2 옹기매트와 군복지의 냅킨, 미군용 식량 등을 스타일링하였다.

2

3 상징적 표현이지만 나뭇가지에 팝콘 꽃이 활짝 열렸다.

4 자연소재 나뭇가지로 메뚜기를 표현하였다.

5 미군 군용 식기와 미군 커트러리로 테이블을 스타일링하였다.

몽골
MONGOLIA

작품 소개 몽골의 가을은 수확의 계절이 아니라 우리가 김장을 담그듯 양을 잡아 겨우살이 먹거리를 저장하여 겨울나기를 준비하는 기간이다.

겨울나기 준비가 끝난 후 유목생활에서의 소박한 아름다움이 묻어나는 게르와 오보의 공간에서 여러 사람이 함께하는 초원의 만찬을 준비한다.

초원의 유목민 이미지를 연출하기 위해 테이블클로스는 흰색 광목에 밧줄을 둘러서 게르 느낌이 나도록 하였으며, 식기류는 투박한 흰색 접시와 진한 갈색의 찻잔을 준비하였다. 또한 큰나무와 다양한 크기의 돌, 파란색 실크천을 이용하여 몽골인의 정신적 지주 역할을 해온 오보를 센터피스로 표현, 몽골의 느낌을 더하였다.

테마 겨울나기 준비를 마친 유목민들의 초원의 만찬

콘셉트 초원에 그려지는 게르와 오보의 이미지를 그대로 살려 테이블클로스와 센터피스로 스타일링하였으며, 전통요리인 허르헉과 수태차를 준비하여 토속적인 멋과 자연이 어우러진 만찬을 표현하였다.

컬러 □ 흰색, ■ 파란색, ■ 진한 갈색, ■ 연한 갈색

코디네이트 요소

- 메뉴 : 허르헉, 수태차
- 테이블웨어 : 적동용기의 솥, 적동주전자, 투박한 흰색 접시, 검은색 긴 젓가락
- 글라스웨어 : 진한 갈색의 찻잔
- 리넨 : 흰색 광목천, 파란색 실크천, 흰색 양털
- 형태 : 다양한 크기의 돌, 나무, 밧줄

작품명 | 초원의 만찬

Supper in the meadow

1 투박한 모양의 흰색 접시 위에 검은색의 기다란 젓가락을 나란히 올려 유목민들의 만찬을 정갈하게 스타일링하였다.

2 몽골인들은 손님이 오면 수태차를 내온다. 수태차는 물에 마른 찻잎을 넣고 끓이다가 젖종류(말젖이나 소젖)를 섞어 다시 끓여 소금을 넣은 것을 말한다. 나무재질의 찻잔에 마른 찻잎과 수태차를 준비하여 사치하지 않고 인정이 묻어나는 몽골인의 생활을 표현하였다.

3 허르헉은 돌을 뜨겁게 달구어 양고기, 감자와 소금을 넣어 익히는 몽골의 전통요리로, 적동용기의 솥을 이용하여 초원의 토속적인 이미지를 연출하였다.

4 하얀색 양털 위에 수태차를 담은 적동주전자를 놓아 유목민의 여유로움을 부각시켰다.

5 흰색 광목재질을 이용한 테이블클로스에 센터피스(오보)와 동일한 파란색 실크천을 밧줄에 엮어 테이블의 통일감과 게르이미지를 연출하였으며, 투박한 식기류를 이용하여 소박한 생활이 묻어나는 유목민들의 만찬 공간을 표현하였다.

베트남
VIETNAM

작품 소개 〈그린 파파야(The scent of Green Papaya)〉의 주인공 무이와 쿠엔의 사랑의 속삭임을 테마로 했다. 말이 없고 내성적인 피아니스트 쿠엔은 무이에게 정식으로 청혼하기 위해 클래식한 레스토랑을 선택한다. 고급스러운 은색 타원형 플레이트 위에 올려진 음식을 먹으며 사랑스러운 눈빛을 나눈다는 내용으로 센터피스는 열대과일과 진한 초록색 잎, 그리고 화려한 색상의 꽃을 사용하여 청혼의 느낌을 스타일링하였다.

테마 쿠엔의 청혼

콘셉트 〈그린 파파야〉의 영화 장면을 감상하면서 아시안 클래식으로 연출하였다.

컬러 ■ 은색, ■ 초록색, ■ 주황색

코디네이트 요소

- 메뉴 : 망고, 코코넛, 그린파파야
- 테이블웨어 : 타원형 실버칠기매트, 8각청자접시
- 글라스웨어 : 물잔, 샴페인잔
- 리넨 : 베트남풍의 문양이 있는 실크로 된 검정 테이블클로스와 그린 냅킨
- 형태 : 난꽃, 안스륨, 팔손이와 같은 초록색 잎으로 장식한 꽃꽂이

작품명 | 그린 파파야

The proposal of marrag

1 핑크빛 초를 사용하여 청혼의 분위기를 연출하였다.

2

3

4

2 초록색 계열의 냅킨을 사용하여 여름의 느낌을 주었다.

3 베트남풍의 자수문양이 새겨진 검은색 비단천의 테이블클로스로 연출하였다.

4 은으로 도금된 칠기매트 위에 청자빛이 도는 접시를 깔고 그 위에 대나무로 만든 그릇을 사용하여 시원한 느낌을 주었다.

사우디 아라비아
SAUDI ARABIA

작품 소개 사우디아라비아는 사막도 있지만 푸른 바다에 산호초도 유명하다. 유목민들은 사막을 돌아다니다 어디든 카펫을 깔고 식사를 하거나 잠을 청한다. 따스한 햇살 아래 바닷가가 보이는 사막에서 산호초를 바라보며 여유로운 식사를 즐긴다.

테마 사막의 산호초

콘셉트 사우디아라비아를 생각하면 먼저 사막이 떠오른다. 그래서 모래로 테이블을 가득 채워 사막을 표현하였다. 또 국기가 흰색 바탕에 초록색으로 글씨가 쓰여 있는 것에 착안하여 흰색 테이블클로스에 초록색의 염랑을 이용하여 모래가 흘러내리지 않게 마감하였고 센터피스로 직접 사우디에서 가지고 온 산호와 조개류를 이용하여 바다를 나타내고자 했다. 냅킨도 테이블클로스와 같은 천으로 하여 통일감을 가지게 하였고 테이블클로스 밑단도 냅킨을 묶은 금색 끈으로 장식하였다. 유리잔도 통일감을 주기 위해 금색 테두리가 넓은 잔으로 선택하였다.

컬러 ■ 모래색, ■ 금색

코디네이트 요소

- 메뉴 : 캅사
- 테이블웨어 : 금색 장식 도자기
- 글라스웨어 : 금색 장식 와인잔
- 리넨 : 마 소재의 흰색 테이블클로스와 냅킨
- 형태 : 산호와 조개

작품명 | 사막의 산호초

Coral Reef of Dessert

1 석유사업으로 부흥한 나라를 나타내기 위해 화려하고 무게감 있는 금장식 그릇을 사용하고 냅킨에도 금색 끈으로 장식을 하였다(그릇협찬 : 행남자기).

2 사우디아라비아 청정바다에서 직접 채취한 산호이다.

3 사우디아라비아에서 가장 유명한 음식인 '캅사'를 준비하였다.

4 사우디아라비아에서 찍은 '모래폭풍'과 '낙타행렬' 사진들이다.

3

4

인도
INDIA

작품 소개 따뜻한 3월의 어느 날 오후 작은 정원에서 화려하고 향긋하며 인도 고유의 요리에 풍부한 풍미를 더해주는 향신료의 향기를 맡으며 인도 부유층의 여인들은 한가로운 점심식사를 즐긴다.

테마 허브의 왕국

콘셉트 인도를 진정으로 놀라운 나라로 만들어 주는 많은 요소들 중 하나가 향신료이다. 그래서 인도의 향신료를 센터피스로 하고 인도의 국기색인 주황색과 초록색으로 전체 컬러를 잡아 테이블클로스를 주황색으로 하였으며, 꽃도 주황색이면서 화려한 극락조를 선택하였다. 인도인들이 그릇 대용으로 바나나 잎을 사용하기도 하는데, 바나나 잎과 비슷한 극락조 잎을 사용하였다. 그리고 인도의 상류층에서는 동으로 만든 그릇을 사용하므로 금색 나는 동그릇을 사용하였다.

컬러 ■ 주황색, ■ 초록색, ■ 금색

코디네이트 요소

- 메뉴 : 사모사
- 테이블웨어 : 금색의 유기
- 글라스웨어 : 유리
- 리넨 : 주황색 테이블클로스, 빨간색 냅킨
- 형태 : 연못을 나타내는 돌수반, 극락조, 각종 허브

작품명 | 허브의 왕국

Kingdom of Herb

1 여러 종류의 허브들로 센터피스하였다.
2 전체적인 색상이 초록과 주황의 보색에서 너무 튀지 않는 빨간색으로 냅킨을 준비하여 포인트를 주었다.

3 인도의 대표음식인 사모사에 요구르트 소스를 곁들였다.
4 인도의 쌀 위에 주황색 극락조를 올렸다.
5 테이블과 연결시키기 위해 연못 안에도 주황색 꽃과 통후추를 띄웠다.

3

4

5

일본
JAPAN

작품 소개 일본에서는 20세가 되는 남녀들의 성인식을 전국에서 성대하게 열고 있다. 국가 단위의 행사로 기모노를 차려 입고, 기념사진을 찍는 등 어른이 되는 것을 모두가 축하하는 일본풍의 스타일을 연출하였다.

테마 성인이 되는 일본 여성들의 퍼플 세이진시키(成人式)

콘셉트 20세가 되는 여성들의 파티로 보라색을 주조색으로 사용하였으며 검정 칠기보드와 식기 등을 사용하여 보라색을 강조하였고, 도시락 지라시스시와 벚꽃차 등을 메뉴로 하였다.

컬러 ■ 보라색, ■ 검은색

코디네이트 요소

- 메뉴 : 졸임과 튀김 도시락, 지라시스시, 벚꽃차
- 테이블웨어 : 칠기 볼과 트레이
- 글라스웨어 : 샴페인잔, 유리찻잔
- 실버웨어 : 칠기 젓가락, 스테인리스 포크
- 리넨 : 테이블클로스, 도시락 보자기
- 형태 : 검정 칠기의 화기

작품명 | 퍼플 세이진시키(成人式)

purple Seijinsiki

1 일본 문양이 들어간 색지를 이용하여 만든 1인용 도시락으로 센터피스 하였다.

2 장어구이와 연근초절임을 올린 지라시스시이다.

3 검정 칠기매트 위에 핑크색 인조 보석가루를 뿌려 파티의 분위기를 더하였다.

4 보라색의 지라시스시용 칠기와 뷔페용 포크를 준비하였다.

5 보라색 칠기 트레이에 장식된 벚꽃차용 유리 찻잔으로 멋스러움을 연출하였다.

3

4

5

중국
CHINA

작품 소개 춘절(구정) 다음으로 큰 명절, 중추절은 가을의 중간에 있다 하여 중추라고 불렀으며 이는 또한 가을의 맑고 밝은 달빛을 둥근 달이 단결과 화목의 상징이라 여겼기에 단원절이라고도 불렀다. 또한 중추절에는 우리나라 송편과 같은 의미의 월병을 먹었는데, 월병은 원형의 모양으로 모임을 상징하며 집안 식구들이 한자리에 모였으면 하는 염원을 나타낸다. 이런 중추절을 원형 테이블과 밝고 둥근 달빛 및 풍요로움을 나타내는 골드색상을 이용하여 표현하였다.

테마 행복한 중추절

콘셉트 중추절은 중국의 대표적인 명절로서 밝고 맑은 둥근 달빛을 금색의 테이블클로스와 식기로 표현하였고 검은색의 합과 빨간색의 복(福)자를 거꾸로 장식함으로써 가정의 단란하고 화목한 분위기를 연출하였다.

컬러 ■ 금색, ■ 검은색, ■ 빨간색

코디네이트 요소

- 메뉴 : 월병, 대추
- 테이블웨어 : 칠기(검은색 합), 세라믹
- 글라스웨어 : 유리잔
- 리넨 : 금색 테이블클로스
- 형태 : 복(福), 술병

작품명 | 행복한 중추절

Happy Thanksgiving day

1 검은 촛대를 이용하여 깊은 밤 밝게 빛나는 달빛을 연상케 하였고 복(福)자를 거꾸로 장식함으로써 단란하고 화목한 가정을 표현하였다.

2 가정의 화목과 안녕을 기원하는 의미로 복(福)자가 새겨진 빨간색 매트를 사용하였고 렝게에 중국의 국화인 매화 문양의 매듭 고리를 장식하였다.

3 중추절에 즐기는 석류로 만든 주스가 잔잔한 호수 위에 환히 비치는 달빛을 연상시키고, 국화향기 가득한 전통주인 국화주와 조화를 이루는 칠기 술잔이 중추절의 분위기를 더욱 따뜻하고 흥겹게 만든다.

4 위에빙(월병, 月餠)은 중추절의 별식으로, 중국 남송 시대부터 전해져 오는 보름달 모양의 과자이다. 둥근 과일과 함께 달에 바치고 가까운 이웃과 나누어 먹으며 행복을 빌어 주는 관습이 있다.

1

2

3

4

5 젓가락과 젓가락받침

6 중국의 화려한 황국의 분위기를 나타내기 위하여 노란 대국을 센터피스 하였다.

7 고풍스러운 중국의 황실을 연상시키듯 금색 테두리와 중국 특유의 문양, 노령토(카우링)로 구워진 중국 식기이다.

8 중추절을 대표하는 색상인 금색의 냅킨에 국화 문양이 새겨져 센터피스와의 통일감과 대국의 고품스러움을 나타내었다.

네덜란드
NETHER LANDS

작품 소개 본래 네덜란드 축제의 하나로 율리아나 여왕의 생일을 기념하는 의미가 있다. 생일을 맞은 소녀를 축하하기 위해 친구를 초대하여 상차림을 한 것으로 블루 색상의 테이블클로스, 델프트 도자기, 센터피스를 소녀의 순수함을 이끌어 낼 수 있도록 흰색 화기에 핑크와 붉은색 튤립을 사용하여 연출하였다.

테마 어느 소녀의 생일날

콘셉트 생일을 맞이한 여학생을 축하해 주기 위해 만든 자리로 심플(simpie)한 분위기를 연출하였다.

컬러 □ 흰색, ■ 파란색

코디네이트 요소

- 메뉴 : 치즈를 얹은 홍합
- 테이블웨어 : 핸드페인팅 델프트 접시, 흰색 접시
- 글라스웨어 : 물잔, 와인잔
- 리넨 : 광택이 있는 파란색 테이블클로스와 흰색 냅킨
- 형태 : 흰색의 긴 사각 화기, 튤립

작품명 | 어느 소녀의 생일날

Birthday of which yang girl

1 구다치즈를 얹은 홍합은 식사 초반에 나오는 음식이다.

2 수저받침으로 사용되는 앙증맞은 델프트 도자기이다.

3 독특한 청색과 풍차모양이 특징인 델프트 도자기이며 '풍차의 날' 이 있을 정도로 네덜란드를 대표할 수 있는 식기이다.

4 흰색의 화기에 튤립을 사용하여 센터피스를 스타일링하였다.

4

덴마크
DENMARK

작품 소개 덴마크는 뛰어난 자연경관과 함께 안데르센 작가의 출생지로도 유명하다. 동화축제 및 코펜하겐에 있는 인어공주 동상을 모티프로 어릴적 누구나 읽어봤던 안데르센 동화 속 나라와 어린시절을 추억하며 소꿉놀이 했던 기억을 상기시켜 테이블을 구성하였다.

테마 인어공주

콘셉트 엽란으로 바닷속 파란 물결을 표현하였고, 인어공주 미니어처와 산호, 조개, 불가사리를 이용하여 테이블을 장식하였다. 그 사이사이 거베라 꽃만을 이용해 센터피스를 대신하였고, 테이블웨어로는 소꿉놀이를 연상시킬 수 있는 캐주얼한 색감의 티포트(빨간색)와 찻잔 및 접시(주황색), 남색의 커트러리로 구성하였다.

컬러 ■ 주황색, ■ 베이지, ■ 초록색

코디네이트 요소
- 메뉴 : 스뫼르레브뢰(오픈식 샌드위치 – 곡물빵과 버터, 새우, 가자미, 감자)
- 테이블웨어 : 세라믹(주황색)
- 글라스웨어 : 찻잔, 티포트
- 리넨 : 베이지 테이블클로스
- 형태 : 인어공주 피큐어, 산호, 조개류

작품명 | 추억 속의 동화

Fairy Story in my memories

1 · 2 덴마크 동화작가 안데르센의 동화 중 인어공주를 모티프로 테이블을 구성하였다.

3 덴마크식 오픈샌드위치(스뫼르레브뢰)로 나이프와 포크를 사용해서 먹는다.

4 주황색 접시와 남색 커트러리, 조가비 모양의 냅킨 링 등으로 개인 접시를 구성하였다.

5 바다 물결을 나타내는 엽란과 불가사리 그리고 미니어처 인어로 테이블을 장식하였다.

독일
GERMANY

작품 소개 매년 뮌헨에서 열리는 맥주 축제인 옥토버페스트를 주제로 독일에서 흔히 볼 수 있는 독일주점의 빨간 담과 들꽃, 진한 푸른색(곤색)의 식탁으로 독일인의 냉철한 이미지를 표현하였다.

메뉴는 독일주점에서 흔히 볼 수 있는 학세와 사워크라우트, 메시드포테이토 등으로 옥토버페스트의 이미지를 옮겨왔다.

테마 독일 맥주 축제인 옥토버페스트

콘셉트 독일 맥주주점의 풍경을 테이블에 옮겨왔다.

컬러 ■ 진한 푸른색(곤색), ■ 벽돌색

코디네이트 요소
- 메뉴 : 학세, 메시드포테이토, 사워크라우트, 독일맥주
- 테이블웨어 : 테이블클로스와 매치한 식기
- 글라스웨어 : 유리잔
- 리넨 : 진한 푸른색의 테이블클로스와 냅킨
- 형태 : 테이블 스타일 – 모던, 커트러리 – 나이프 · 포크

작품명 | 뮌헨 맥주 축제

Oktoberfest

1 독일의 주점에서 흔히 볼 수 있는 키작은 벽돌담을 연상케 하여 들꽃을 꽂아보았다.

2 빨간 벽돌에 들꽃을 꽂아서 센터피스로 활용하였다.

3 진한 청색을 기본 컬러로 하여 식기와 커트러리, 냅킨이 조화를 이루고 있다.

4

5

4 독일인이 즐겨먹는 육류요리인 학세와 감자요리, 독일식 김치인 양배추를 채 썰어 발효시킨 사워크라우트를 담아낸 모습이다.

5 독일맥주를 테이블에 옮겨왔다.

러시아
RUSSIA

작품 소개 에카테리나 여제의 역사가 담긴 로모노소프 식기로 추운 러시아의 겨울을 표현한 디너 테이블을 연출하고자 했다.

코발트 컬러의 식기와 흰색 클로스를 매치한 테이블 위에 마른 가지를 포인트로 하여 메뉴는 보르시(수프), 모스크바샐러드, 사므싸, 꿀리뱌까, 피로슈키 등으로 보드카를 곁들였다.

테마 러시아 귀족풍의 겨울 정한

콘셉트 영화 〈닥터 지바고〉에서 혁명시대 귀족들의 붕괴와 지바고와 라라의 사랑을 연상케 하는 러시아의 겨울 식탁 분위기를 흰 눈과 같은 테이블클로스와 차가운 느낌의 유리새 등으로 표현하였다.

컬러 □ 흰색, ■ 코발트 블루

코디네이트 요소

- 메뉴 : 보르시, 모스크바샐러드, 사므싸, 피로슈키 등
- 테이블웨어 : 로모노소프의 청화백자, 거울 플레이스 플레이트
- 실버웨어 : 은도금의 포크, 나이프
- 글라스웨어 : 보드카잔, 물잔
- 리넨 : 흰색 인조 모피
- 형태 : 로모노소프 청화백자와 마른 가지 위의 유리새 등

작품명 | 겨울의 만찬

Winter dinner

1 러시아 주류를 대표하는 보드카를 담은 술병이다.

2 검은 나뭇가지 위에 앉은 유리새가 추운 겨울을 연상시킨다.

3 보르시는 감자, 당근, 양파, 양배추를 넣고 비트와 토마토소스로 붉게 색깔을 낸 수프이다.

4 사므싸는 빵 또는 파이라 말하며, 빵 속에 양고기가 들어간 대중적인 러시아 음식이다.

5 러시아 로모노소프 청화 백자로 1인용 디너 셋팅을 하였다.

4

5

스위스 SWITZERLAND

작품 소개 어느해 여름, 친구와 스위스 여행을 하다가 알프스 주위의 산에서 소들이 방목된 아름다운 샬레(Chalet)를 발견하게 되고 그곳에 묵게 되는데, 그 농가의 주인이 점심식사를 내어 놓는다. 센터피스는 붉은색으로 스위스 국기를 상징하는 듯하며, 그 안에 표현된 눈발과 별모양이 조화를 이루어 모던한 분위기를 연출한다.

테마 설원의 낭만

콘셉트 스위스의 풍경을 떠올리며 샬레에서의 점심식사를 모던한 분위기로 연출하였다.

컬러 □ 흰색, ■ 빨간색, ■ 회색

코디네이트 요소

- 메뉴 : 오일퐁듀, 바게트, 와인
- 테이블웨어 : 빨간색 원형접시, 흰색 사각접시
- 글라스웨어 : 물잔, 와인잔
- 리넨 : 광택이 있는 흰색 테이블클로스와 회색 냅킨
- 형태 : 퐁듀그릇, 와인

작품명 | 설원의 낭만

Romantic feeling of snowfield

1 1인용 식기세트를 스타일링하였다.

2 트레이에 소금과 별모양을 사용하여 겨울과 크리스마스를 표현하였다.

3

3 스위스의 대표적인 음식인 오일퐁듀로, 쇠고기와 여러 가지 채소를 긴 꼬챙이에 끼워 소스를 발라 먹을 수 있도록 연출하였다.

4 스위스 국기를 상징하는 빨간색 트레이에 퐁듀에 사용되는 도구를 올려 센터피스로 연출하였다.

5 빨간 접시 위에 회색 냅킨을 깔고, 바게트빵을 올렸다. 먹는 가운데 퐁듀 냄비 속이나 접시 위에 빵을 떨어뜨리면 벌로 와인을 한 병 낸다고 한다.

4

5

스페인
SPAIN

작품 소개 토마토 축제(일명 토마토 던지기 축제)를 연상시키기 위해 빨간 테이블클로스에 토마토 탑을 쌓았고 메뉴는 스페인 전통음식인 해물빠에야를 청동밥솥에 담아 스페인의 정서를 표현하였다.

테마 토마토 축제(일명 토마토 던지기 축제)의 행사장

콘셉트 토마토 축제를 주 아이템으로 데코레이션 한 뷔페테이블을 연출하였다.

컬러 ■ 빨간색, ■ 청동색

코디네이트 요소
- 메뉴 : 샤프란 향신료를 곁들인 해물빠에야
- 테이블웨어 : 뷔페접시
- 글라스웨어 : 유리잔
- 리넨 : 빨간색의 테이블클로스와 냅킨
- 테이블스타일 : 모던, 커트러리 : 스푼, 포크

작품명 | 토마토 축제

La Tomatina Festival

1 뷔페 테이블 상차림의 식기와 커트러리

2 스페인의 대표 음식인 향신료 샤프란을 넣어 만든 노란 색깔의 해산물 볶음밥 빠에야를 청동밥솥에 담아서 연출하였다.

3 스페인의 토마토 축제를 테이블에 옮겨온 토마토탑과 스페인의 대표음식인 해산물 볶음밥 해물빠에야를 함께 연출하였다.

4 토마토 축제를 묘사한 토마토로 탑을 쌓았다.

아일랜드
IRELAND

작품 소개 아일랜드의 가장 큰 축제일이라 할 수 있는 성 패트릭데이는 아일랜드의 정신적 지주였던 성 패트릭(St. Patrick)을 추모하는 날로 삼위일체를 뜻하는 클로버가 상징이다. 생명력과 진취력을 표현하는 초록색으로 모든 행사를 표현한다. 아일랜드의 맥주인 기네스와 감자 칩을 먹으며 즐겁게 축제를 즐긴다.

테마 그린 패트릭데이

콘셉트 성 패트릭의 날에는 옷, 모자, 음료 등 모든 것을 초록색으로 꾸민다. 뉴욕에서도 큰 행사로 행해지는데, 심지어 강물도 초록색으로 염색을 하기도 한다. 그래서 초록색 테이블클로스로 바탕색을 하고 그릇들도 초록색으로 맞췄으며, 아일랜드의 상징인 클로버를 아크릴판으로 매트를 만들었다. 매트 색에 맞춰 냅킨은 검은색으로 하였고 센터피스는 그날의 분위기를 살려 주는 맥주와 포인트 색인 노란 장미로 장식하였다.

컬러 ■ 초록색, ■ 검은색, ■ 노란색

코디네이트 요소

- 메뉴 : 프렌치포테이토 샐러드
- 테이블웨어 : 초록색 유리볼
- 글라스웨어 : 초록색 컵
- 리넨 : 초록색 테이블클로스, 검은색 냅킨
- 형태 : 초록색 초, 꽃, 맥주

작품명 | 그린 패트릭데이

Heineken
Heineken
Heineken
Heineken
GUINNESS
GUINNESS
Friend

Green Patrick's Day

1 이 날에는 사랑하는 사람들에게 책을 선물하는 풍습도 있는데, 여기에 말린 클로버를 책갈피에 끼워 선물하기도 한다.

2 검은색 냅킨에 아일랜드의 상징인 클로버를 붙여 캐주얼한 분위기에 맞게 장식하였다.

3

4

5

3 아일랜드에서 유명한 기네스 맥주와 초록색의 하이네캔을 선택하여 센터피스하였다.

4 맥주에 어울리는 아일랜드인들의 주식과 같은 감자요리를 선택해서 감자와 채소를 곁들인 프렌치포테이토샐러드와 초록색을 내는 키위소스를 만들어 연출하였다.

5 파티 분위기를 살리기 위해 초록색 병에 초를 넣어 장식하였다.

영국
UNITED KINGDOM

작품 소개 19세기에 꽃핀 영국 스타일의 사교파티로, 차가 들어오기 전에 영국인들은 하루에 아침과 저녁 두 끼만 먹었는데, 1840년 베드포드 공작부인은 시장기를 참지 못하여 오후 2~3시경 차와 케이크, 과자 등 가벼운 식사를 들기 시작한 것이 애프터눈티(Afternoon Tea)의 시작이었다.

한여름의 시원하면서도 깊이 있는 이미지를 연출하기 위하여, 무늬 있는 하늘색 테이블클로스를 사용하였으며 은제품의 티포트와 커트러리, 영국 스포드의 블루이탈리안 접시와 찻잔을 이용하였다. 영국의 국화인 장미를 센터피스로 사용하여 '한여름의 애프터눈티' 의 전체적인 분위기를 더하였다.

메뉴는 은제품의 3단 스탠드에 스콘과 타르트, 샌드위치와 홍차 등을 준비하였다.

테마 영국인의 생활 속 사교파티 '한여름의 애프터눈티'

콘셉트 영국적이라는 말이 잘 어울리며 오래된 의식과도 같은 '애프터눈티' 를 파란색과 흰색 계열로 테이블 스타일링 하여 한여름의 시원한 이미지를 표현하였으며, 센터피스로 국화인 장미를 사용하고 홍차와 스콘 등을 준비하여 영국스러움을 연출하였다.

컬러 ■ 파란색, ■ 하늘색, □ 흰색, ■ 빨간색, ■ 분홍색, ■ 은색

코디네이트 요소
- 메뉴 : 스콘, 타르트, 샌드위치, 홍차, 딸기, 잼, 생크림
- 테이블웨어 : 블루이탈리안 접시, 은제품의 티포트와 커트러리
- 글라스웨어 : 블루이탈리안 찻잔
- 리넨 : 무늬 있는 하늘색 테이블클로스와 흰색 티냅킨
- 형태 : 3단 스탠드, 흰색 화병

작품명 | 한여름의 애프터눈티

Afternoon tea in midsummer

1 하이 티 스탠드에 블루이탈리안 접시와 도일리를 사용하여 핑거샌드위치, 타르트, 쿠키를 담았으며 티테이블의 높이와 입체감을 표현하였다.

2 은제품의 홍차용 티포트, 차통, 차여과기, 설탕통 등을 이용하여 한층 격조 있는 분위기를 연출하였다.

3 개인용 세팅으로 블루톤의 케이크 접시와 홍차용 티세트를 사용하였고, 실버웨어로 디저트용 포크와 나이프를 준비하였으며 흰색의 티냅킨은 장미모양으로 만들어 전체적으로 우아하고 시원한 여름 이미지를 부각시켰다.

4 영국의 전통빵으로 티타임에 자주 이용되는 스콘을 블루톤의 오벌형 접시에 담아 스타일링하였다.

이탈리아
ITALY

작품 소개 이탈리아 베네치아의 카니발은 전 세계적으로 유명하다. 화려하고 흥겨운 카니발의 역사를 거슬러 올라가보면, 카니발은 종교적인 행사로 사순절 금육기간 전 마지막으로 즐기는 여흥이었으며, 가면과 화려한 의상으로 한껏 치장하고 신분고하를 막론, 누구나 즐길 수 있는 행사였다. 그 중 상징적인 가면과 사순절을 느낄 수 있는 퍼플을 이용하여 테이블을 장식하였다.

테마 가면

콘셉트 화려한 가면을 테이블 중심에 장식하고 진한 보라색 벨벳 천과 검은색 망사로 사순절을 느낄 수 있도록 어두운 색감을 넣었고 테이블매트의 황금색과 커트러리, 공작 깃털로 클래식한 면을 표현하였다.

컬러 ■ 보라색, ■ 검은색, ■ 금색

코디네이트 요소
- 메뉴 : 스파게티
- 테이블웨어 : 세라믹
- 글라스웨어 : 유리(와인잔)
- 리넨 : 보라색 벨벳 테이블클로스, 검은색 망사
- 형태 : 마스크, 깃털

작품명 | 가면 축제

Mask Festival

1 이탈리아의 대표적 음식인 파스타요리와 남부지방에서 많이 생산되는 올리브를 탑 장식으로 사용하였다.

2 공작 깃털로 카니발의 화려함을 나타내었다.

3 가면 축제는 남녀노소 신분의 고하를 막론하고 모두가 평등하며 함께 즐길 수 있는 축제이다. 이탈리아 카니발의 최대 볼거리 중 하나인 화려한 가면을 테이블 중앙에 장식하였다.

4 와인잔에 화려한 무늬가 들어가 있는 것을 사용해 테이블을 장식하였다.

5 황금색 테이블매트와 메인디시의 클래식한 무늬가 포인트이다.

프랑스
FRANCE

작품 소개 프랑스궁의 전용식기인 하비랜드의 1925년 만국 박람회에 전시되었던 로카이유 양식의 케이크 접시와 아르누보 양식의 화기를 사용한 티 타임으로 마담 퐁파드루 케이크와 함께 마카롱, 머랭 등의 컬러가 화사한 티메뉴로 데코레이션하였다.

테마 귀부인풍의 티파티(tea party)

콘셉트 시대는 서로 다르지만 프랑스를 대표할 만한 자기의 티세트, 실버화기, 과자, 케이크 등으로 프랑스 특유의 엘레강스한 분위기를 연출하고자 하였다.

컬러 ■ 분홍색, □ 흰색

코디네이트 요소

- 메뉴 : 퐁파드루 케이크, 마카롱, 머랭
- 테이블웨어 : 하비랜드의 경질자기
- 실버웨어 : 차용 포크
- 글라스웨어 : 로모노소프의 아르누보 양식 흰색 경질 자기 찻잔, 받침접시
- 리넨 : 퐁파드루 핑크의 테이블클로스
- 형태 : 아르누보 양식의 은도금 화기

작품명 | 프랑스의 티타임

Tea Time of France

1 루이 15세의 애첩 마담 퐁파드루 이미지의 케이크

2 1925년 만국박람회에 전시되었던 하비랜드 회사의 케이크 접시

3 1533년 마카롱을 좋아하던 이탈리아 메디지가의 카트린느가 프랑스왕 앙리 2세와 결혼하면서 마카롱 배합표가 프랑스로 전해졌다.

4 식물의 곡선과 백합꽃의 이미지를 화기로 한 아르누보 양식의 실버 골동품이다.

5 머랭은 프랑스식 티 테이블에 잘 어울리는 작은 과자로 루이 16세의 왕비 마리 앙투아네트가 즐겨먹었다.

멕시코
UNITED MEXICAN STATES

작품 소개 초록색과 빨간색의 대비로 강렬한 느낌을 주는 테이블이다. 거친 질감의 초록색 테이블클로스, 태양이 비치는 것처럼 가장자리를 향해 빨간 문양이 뻗어나가는 플레이트, 모양과 크기가 각기 다른 선인장 등으로 자연스러움을 가미하였다.

테마 한낮의 더위가 한풀 꺾인 여름 저녁의 식사

콘셉트 진한 초록색 테이블클로스 위에 놓인 빨간색 식기와 자유롭게 배치한 빨간색 화기의 선인장 센터피스로 정열적이고 낙천적인 멕시코 젊은이들의 정서를 식탁에 표현하였다.

컬러 ■ 초록색, ■ 빨간색, □ 흰색

코디네이트 요소

- 메뉴 : 퀘사디야(quesadilas)
- 테이블웨어 : 흰색에 빨간색 문양의 도기
- 글라스웨어 : 유리 물잔
- 리넨 : 초록색 테이블클로스, 빨간색 냅킨
- 형태 : 빨간색 화기에 담은 여러 가지 모양의 선인장 센터피스

작품명 | 태양의 축제

Carnival of The Sun

1 강렬한 태양이 비치는 것처럼 원주상으로 빨간색 문양이 배치된 플레이트를 코디하였다.

2 부채꼴로 접은 냅킨으로 플레이트의 문양이 반복되는 듯한 느낌을 연출하였다.

3 멕시코음식의 주재료인 옥수수로 만든 퀘사디아를 부채꼴 모양으로 잘라 스타일링하였다.

4 플레이트의 색과 동일한 빨간색 화기에 꽂은 선인장으로 센터피스를 만들었다.

미국

USA

작품 소개 검은색과 흰색을 주컬러로 한 모던한 스타일의 테이블이다. 뉴욕 지도가 프린트된 검은색 탑클로스, 마천루를 연상케 하는 높고 낮은 아크릴 촛대들, 뉴욕 지하철 티켓을 모티프로 한 네임카드, 소다석회 유리 재질의 각진 플레이트와 곡선을 찾아보기 힘든 글라스 등으로 모던함을 표현하였다.

테마 가을의 정취를 담은 뉴욕풍의 저녁식사

콘셉트 베이글샌드위치를 주메뉴로 하여, 실용성과 간편성으로 가득하지만 한편으로는 가을의 쓸쓸한 정취가 느껴지는 저녁 식탁을 연출하였다.

컬러 ■ 검은색, □ 흰색, ■ 남색

코디네이트 요소

- 메뉴 : 베이글샌드위치
- 테이블웨어 : 소다석회 유리 재질의 사각 플레이트
- 글라스웨어 : 은색 메탈이 가미된 유리 물잔
- 리넨 : 흰색 테이블클로스, 뉴욕 지도가 프린트된 검은색 탑클로스, 남색 냅킨
- 형태 : 아크릴 촛대, 네임카드, 종이 낙엽

작품명 | 뉴욕의 가을

Memory in Newyork

2

3

1 길이가 다른 여러 개의 아크릴 촛대들을 배치하여 마천루를 형상화했다.

2 뉴욕 지하철 티켓을 응용하여 네임카드를 만들었다.

3 푸른색이 감도는 플레이트로 모던함을 연출하였다.

4 노란색과 갈색의 종이낙엽으로 가을 느낌을 표현하였다.

5 뉴요커들이 즐겨먹는 베이글샌드위치를 주된 메뉴로 하여 스타일링하였다.

브라질
BRAZIL

작품 소개 원시림과 광대한 아마존의 신비를 간직한 채 화려한 의상의 무희들과 휘황찬란한 퍼레이드가 펼쳐지는 리오 카니발 축제를 표현하였다.

콩을 재료로 만든 페이조아다(feijoada)와 바비큐 꼬치요리인 슈하스코(churrasco)가 분위기를 고조시키고 양란의 여왕 카틀레야의 화려함과 국기에서 느끼는 태초의 빛깔을 바탕으로 역동적인 힘을 연출하였다.

테마 리오 – 삼바 카니발 축제

콘셉트 다양한 색상의 깃털을 이용한 센터피스는 화려한 의상의 무희를 표현한 것이며, 나뭇잎 모양의 테이블클로스와 식기, 초록색의 나뭇잎들은 아마존을 상징하고, 활활 타오르듯 피어나는 냅킨은 황홀하고 역동적인 삼바 축제를 연출하였다. 테이블클로스 안팎으로 반짝이는 불빛과 비즈의 눈부심은 원시 자연 속에서 쏟아지듯 빛나는 밤하늘의 무수한 별빛과 수풀 사이로 비춰지는 햇살의 영롱함을 표현하였다.

컬러 ■ 파란색, ■ 진한 군청색, ■ 갈색, ■ 빨간색, ■ 초록색

코디네이트 요소
- 메뉴 : 페이조아다, 슈하스코, 오렌지
- 테이블웨어 : 철재 나뭇잎 식기, 토기
- 글라스웨어 : 와인잔
- 리넨 : 빨간색의 옥스퍼드 냅킨과 진한 군청색, 파란색의 테이블클로스
- 형태 : 깃털, 비즈, 통나무, 크리스마스 장식 전구

작품명 | 리오-삼바 카니발 축제

Fantastic & Dynamic Rio Samba Carnival

1

2

3

1 브라질의 드넓은 초원과 희귀한 열대 우림을 표현하고자 나뭇잎 식기를 사용하였으며, 그 위에 놓여 있는 슈하스코는 브라질의 대표음식, 특히 리오 카니발에 없어서는 안 될 음식으로, 리오 축제를 즐기기 위한 에너지 충전으로 슈하스코를 먹으며 소진되는 체력을 보강한다.

2 브라질을 대표하는 콩으로 만든 페이조아다를 1인분씩 질그릇에 담아 내며, 아로즈라고 하는 브라질식 흰 쌀밥과 파로파, 버터에 살짝 볶은 케일, 핫소스 등을 곁들이고 오렌지를 얇게 잘라 함께 먹는다.

3 화려한 의상의 무희들과 휘황찬란한 퍼레이드가 펼쳐지는 리오 카니발 축제를 형형색색의 깃털을 이용하여 표현하였다.

4 원시림과 광대한 아마존의 신비를 열대지방의 각종 나뭇잎으로 표현하였고 양란의 여왕 카틀레야의 화려함과 국기에서 느껴지는 태초의 빛깔을 테이블클로스로, 무성한 수풀 사이로 비춰진 영롱한 아침이슬을 비즈로 표현하여 연출하였다.

5 열대우림의 대자연 속에서 자연친화적인 분위기를 연출하고자 나뭇잎 모양의 식기를 사용하였다.

6 진한 빨간색과 역동적인 모습의 냅킨으로 정열의 삼바춤, 화려한 무희들의 몸짓 등을 표현하여 리오 축제의 흥겨운 분위기를 형상화하였다.

캐나다
CANADA

작품 소개 눈을 상징하는 차가운 느낌의 흰색 테이블클로스 위에 캐나다를 상징하는 빨간색 단풍잎 모양의 탑클로스를 얹어 따뜻한 느낌을 대비시켰다. 무늬가 없는 흰색의 식기들과 커트러리로 전체적으로 심플한 느낌을 연출한 테이블이다.

테마 눈 내리는 겨울 저녁의 달콤한 식사

콘셉트 흰색과 빨간색을 테마로 하여 추운 겨울, 눈 내리는 창밖을 바라보며 끈끈한 호박색 메이플시럽과 감미포도주인 아이스와인을 곁들여 달콤한 식사를 하고 있는 가족의 식탁을 대비하여 연출하였다.

컬러 ■ 빨간색, □ 흰색

코디네이트 요소

- 메뉴 : 호두파이, 메이플캔디, 아이스와인
- 테이블웨어 : 무늬가 없는 흰색 자기와 샐러드 볼
- 글라스웨어 : 아이스와인잔
- 리넨 : 흰색 테이블클로스, 빨간색 탑클로스, 빨간색 냅킨
- 형태 : 흰색 화기, 메이플시럽병을 응용한 촛대, 빨간색 양초

작품명 | 눈 속의 단풍

Snowy Maple

1 단풍잎 모양의 메이플시럽병을 촛대로 사용하였다.

2 흰색 화기에 붉은색 장미를 풍성하게 꽂아 센터피스를 만들었다.

3 호두파이와 메이플캔디를 무늬가 없는 흰색 자기 위에 코디하여 심플한 느낌을 연출하였다.

4 캐나다의 특산물인 메이플시럽으로 만든 단풍잎 모양의 캔디를 볼에 담아 스타일링하였다.

뉴질랜드 NEWZEALAND

작품 소개 마을회관에서 회의가 끝난 후 즐기는 마오리족의 전통 항이음식 디너파티를 표현하였다.

회화나무에서 느낄 수 있는 풋풋한 정기, 마오리족의 자연친화적인 삶의 모습을 나무와 돌 그리고 초록색과 갈색을 이용하여 연출하였다.

테마 남태평양의 아오테아로아(길고 하얀 구름의 나라)

콘셉트 땅속의 지열로 익힌 음식을 표현하기 위해서, 구덩이를 도넛 모양의 나무 테이블로 표현하였고, 테이블 중심에 나무와 돌을 쌓고 그 위에 커다란 양서류와 뉴질랜드의 풍성한 식재료들을 올려놓아 항이음식을 연출하였다. 나뭇가지를 이용한 식기와 천연마를 소재로 한 화려한 냅킨은 자연을 거역하지 않는 순수함과 종족 보호를 위한 역동적인 모습을 표현하고 있으며, 콘셉트 컬러는 초록색으로 마오리족의 넓은 평원에서의 즐거운 식사분위기를 연출하였다.

컬러 ■ 초록색, ■ 갈색, ■ 주황색

코디네이트 요소

- 메뉴 : 항이음식, 키위주스, 키위, 와인(샤르도네)
- 테이블웨어 : 나뭇가지 접시, 양치식물
- 글라스웨어 : 와인잔, 주스잔
- 리넨 : 살구색과 주황색의 천연 마로 자연미를 강조한 테이블 냅킨
- 형태 : 돌, 나무, 양, 양털, 원목의자

작품명 | 길고 하얀 구름의 나라

Aotearoa

1 지상에 남은 마지막 천국이라 일컬어질 만큼 자연 그대로 보존된 환경, 양서류가 숲을 이루고 있는 자연환경을 표현하기 위해 나뭇가지로 만들어진 식기에 뉴질랜드의 대표과일인 '키위'를 장식하였다.

2 뉴질랜드를 대표하는 과일인 키위를 활용하여 키위 주스를 만들었다.

3 원주민인 마오리족의 전통 '항이음식'을 표현하였다. 뉴질랜드에서 생산되는 다양한 식재료로 은근한 지열을 이용한 돌찜구이요리이다.

1

2

3

4

5

6

7

4 마을회관에서 회의가 끝난 후 즐기는 항이음식으로 디너파티를 표현하였다.

5 끝없이 펼쳐진 초원 위에 한가로이 노닐고 있는 양의 모습을 연출하였다.

6 천혜의 대자연 속에서 자연과 더불어 생활하는 우호적이며 가정과 개인을 중요시하는 뉴질랜드 사람들의 성품을 표현하기 위해 살구색과 주황색의 천연 마를 소재로 한 자연 그대로의 멋을 강조한 냅킨이다.

7 자연친화적인 원주민의 삶을 표현하기 위해 원목의자를 사용하였고, 목축업의 발달을 표현하고자 털가죽을 원목의자매트로 연출하였다.

남아프리카 공화국
SOUTH AFRICA

작품 소개 토속적 문양과 타조 알로 아프리카의 자연스러운 모티프를 나타냈으며, 검정과 빨강을 이용한 현대적 감각의 식탁으로 활동적인 디너를 연상케 하였다. 메뉴는 악어고기바비큐 등으로 아프리카의 정서를 테이블에 연출하였다.

테마 한여름 아프리카풍의 디너

콘셉트 아프리카의 테이블 아이템으로 데코레이션하여 더운 여름의 열기를 식히고, 색다른 분위기로 대화를 나누며 휴식을 취하도록 하였다.

컬러 ■ 검은색, □ 흰색, ■ 빨간색

코디네이트 요소

- 메뉴 : 악어고기바비큐, 쿠스쿠스샐러드
- 테이블웨어 : 아프리카 문양의 도기
- 실버웨어 : 새의 뼈를 이용한 고치
- 리넨 : 모던한 방패 문양의 테이블클로스와 빨간색 냅킨
- 형태 : 타조 알 화기와 얼룩말 모양의 나무 냅킨 링

작품명 | 모던 아프리카

Modern Africa

1 닭고기 맛과 흡사한 악어고기바비큐이다.

2 쿠스쿠스샐러드는 좁쌀과 비슷한 곡식가루이며, 쿠스쿠스를 익혀 고기, 채소, 소스 등을 얹어 먹는 요리이다.

2

3 타조알 화기에 국화인 프로티아를 꽂아 센터피스로 하였다.

4 얼룩말의 흑 · 백색 줄무늬와 빨간 냅킨의 조화가 눈에 띈다.

5 모던한 남아프리카 풍으로 디자인된 테이블클로스와 식기를 사용하였다.

참고문헌

강무근 · 김인환 · 이강춘 · 권상일(2007). 이탈리아 조리실무. 효일.

구난숙 · 권순자 · 이경애 · 이선영(2004). 세계 속의 음식문화. 교문사.

구성자 · 김희선(2005). 새롭게 쓴 세계의 음식문화. 교문사.

구천서(2000). 세계의 식생활 문화. 수학사.

김광호 · 정지영 · 신동주 · 정은자 · 박규동 · 정은실(2007). 식생활과 문화. 광문각.

김기숙 · 김미정 · 안숙자 · 이숙영 · 한경선(1999). 식품과 음식문화. 교문사.

김기숙 · 한경선(2007). 교양을 위한 음식과 식생활 문화. 대한교과서주식회사.

김숙희 · 강병남(2007). 세계의 식생활과 음식문화. 대왕사.

김신홍(2002). 작지만 강한 나라, 네덜란드. 컬처라인.

김윤태(2006). 지구촌 음식문화. 대왕사.

김자경(1999). 맛으로 느끼고 멋으로 즐기는 지구촌 음식문화 여행. 자작나무.

김희섭 · 유혜경 · 윤재영 · 이정희 · 최영희 · 최정희(2005). 세계요리문화산책. 대가.

김희자(2003). 신이 버린 땅, 인간이 빚은 나라 네덜란드. 꼭사요.

리처드로드 저, 김민정 역(2005). Curious(독일 편). 휘슬러.

마리루이즈 그라프 저, 이현철 역(2005). Curious(스페인 편). 휘슬러.

모르텐 스트랑예 저, 조혜정 역(2005). Curious(덴마크 편). 휘슬러.

문수재 · 손경희(2005). 세계의 식생활문화. 신광출판사.

박경태 · 백종온 · 조용범(2008). 글로벌 음식문화의 이해. 석학당.

박금순 외(2007). 지구촌 음식과 식생활문화. 효일.

박선영 · 김상훈(2005). 뉴질랜드 100배 즐기기. 랜덤하우스코리아.

박준영(2006). 경향잡지 2월호 – 아시아교회는 지금.

변광의 외(2003). 식품, 음식 그리고 식생활. 교문사.

서한정 외(2006). 웰빙와인상식 50. 그랑벵코리아.

성태종 외(2006). 음식문화 비교론. 대왕사.

손종연(2008). 식용유지학. 진로.

신현덕(2005). Curious(몽골 편). 휘슬러.
쓰지하라 야스오 저, 이정환 역(2002). 음식, 그 상식을 뒤덮는 역사. 창해.
안종수(2007). 세계 문화관광. 백산.
안효상(1993). 세상 밖의 세계사. 새길.
알레산드로팔라시 & 레이먼드 저, 이현철 역(2005). Curious(이탈리아 편). 휘슬러.
양향자(2006). 세계음식문화여행(아메리카 편). 크로바.
요안나 사이먼 저, 손진호 · 이은희 역(2004). 매혹적인 와인의 세계. 예경.
우문호 · 엄원대 · 김경환 · 권상일 · 우기호 · 변태수(2006). 글로벌시대의 음식과 문화. 학문사.
우문호 · 이재우(2005). 세계의 음식과 문화. 학문사.
원융희(1999). 세계의 음식문화. 자작나무.
원융희(1999). 와인이야기. 학문사.
원융희(2003). 세계의 음식이야기. 백산.
원융희(2003). 술술 풀어쓴 지구촌 술문화. 홍경.
원융희(2007). 음식으로 찾아가는 47개국 문화여행. 자작나무.
일본JTB출판사업국 저, 권혜자 역(2002). 뉴질랜드(한길레츠고 10). 한길사.
이희수 외(2007). 80일간의 세계문화기행. 청아출판사.
임영상 · 최영수 · 노명환(1998). 음식으로 본 서양문화. 대한교과서주식회사.
장미라(2006). 식생활과 문화. 신광출판사.
전소현(2007). 세계의 음식문화. 진영사.
조두환(2002). 조두환 교수의 스위스 문화 기행. 자연사랑
주경철(2003). 네덜란드(튤립의 땅, 모든 자유가 당당한 나라). 산처럼.
주부의 벗사(2007). 좋은 와인을 선택하기 위한 와인 입문. 미래지식.
최란아(2002). 작은 땅 큰 나라 네덜란드 엿보기. 학민사.
최영기(2007). 세계문화 체험. 기문사.
클레어 엘리스 저, 김양희 역(2005). Curious(베트남 편). 휘슬러.
테리탄 저, 강소영 역(2005). Curious(영국 편). 휘슬러.
패트리샤 레비 저, 이동진 역(2005). Curious(아일랜드 편). 휘슬러.
폴커 펠츠 저, 박영원 역(2005). Curious(브라질 편). 휘슬러.
피터 오틀리 저, 정미휴 역(2005). Curious(뉴질랜드 편). 휘슬러.
한복진 · 황건중(2002). 해외여행 가서 꼭 먹어야 할 음식 130가지. 시공사.
헌트 재닌 & 리아 반 에일 저, 김경하 역(2006). Curious(네덜란드 편). 휘슬러.
황규선(2007). 소중한 날의 상차림. 교문사.
황규선(2007). 테이블디자인 : 식탁문화와 새로운 스타일 제안. 교문사.

http://bbs1.worldn.media.daum.net
http://blog.cbkmc.com.blog/index
http://blog.daum.net/donque/3633632
http://blog.daum.net/jjin0035/14130936
http://blog.daum.net/selfdiscovery/771830
http://blog.daum.net/winwonwon99/4299388
http://blog.naver.com/44candy?Redirect=Log&logNo=40040565101
http://blog.naver.com/brz7942/120008531149
http://blog.naver.com/foodinfo/80028902107
http://blog.naver.com/foodinfo?Redirect=Log&logNo=80028902107
http://blog.naver.com/Ican21
http://blog.naver.com/kheyseon?Redirect=Log&logNo=44130502
http://blog.naver.com/n460330?Redirect=Log&logNo=60009819787
http://blog.naver.com/nakisee?Redirect=Log&logNo=100036771707
http://blog.naver.com/qualmark?Redirect=Log&logNo=110027482595
http://blog.naver.com/teriows01?Redirect=Log&logNo=100019044893
http://cafe.naver.com/beijinglove888/1284
http://cafe.naver.com/cellar15.cafe?iframe_url=/ArticleRead.nhn%3Farticleid=62
http://cafe.naver.com/firenze.cafe?iframe_url=/ArticleRead.nhn%3Farticleid=28860
http://cafe.naver.com/kacm/7479
http://cafe.naver.com/tourngoodmans/601
http://cafe361.daum.net
http://damm.tistory.com/44
http://encyber & encyber.com(두산백과사전)
http://indiadream.net/tour/info_sub_02.html
http://jeya.nasay.net/europe/swiss
http://kids.donga.com/news/vv.php?c=10&d=26&page=13&id=20200606134963
http://kin.naver.com/detail/
http://kochtopf.twoday.net(게슈넷첼테스)
http://kr.dic.yahoo.com
http://kr.dic.yahoo.com/search/enc
http://kr.dic.yahoo.com/search/enc/result.html?pk=12573100
http://news.hankooki.com/lpage/economy/200805/h2008050602490121540.htm
http://news.naver.com/main/read.nhn?mode=LSD&mid=sec&sid1=104&oid=045&aid=0000095
596

http://san.chosun.com/wdata/html/news/200406/20040614000005.html
http://terms.naver.com
http://toplink.co.nz/intro_3.htm
http://weedstory.com.ne.kr/culture/europe.htm
http://worldnet.kbs.co.kr/brazil/culture/culture1/main.htm
http://www. kopera.co.kr
http://www.cccseoul.org(주한중국문화원)
http://www.denmarkmil.net/Denmark/denmark_intro_05.asp
http://www.dochara.com/eat/history
http://www.encyber.com
http://www.encyber.com/travelworld
http://www.enit.or.kr(이탈리아 관광청)
http://www.flickr.com/photos/11914355@N03/3161447266/(아이스바인)
http://www.flickr.com/photos/1987porsche944/2565717523/(베니손)
http://www.flickr.com/photos/25909621@N08/3023760896/(비프스트로가노프)
http://www.flickr.com/photos/29856793@N05/2794831186/(키위)
http://www.flickr.com/photos/55351194@N00/1190833964/(스테이크)
http://www.flickr.com/photos/68581665@N00/42262910/(만디)
http://www.flickr.com/photos/7521924@N07/2699030832/(반톰)
http://www.flickr.com/photos/8651700@N04/3127571936/(퍼)
http://www.flickr.com/photos/9378/74414634/(차사오)
http://www.flickr.com/photos/aiyah/2237035634/(에스카르고)
http://www.flickr.com/photos/andreiz/310890994/(보르시)
http://www.flickr.com/photos/augustusgloop/403396590/(반짱)
http://www.flickr.com/photos/brendita21/2750006690/(카프레제)
http://www.flickr.com/photos/brettlider/65360840(메이플시럽)
http://www.flickr.com/photos/brunoroots/203892316/(구아라나)
http://www.flickr.com/photos/chips_32/353360123/(로스트비프)
http://www.flickr.com/photos/cuellar/35861803/(빠에야)
http://www.flickr.com/photos/cuse/1452518357/(카망베르)
http://www.flickr.com/photos/debbiecbs/3477762785/(리조또)
http://www.flickr.com/photos/desjef75/3221109370/(에르텐수프)
http://www.flickr.com/photos/diaa-mohamed/677778032/(캅사)
http://www.flickr.com/photos/donutgirl/372370959/(뫼니에르)
http://www.flickr.com/photos/edsonmartins/1024600513/(보이젠베리)

http://www.flickr.com/photos/ehpemeron/216995358/(토르티야)
http://www.flickr.com/photos/endless_beauty/472691401/(안작쿠키)
http://www.flickr.com/photos/estarsid/195489667/(마게이)
http://www.flickr.com/photos/fhmolina/2472401876/(슈하스코)
http://www.flickr.com/photos/gazpachodragon/2252020729/(데니시 패스트리)
http://www.flickr.com/photos/ilm/23453790/(하몽)
http://www.flickr.com/photos/ira/370008901/(피로그)
http://www.flickr.com/photos/jabb/3220438405/(브라트부어스트)
http://www.flickr.com/photos/jackeeadio/2569373537/(얼스터프라이)
http://www.flickr.com/photos/joerouton/2125467804/(초콜릿퐁듀)
http://www.flickr.com/photos/joyoflife/7028439/(바게트)
http://www.flickr.com/photos/luanacreativa/2394853413/(프리모피아토)
http://www.flickr.com/photos/mapplegate/1570732880/(햄버거)
http://www.flickr.com/photos/marion/114597444/(사워크라우트)
http://www.flickr.com/photos/minebilder/197328450/(초콜릿)
http://www.flickr.com/photos/moniiq/199893139/(부야베스)
http://www.flickr.com/photos/myblackboxrocks/1439559890/(블린스)
http://www.flickr.com/photos/nogps/2353270894/(덴데유)
http://www.flickr.com/photos/osakajon/66441391/(푸아그라)
http://www.flickr.com/photos/pgoyette/185019772/(가스파초)
http://www.flickr.com/photos/phillykevflicks/1573389489/(페이조아다)
http://www.flickr.com/photos/rijkv/3078287952/page2/(아이스와인)
http://www.flickr.com/photos/rvc77/2329576690/(코코넛)
http://www.flickr.com/photos/sabine1981/175334639/in/photostream/(타파스)
http://www.flickr.com/photos/saikat/3163827389/(에멘탈)
http://www.flickr.com/photos/siggi2234/2931460416/(아인토프)
http://www.flickr.com/photos/smitten/422696650/(소다빵)
http://www.flickr.com/photos/steveperron/2515328608/(피시 앤 칩스)
http://www.flickr.com/photos/territu/301428247/(크로와상)
http://www.flickr.com/photos/timscreations/3518402621/(탕바오)
http://www.flickr.com/photos/tuanh/2585562221/(프로쇼토)
http://www.flickr.com/photos/ultra/2700463419/(퐁듀)
http://www.flickr.com/photos/vrog/328031903/(요크셔푸딩)
http://www.flickr.com/photos/yusheng/8568271/(핫도그)
http://www.flickr.com/photos/zapxpxau/379137552/(크레이피시)

http://www.flickr.com/photos/zeping/574442413/(피단)
http://www.gnavi.co.jp/kr/k_cuisine/okonomiyaki.htm
http://www.government.nl(네덜란드 정부)
http://www.hanatour.com
http://www.hanviet.or.krl(HanViet Foundation)
http://www.incredibleindia.co.kr(인도 관광청)
http://www.insanitytheory.net/kitchenwench/(파블로바)
http://www.insuinfo.com/country/country-6.asp
http://www.jnto.go.jp/kor
http://www.justgo.kr
http://www.kolonmotors.com/cafe/boad_view
http://www.modetour.com
http://www.modetourplus.com
http://www.mofat.go.kr(주베트남 대한민국대사관)
http://www.myswitzerland.co.kr/(스위스 관광청)
http://www.naver.com(네이버 백과사전(스위스))
http://www.nlembassy.or.kr(주한 네덜란드 대사관)
http://www.orio.net/story/swiss.htm(오리오넷 스위스 음식이야기)
http://www.poktantour.com
http://www.shoestring.co.kr/destinations/europe/netherlands.htm(네덜란드 안내)
http://www.terarosa.com/company/coffee/main_1_6.php
http://www.toastmartinborough.co.nz/
http://www.tourtotal.com(투어토털닷컴)
http://www.travelok.nate.com
http://www.uncorneredmarket.com(탄두리치킨)
http://www.vietnam.gov.vn(베트남정부 공식 사이트)
http://www.vivabrasil.co.kr
http://www.welcometojapan.or.kr/tour_info/dining/food_info.asp
http://www.wine-marlborough-festival.co.nz/index.htm

Index

찾아보기

저자소개

황규선
동국대학교 대학원 호텔관광경영학 박사 / 석사
현재 황규선 리빙컬처 대표

한명애
세종대학교 대학원 외식경영학 박사
이화여자대학교 임상보건과학대학원 임상영양학 석사
현재 배화여자대학교 식품영양과 겸임교수
예진 F/S 대표

강희정
부산대학교 대학원 식품영양학 박사 / 석사
현재 동부산대학교 호텔외식조리과 교수

한인경
경기대학교 대학원 외식조리관광학 박사
중앙대학교 교육대학원 교육학 석사
현재 신구대학교 식품영양과 겸임교수

김상순
중앙대학교 식품영양학과 학사
현재 경기도 의료원 안성병원 영양사

박현주
연세대학교 생활환경대학원 호텔외식급식경영 석사
현재 (주)마임 영양사

최향숙
장안대학교 식품영양과
현재 현대푸드시스템 영양사

원명숙
동덕여자대학교 임상영양학 석사과정
현재 (주)청심유통 청심국제병원 영양사

세계의 식문화와 식공간

2009년 8월 20일 초판 발행
2014년 2월 28일 2쇄 발행

지은이 황규선 외
펴낸이 류제동
펴낸곳 (주)교문사

전무이사 양계성
편집부장 모은영
책임진행 강선혜
디자인 황옥성
제작 김선형
영업 이진석 · 정용섭 · 송기윤

출력 아트미디어
인쇄 동화인쇄
제본 한진제본

우편번호 413-756
주소 경기도 파주시 교하읍 문발리
출판문화정보산업단지 536-2
전화 031-955-6111(代)
팩스 031-955-0955
등록 1960. 10. 28. 제406-2006-000035호

www.kyomunsa.co.kr
webmaster@kyomunsa.co.kr

ISBN 978-89-363-0983-1 (93590)

*잘못된 책은 바꿔 드립니다.
값 23,000원